教育部人文社会科学重点研究基地成果
中国语言文学国家"双一流"建设学科成果

汉语口语语法研究丛书

顾问◎邢福义 陆俭明
主编◎姚双云

汉语认证义动词的立场表达

兀 瑾◎著

On Stancetaking of Epistemic and Evidential
Verbs in Modern Chinese

中国社会科学出版社

图书在版编目（CIP）数据

汉语认证义动词的立场表达／兀瑾著 . —北京：中国社会科学出版社，2023.6
（汉语口语语法研究丛书）
ISBN 978-7-5227-2479-9

Ⅰ.①汉⋯ Ⅱ.①兀⋯ Ⅲ.①汉语—口语—语法—研究 Ⅳ.①H14

中国国家版本馆 CIP 数据核字（2023）第 155159 号

出 版 人	赵剑英
责任编辑	张　林
特约编辑	张　虎
责任校对	周晓东
责任印制	戴　宽

出　　版	中国社会科学出版社
社　　址	北京鼓楼西大街甲 158 号
邮　　编	100720
网　　址	http://www.csspw.cn
发 行 部	010-84083685
门 市 部	010-84029450
经　　销	新华书店及其他书店
印　　刷	北京明恒达印务有限公司
装　　订	廊坊市广阳区广增装订厂
版　　次	2023 年 6 月第 1 版
印　　次	2023 年 6 月第 1 次印刷
开　　本	710×1000　1/16
印　　张	18.25
插　　页	2
字　　数	301 千字
定　　价	99.00 元

凡购买中国社会科学出版社图书，如有质量问题请与本社营销中心联系调换
电话：010-84083683
版权所有　侵权必究

总　　序

当今时代，世界新科技革命潮鸣电掣，以拔地倚天之势加快了不同学科（尤其是自然科学与人文社会科学）之间相互交叉渗透，推进新兴学科诞生与发展的同时，也推动了人类整体认识能力的再度飞跃。人工智能、大数据、区块链和云技术等新兴科技不仅促进了经济的发展，也深刻改变了人类的思维、生活、生产和学习方式，数字时代已悄然来临。"可以预测，随着人类社会进入信息科技时代，进入数字经济时代，进入世界经济一体化时代，整个语言学的地位将会越来越提高，社会对汉语语言学的需求将会越来越大。"[①]

在语言研究步入前所未有的深度科技化时代这一大背景下，研究者唯有从思想上领悟时代发展的本质，方能把握时代精神，顺应时代潮流，推动学科发展。对此，有学者提出，"21世纪人文主义要有一个大思路，那就是步入深度科技化时代的人类正在攀爬巨大的技术悬梯"[②]。究竟如何打造理想的语言学技术悬梯并尽其所长？笔者认为，把握好以下三点至为关键。

第一，认清学科发展交融的特点与趋势。

"自然科学和社会科学的交叉与融合，是21世纪科学发展的总体走向"[③]，语言研究者要洞悉这一发展趋势，见微知著，顺势而为。

人类科学技术发展的重要特点之一就是分化与整合并存，"整合和离

---

① 陆俭明：《汉语研究的未来走向》，《汉语学报》2020年第1期。
② 段伟文：《新科技哲学与新科技人文大有可为》，《中国科学报》2021年7月8日。
③ 邢福义：《语言学科发展三互补》，《汉语学报》2005年第2期。

析是互相对立而又相辅相成的两个过程"①，分化使得科学研究愈加专门化、精细化、深入化，如此一来，自然能产出更多高水平的研究成果。然而，学科分化的精细度越高，科学研究的专门化、境域化与客观世界的开放性、系统性之间的矛盾就越突出。因此，反过来走整合之道，充分利用分类精细的学科优势，重新进行学科的整合研究就成了各学科领域的当务之急：或在学科群内觅求不同学科之间的空白区与边缘区，发掘有价值的研究课题；或利用其他学科的理论与方法弥补本学科知识体系的缺口，解决当下的"瓶颈"问题。"科际整合"的研究理念促使大量综合性、边缘性、交叉性的学科应运而生，进而给原来的研究领域带来革命性变化，产出颠覆性成果。

语言学的研究向来重视与其他学科的融合，广泛汲取哲学、社会学、人类学、民俗学、教育学、心理学、行为科学等其他社会人文学科的养分。进入当代，特别是21世纪以来，大量借鉴数学、化学、医学、计算机科学等自然科学的经验。语言学与不同学科的交叉与融合，促进了学科的蓬勃发展。在今后的研究中，我们应充分把握这一大趋势，不仅要进一步促进与社会学、心理学等人文学科的融合，更要积极加强与计算机科学、信息科学等自然学科的整合，为人工智能时代的到来做好跨学科的充分准备。

第二，拓展口语语法研究的广度与深度。

口语是交际中使用最多的语言资源，具有极为重要的研究价值。汉语学界对口语研究向来较为重视。早在1961年，吕叔湘先生在《汉语研究工作者当前的任务》一文里谈及语法研究的任务时提出："另外一个重要的课题是口语语法的研究"，"进行口语语法的研究，不光是为了更好地了解口语，也是为了更好地了解书面语"。② 1980年，在中国语言学会成立大会上，吕叔湘先生在《把我国语言科学推向前进》的发言中再次强调："过去研究语言的人偏重书面语材料，忽略口头材料，这是不对的。口语至少跟文字同样重要，如果不是更重要的话；许多语言学家认

---

① 沈家煊：《语法六讲》，学林出版社2016年版，第127页。
② 参见《吕叔湘文集》（第4卷），商务印书馆2004年版，第33页。

为口语更重要，因为口语是文字的根本。"①

汉语研究一贯重视对口语现象的描写和考察，赵元任（Chao，1968）、陆俭明（1980）等研究堪称代表②。20世纪70年代，曹逢甫（Tsao，1979）以汉语会话为语料，系统研究了汉语的话题和语序等问题。③ 此后，陶红印、方梅、李晓婷等学者也致力于运用当代功能语言学的前沿理论对口语现象进行研究，取得了很多富有启发的成果，将口语语法研究推向了一个新的层次。

总体而言，无论是从重视程度还是从研究深度来看，学术界对口语语法的研究都尚显量小力微。主要体现在三个方面：其一，口语语料库资源有待开发。目前口语语料库资源匮乏，这与口语语料采集历时长、转写难度大、建库成本高等因素有关。口语语料库开发的滞后，严重影响了口语语法研究的进展。其二，研究队伍规模有待扩大。尽管不少前辈与时贤呼吁要特别重视口语语法研究，但时至今日，真正从事这方面研究的学者人数依然不足，就口语语法研究的重要性而言，队伍规模难以满足该领域的研究需求。其三，研究层面有待深化。目前大多数的研究侧重于从句子层面考察语法实体的表义特点与语用功能，难以从本质上揭示口语语法的真正面貌。

鉴于此，口语语法研究的广度和深度亟待大力拓展。我们希望国家相关部门出台有力的措施鼓励与支持口语资源建设，期待更多的研究者加入口语语法的研究行列。在具体研究中，应大胆突破以往的句子层面，从话轮组织、序列结构等范畴切入，在社会行为与社会活动中探求语法资源的分布规律与互动功能，真正揭示口语资源在交际中所发挥的巨大作用。

第三，把握多模态互动研究的契机与机遇。

20世纪，语言学研究领域先后经历了结构主义语言学、转换生成理

---

① 参见《吕叔湘文集》（第4卷），商务印书馆2004年版，第15页。
② 参见 Chao Yuen-Ren, *A Grammar of Spoken Chinese*. Berkeley：University of California Press，1968；陆俭明：《汉语口语句法里的易位现象》，《中国语文》1980年第1期。
③ Tsao Feng-Fu, *A Functional Study of Topic：The First Step towards Discourse Analysis*. Taipei：Student Book，1979.

论、认知语言学三次革命,① 20 世纪 70 年代后,随着会话分析、系统功能语言学及人类语言学的兴起与发展,Couper-Kuhlen 和 Selting(2001)首次提出"互动语言学"这一概念,② 引发语言学研究的互动转向,③ 语言学正经历着"互动革命",并迎来了探究社会互动与语言之间关系的"新时代"(Couper-Kuhlen,2017)。④ 互动语言学因其几乎可应用至语言结构和语言使用的所有层面,因而被视为语言学领域一个极富发展潜力的、具有国际视野的新兴方向。

探索自然语言的本质特征——互动性,是互动语言学诞生的重要内因。而各种先进的现代化录音录像设备的应用则是该学科得以发展的重要外部条件,它使得人们可以研究自然发生的语音及视觉影像。录音、录像承载的自然收集的数据为分析谈话组织所依据的复杂细节提供了依据——这些细节既无法通过内省进行想象,也无法复制。⑤

经过几十年的发展,互动研究的理论和方法日臻成熟,广泛应用于语言学、社会学、人类学等相关学科的前沿研究中,展现出迷人的学科魅力,值得学界关注。互动在本质上又是多模态的:组成话语的词汇句法结构、传达话语的声音韵律、伴随(不伴随)话语出现的身体活动都可能与互动意义的形成和表达相关。因此,要真正认识语言的形式与功能,必须重视多模态互动研究。

进行语言的多模态互动研究不仅是认识与了解语言本身特征与规律的需要,更是实际应用的需要。我们已经步入人工智能时代,数字时代语言需求趋于多样化、多层化,面向人工智能时代的自然语言处理无疑

---

① 参见王寅《20 世纪三场语言学革命》,《外国语文研究》2015 年第 2 期。

② Couper-Kuhlen Elizabeth & Margret Selting,"Introducing Interactional Linguistics",In Margret, Selting and Elizabeth, Couper-Kuhlen(eds). *Studies in Interactional Linguistics*. 1 - 22. Amsterdam, Philadelphia:John Benjamins,2001.

③ 参见李晓婷《多模态互动与汉语多模态互动研究》,《语言教学与研究》2019 年第 4 期。

④ "互动革命"与"新时代"见原文:"The conclusion is that Manny Schegloff has contributed, if unwittingly, to a 'new-age', interactional revolution in linguistic thinking." 详参 Couper-Kuhlen Elizabeth. What a difference forty years make:The view from linguistics, In G. Raymond, G. H. Lerner & J. Heritage(eds.),*Enabling human conduct:Studies of talk-in-interaction in honor of Emanuel a. Schegloff*. 15 - 54. Amsterdam:John Benjamins,2017.

⑤ Groupe ICOR, Tool-assisted analysis of interactional corpora:voilà in the CLAPI database. *Journal of French Language Studies*,2008(18):121 - 145.

会面临更多的"瓶颈"问题。当前多模态互动研究与人工智能、虚拟现实（Virtue Reality）和网络视频交际等领域之间的交互应用等现实问题亟须解决。而这些问题的解决与会话含义、视频语义的推理，视觉—语音导航、语言—图像理解等多模态互动的基础研究密切相关，倘若学界能为多模态研究的技术层面提供更多的学理支持，定能促进相关研究的转化与应用，进而造福桑梓、泽被后世。

目前，国内这方面的研究还刚刚起步，我们呼吁更多的学者把握多模态互动研究的契机与机遇，积极参与到富有前景的研究领域中去，使语言学在解决社会现实问题中发挥更大的作用。

首批"汉语口语语法研究丛书"共收著作9本，其中译著4本，专著5本。4本译著或为互动语言学研究的经典教材，详细介绍了互动语言学理论体系框架、基本研究范式、典型个案；或为汉语口语语法研究前沿著述，全面展现了汉语会话交际单位、多模态资源、话轮转换系统的面貌特征。这些译著对汉语口语语法研究乃至跨语言的互动研究具有重要的方法论意义。5本专著虽研究内容各有侧重、研究方法不尽相同，但均将互动语言学的理论贯穿其中，秉持了高度一致的研究理念。

总体而言，本套丛书既有宏观理论的引介，又有微观个案的剖析，内容丰富，视角多样，涉及互动语言学、多模态互动、位置敏感语法、认识状态等理论方法的介绍及其在汉语口语研究中的应用。丛书将传统的语言形式置于互动交际的框架中进行重新审视，考察各语法实体在会话交际中的基本形式、序列位置、互动功能、多模态表现，揭示了语言形式与社会行为二者之间的互育关系，从不同角度勾勒了口语语法的面貌。

"红雨随心翻作浪，青山着意化为桥。"我们期待该丛书能够为汉语口语语法研究贡献一份力量，读者能够借此从不同的侧面管窥自然会话中语言的特点。聚阳生焰，拢指成拳，相信后续还会有源源不断的成果加入，若干年后，能在汉语口语语法研究这一广阔的天地形成一个有特色的方阵。

姚双云

2022年12月

目 录

第1章 绪论 …………………………………………………… (1)
  1.1 选题缘起 ………………………………………………… (1)
  1.2 研究目标及研究意义 …………………………………… (5)
  1.3 语料来源 ………………………………………………… (7)
  1.4 研究方法 ………………………………………………… (8)

第2章 理论基础及相关概念 ………………………………… (9)
  2.1 互动语言学的兴起与发展 ……………………………… (9)
  2.2 互动语言学的理论体系 ………………………………… (11)
  2.3 互动语言学的研究目标、研究准则 …………………… (13)
  2.4 互动语言学的重要概念术语 …………………………… (15)
  2.5 言语互动中的立场表达 ………………………………… (17)

第3章 研究综述 ……………………………………………… (20)
  3.1 汉语认证义动词研究概况 ……………………………… (20)
  3.2 立场表达研究概况 ……………………………………… (25)
  3.3 互动语言学研究概况 …………………………………… (35)
  3.4 本章小结 ………………………………………………… (46)

第4章 认识类认证义动词"以为"及其典型结构的立场表达 …… (48)
  4.1 "以为$_古$"和"以为$_现$" ……………………………… (49)
  4.2 会话语境中"以为$_现$"句法、语义的浮现 …………… (51)

4.3 "以为现"典型结构的立场表达功能 …………………………（70）
4.4 本章小结 ………………………………………………………（81）

第5章 知识类认证义动词"知道"及其典型结构的立场表达 ……（82）
5.1 "知道"在口语会话中的形式及其序列环境 …………………（82）
5.2 "知道"及其典型结构的立场表达功能 ……………………（102）
5.3 立场实现机制 ………………………………………………（114）
5.4 本章小结 ……………………………………………………（123）

第6章 评价/体验类认证义动词"觉得"及其典型结构的立场表达 ……………………………………………………（124）
6.1 古今"觉得"语义对比 ………………………………………（125）
6.2 现代汉语口语会话中"觉得"的序列环境 …………………（134）
6.3 "我觉得"的立场表达功能 …………………………………（146）
6.4 本章小结 ……………………………………………………（157）

第7章 言说类认证义动词"说"及其典型结构的立场表达 ……（159）
7.1 元话语"我说""你说" ………………………………………（159）
7.2 "我说""你说"的语境敏感特征 ……………………………（161）
7.3 "我说""你说"的立场表达功能 ……………………………（179）
7.4 本章小结 ……………………………………………………（198）

第8章 认证义动词与立场表达的互动关系 ……………………（200）
8.1 人称代词在立场表达中的作用 ……………………………（200）
8.2 认证义动词的立场标记化 …………………………………（212）
8.3 位置敏感特征 ………………………………………………（227）
8.4 本章小结 ……………………………………………………（232）

第9章 结语 ………………………………………………………（233）
9.1 主要研究结论 ………………………………………………（233）
9.2 本研究的创新点 ……………………………………………（237）

9.3 不足与展望 …………………………………………（238）

参考文献 ………………………………………………（240）

附　录 …………………………………………………（256）
　1. 语料转写体例 ………………………………………（256）
　2. 部分语料展示 ………………………………………（257）
　　（一）宿舍谈话 ……………………………………（257）
　　（二）餐馆谈话 ……………………………………（260）

第 1 章

绪　　论

1.1　选题缘起

人们在与他人的互动中，言语的表达总能体现出某种立场，立场是社会互动中普遍存在的一种行为。Biber 和 Finegan（1988）最早提出"立场"（stance）概念，他们发现，越来越多的研究从话语信息视角来分析说话者或作者如何表达他们对所交流信息的态度，关注表明说话者的信息来源的证据和某些语言中的语法标记。在这一研究框架之上，作者将表示言者对信息所持态度的标记称为立场，并指出状语是英语中常用的表达多种立场功能的标志，根据状语的六个语义范畴（诚信类 honestly、一般类 generally、确信类 surely、事实类 actually、可能类 maybe、惊叹类 amazingly）对语篇进行分类。Biber 和 Finegan（1989：124）最终将立场定义为"对于信息命题内容的态度、感觉、判断或承诺的词汇或语法表达"。例如，下面例（1）中的 clearly 既可以表明 Jones 陈述观点所使用的方式很清晰，也可以描述说话者对于 Jones 表述的评价：

（1）This point was <u>clearly</u> demonstrated by Jones.（Biber & Finegan, 1988）

方梅、乐耀（2017）从词汇意义角度梳理了汉语的立场分类，发现汉语中的立场表达无处不在，动词、名词、形容词、副词都表达言者立场，例如：

（2）a. 喜欢、同意、不如、认为
　　　b. 誓言、命令、信仰、原因
　　　c. 高兴、卓越、关键、坦率

d. 大肆、亲眼、的确、幸亏

　　还有一些特殊句式也是常见的立场表达用语，特别是第一人称和第二人称代词与认识类（cognition）、感知类（perception）、言说类（utterance）动词（简称 CPU 类动词）构成规约化结构来表达立场，其搭配使用频率较高。其中，方梅（2005；2018：57–81）将表示认识和见证义的动词统称为"认证义动词"（epistemic and evidential verbs），它们具有明显的去范畴化倾向，表现为时体特征受限、句法上线性位置灵活、韵律上与后接成分缺少强制性联系。虚化条件有两个：一是"认证义动词+小句宾语"陈述事件、表现主语认识内容的句法环境；二是认证义动词本身具备"言者视角"（speaker's perspective）。虚化后的认证义动词具有更复杂的用法。作者还提到了另外一种以疑问句为条件的去范畴化，即以疑问句为编码形式，韵律上采用降调，表达言者邀请接收者与其保持同步的交际状态或言者提请接收者关注当前话语内容的话语功能。这种用法属于说话者组织谈话进程的手段，属于话语标记（discourse marker）。如"知道"一词：

　　(3) W：我知道料啊。料上它它，你板儿不管用了。

　　　　Y：[XX,]

　　　　H：[他那腿儿,] 能当，当掌使啊。

　　　　Y：你都不知道啊，

　　　　H：就那个劲头儿啊。@<@<u>你知道吗</u>。@@>嗳。（陶红印，2003）

　　认证义动词本身具有的"言者视角"和虚化后的话语功能对互动进程的作用至关重要，是互动者们协调彼此之间的立场表达的重要手段。例（3）中"知道"一词能带各类宾语，在言谈互动中已经形成某些固定化结构，常见的有"我不知道""不知道""你知道"，分别表示言者自生疑惑、言者对所表达事物的不坚定态度、调节谈话者之间的互动交流的话语意义。（陶红印，2003）

　　方梅（2005；2018：67–68）根据谓宾动词控制度的强弱将认证义动词分为四类：

　　a. 表示体验：觉得/觉着$_1$、看$_1$（见/到）、感觉$_1$、感到。

b. 表示认识：想₁、明白、发现、喜欢、怀疑、考虑、认为、以为、估计。

c. 表示知识：知道、记得、注意（到）、认识（到）。

d. 表示评价：觉得/觉着₂、想₂、看₂、感觉₂。

为了满足人们的交际使用，认证义动词以原始义为基础发生着不同程度的虚化，这四类认证义动词涉及立场表达的认识、态度、情感、评价这几方面。

根据以上研究和笔者对日常言谈的观察发现，认证义动词本身可以表达某种立场，自然谈话中使用频率较高的认证义动词是"觉得""知道""以为"，另外还有一种表示见证义的言说动词"说",① 它们经常与第一、第二单数人称代词"我""你"搭配构成主谓结构，也可以在句末加上语气词，在语言的使用中形成了若干典型的表达式，主要有"我以为""你以为呢""我知道""你知道""你知道吗""我觉得""你觉得呢""我说""你说"等固化形式，它们经常出现在"问—答"毗邻对中，具有较强的对话互动性，笔者检索了 BCC 语料库对话语体中包含以上 9 个结构的用例，如下所示：

（一）"我以为""你以为呢"

（4）A：有两个月的时间和"兔子"同为 24 岁。

B：你 90 的啊，<u>我以为</u>你 89 的，哼早知道不叫你姐了！

（5）A：下雨？

B：暴雨哦，<u>你以为呢</u>。

（二）"我知道""你知道""你知道吗"

（6）A：字很漂亮，<u>我知道</u>。

B：不是你写的。

（7）A：肚子不舒服。

B：怎么会！吃坏了？冷得？

A：这几天那个，<u>你知道</u>。

---

① 方梅（2018：81）将 evidentiality 译为示证范畴，其中认证义动词在意义上表示示证、认识，在形式上可以带小句宾语，除此之外还有一类表"言说"意义的词，也属于示证范畴，典型的如"说"。

　　　　B：我猜到啦！那你还吃冰。
（8）A：你很可爱<u>你知道吗</u>？
　　　　B：不否认。

（三）"我觉得""你觉得呢"

（9）A：<u>我觉得</u>你也蛮适合演肖奈的，我认真的。
　　　　B：应该就你觉得吧。
　　　　A：所以你看不惯吗？
　　　　B：没什么看不惯。
（10）A：一杯够么？
　　　　B：<u>你觉得呢</u>？
　　　　A：肯定不够。

（四）"我说""你说"

（11）A：这是八年前的你啊！十岁的时候嘛？<u>我说</u>怎么不记得了。
　　　　B：八岁的时候。
（12）A：不吃早餐的危害太大了，以后我们都要记着吃早餐啊！
　　　　B：你想干吗呢？熬夜到通宵，到不吃早餐，<u>你说</u>你想干嘛？

上述4组例句分别展示了四类认证义动词的固化结构在会话中的使用情况。从句子语气来看，例（4）中的"我以为"、例（6）中的"我知道"、例（7）中的"你知道"、例（9）中的"我觉得"、例（11）中的"我说"所在句子都是陈述句，表达说话者对自己或他人的认识与评价，且都得到了接收者的回应。具体而言，例（4）中的"我以为"对前边的惊讶态度作出解释，例（6）中的"我知道"为前边的评价提供言者认识标记，例（7）中的"你知道"对前边的模糊语作出暗示，例（9）中的"我觉得"为后边的观点划定言者视角，例（11）中的"我说"为前边的疑问和感叹提供言者认识结果。而例（5）、例（8）、例（10）、例（12）所在句子都是疑问句，其中"你以为呢"具有强烈的反问语气，表达否定评价，接收者不需要对此作出回答；句尾的"你知道吗"也并不是疑问的焦点，接收者真正需要回应的是"你知道吗"前边的评价话语；"你觉得呢"是说话者对接收者在前边话轮所提问题的质疑，有嗔怪意味；"你说"与表达质问的"你想干嘛"组合在一起表达说话者对接收者的责备。因此，人称代词与认证义动词构成的主谓结构具有标示说话者主观认识与态度的作用，后边加上语气词时，整个结构并不表达真正的疑问，而是帮助说话者委婉地显示出他/她对接收者的态度与评价。从序列位置来看，无论是位于发起话轮还是回应话轮，"你/我 + 认证义动词 +（语气词）"都可以完成一定的言语行为或者提供充足的话语信息，这符合会话合作原则中"量的准则"（The maxim of quantity）"质的准则"（The maxim of quality）。"你/我 + 认证义动词 +（语气词）"线性位置灵活，常见于句首、句尾，还可以单独作为一个话轮来回应上一说话者。另外，疑问形式的"你以为呢""你觉得呢""你知道吗"都可以读成降调表示反问。

由此观之，这四类认证义动词形成的固定表达式主要用于在会话语境中引出或直接表达说话者对谈论对象的观点、态度及评价，能够有效实现立场表达这一社会互动行为，因此，这些表达式的句法、语义、韵律等资源与会话参与者的立场表达之间的互动关系就是本研究的出发点。本研究以分别属于认识类、知识类、评价/体验类、言说类的"以为""知道""觉得""说"这4个认证义动词及其在口语会话交际中的典型结构为研究对象，分析其在口语会话中的互动功能及互动特征。

1.2 研究目标及研究意义

1.2.1 研究目标

基于现有研究的成果和尚待解决的问题，本研究以互动语言学为研究视角和理论基础，采用会话分析方法，围绕"（1）要从语言的各个方面（音韵、形态、句法、词汇、语义，包括语用）来研究其结构和使用方式是如何通过互动来塑造的；（2）在社会交际中，互动双方需要完成的交际功能和承担的会话行为是如何通过语言资源来实现的"（乐耀，2017）这一互动语言学的研究核心，对现代汉语中的认证义动词的立场表达展开研究，其目标可概括为以下几点：

第一，以功能语言学为导向，参考辞书的释义以及方梅（2005）对现代汉语认证义动词的定义和分类，对其中某些代表性词汇进行概貌描述，力求在会话语境中准确、全面地分析各类认证义动词谓语句的句法环境，重点探讨那些发生虚化的词所构成的固定句式的语音、形式、语法特点和话语功能。

第二，综合已有立场表达研究成果，正确理解、合理使用立场理论和立场分析方法，揭示出立场表达和认证义动词之间的互动关系：一方面，认证义动词的本义及虚化后的固定句式是如何在立场表达中得以塑造的；另一方面，立场的语义结果是如何通过认证义动词及相关语言手段的相互配合得以实现的，以及其间的立场表达是如何作用于互动者之间的言谈协商行为的。

第三，通过典型的认证义动词谓语句的个案研究，探寻认证义动词表达话语立场的普遍规律，从而以认证义动词为切入点归纳语言形式和语言功能之间的动态关联关系，力求构建现代汉语立场表达的下位体系，丰富立场表达理论及其实证研究。

1.2.2 研究意义

从理论上来看，本研究在互动语言学理论体系和相关原则指导下分析现代汉语的立场表达，具体研究对象为认证义动词及其固化结构，基于以功能为导向的语言学理论对以往的动词带小句宾语句法现象作出新的阐释，这有利于进一步发掘汉语动词的内部特点及其使用规律，厘清带从属小句宾语句子中各成分之间的关系。同时将认证义动词及其固化结构放置于立场表达的会话语境中进行考察，能够更深入地挖掘其虚化过程中词汇意义、话语意义的浮现特征，进而揭示出作为立场表达手段的语言形式和由言语行为构成的社会互动之间的互动关系，以此来丰富互动语言学的研究成果。

从实践上来看，本研究关注的是对外汉语教学中的近义词问题，涉及留学生学汉语时容易出现偏误的词汇、语法点，互动语言学视角下的大语法观的研究对象包括传统的句型、句法，同时也包括语言的用法、篇章语境、韵律表现、多模态手段以及语体。本研究从认证义动词的各个方面探讨其在语境中的塑造和功能，有助于为对外汉语教学语法的动词教学提供理论参考，并为语法教学和教材编写提供新的思路，从而促进汉语教学中学习者能够正确、得体使用汉语进行交流这一最终目标的实现。

1.3 语料来源

本研究本着互动语言学理论、研究目标和研究准则,以会话分析的方法论为指导,研究现代汉语口语谈话中认证义动词的立场表达,语料收集包括以下四种途径:

(1) 自行录制的自然口语谈话。互动语言学理论指导下的研究特色和关键就是语料以自然发生的日常谈话为最佳选择,会话分析的方法论为记录、转写、描写、分析这种自然语料提供了一系列可靠的技术和方法,除句法结构之外,话轮构建单位、话轮转换方式、会话模式、语篇投射等互动内容被直接描述出来,这也是进一步分析语言形式和言谈互动的共生互育关系的前提和基础工作。因此,本研究的语料主要是笔者自行录制的日常口语谈话,谈话场景主要是宿舍自由聊天和食堂/餐馆饭间闲谈,共录制约 20 小时的自然口语谈话语料,转录有效谈话时长约 6 小时,共计约 10 万字。根据研究需要,某些会话用例在文中会重复出现,但由于分析的侧重点不一样,后出现的用例仍旧按照新的用例对其进行编号。

(2) 语料库语料。互动语言学并不排斥除日常自然谈话之外的口语体语料,研究者可根据其研究对象的特点、语料的可获得性以及研究目标来选取语料数据。因此,本研究的语料还借助了北京语言大学汉语语料库(以下简称 BCC 语料库)、北京大学中国语言学研究中心语料库(以下简称 CCL 语料库)中的文学作品、口语体对话等用例。

(3) 媒体渠道的口语语料。影视作品、相声表演、谈话类节目中也产生了大量的包含本研究对象的会话,是不可忽视的语料来源,笔者从中收集到了一定数量的可观测用例。广大网民在新浪微博发布的个人状态、微信的聊天记录也包含了相当数量的认证义动词及其固化结构,也可作为本研究的补充语料。

(4) 已有著述和辞书中的用例。文中有少数例句摘自已有相关文献、词典、专著的典型例句。

在书中将在行文中对所展示的语料来源分别予以说明。

1.4 研究方法

第一，语料分析法。按照会话分析的转写体例对收集到的口语谈话音频进行转写，建立不同谈话背景的小型语料库，从中提取包含研究对象的会话片段，从互动视角对其进行观察、描写和分析。

第二，统计分析法。对收集、转写后的语料中各认证义动词及其立场表达式出现的频率、在序列及话轮中的位置变化、会话模式的适应种类等进行数据统计，由此分析其在言谈互动中的分布规律和使用倾向。

第三，综合归纳法。在已有认证义动词、立场及立场表达和互动视角的语言研究的基础上，总结当前研究的成果与问题，参照互动语言学理论体系及核心概念归纳出语料分析结果的理论建构内容，解释汉语立场表达的动因和机制。

第 2 章

理论基础及相关概念

本研究聚焦于现代汉语口语中认证义动词构成的固定结构,其使用语境是灵活、多变的口语体会话,参与者在言谈过程中不断使用这些语言形式进行立场表达。因此,研究对象的真实性和语言环境的复杂性要求有一套与之对应的理论体系作为支撑,以便科学、合理地解释语言使用中诸如动词带小句宾语这一类语言现象,挖掘语言形式和立场表达之间的动态关联关系,并以此为视角探索汉语内在特征和发展规律。互动语言学的兴起和发展对"唯书面语"研究传统发起了挑战,将口语置于其自然栖息地——社会互动中来研究,横跨语言学、语音学、社会学、心理学、传播学等广泛的学科与范畴,同时采用会话分析的基本方法对收集到的数据进行严谨的统计、动态的分析,这无疑为语言学研究特别是汉语研究提供了新视角、新手段。

2.1 互动语言学的兴起与发展

自 Sacks 等(1974)提出会话组织中的话轮(turn)及话轮转换(turn-taking)至今,互动语言学已有近 50 年的发展历史。互动语言学(Interactional Linguistics,IL)主要对产生于社会互动的自然口语展开研究,采用会话分析(Conversation Analysis,CA)的方法,来描写、解释社会互动中的语言组织和语言结构。其发端、发展和研究成果集中反映在以下论文集和著作当中,下面简介其主要内容。

在互动语言学的一系列研究成果中,最早的要追溯到 Ochs、Schegloff 和 Thompson(1996)主编的 *Interaction and Grammar*。在这部文集中,语法被看作人们进行社会互动和认知活动的一种资源，作者以此为出发点探索语法和互动之间的关系。该文集用到的例句都来自会话参与者生活中自然发生的场景，这些语料总体上具有实时性（temporality）、实施性（embodiment）、活动意义（activity-implication）的特点。具有语言学和社会学背景的学者分别讨论了话轮组织、会话中的互动单位（包括句法、语调、语用）、修复（repair）、重复（repeats）、回应（responses）等互动资源在不同语言中的使用情况。Couper-Kuhlen 和 Selting（2001）主编的论文集 *Studies in Interactional Linguistics* 第一次明确提出了互动语言学"Interactional Linguistics"的概念，标志着互动语言学的建立。该论文集的内容包括两大部分：一是互动中的语言结构，具体有英语和芬兰语会话中的名词短语和从句在互动中的浮现、英语中话轮和序列转换中的否定表达、日语会话中的认知转变、德语因果从句中 well 的用法、荷兰语中的连接词 but、芬兰语中的话语小品词（discourse particle）kyl（lä）；二是互动秩序与语言实践，具体有会话中话轮构建单位的再分析、丹麦语和土耳其语的话轮构建方法、英语会话中的话轮投射及韵律、日语会话中的后置语、韩语会话中他人发起的修复、德语会话中的自我修复以及芬兰语中的是非问。这些母语为不同语言背景的研究者们从语言资源和互动组织两方面阐释了互动语言学的内涵和特点。*Pragmatics*（语用学，2014）推出了"Approaches to grammar for interactional linguistics（面向互动语言学的语法研究）"专刊，所有研究都是根据参与者在互动时所实施的行为来解释相关语言现象的，具体内容涉及话语小品词（discourse particles）、连接词（connectives）、补语标记（acomplementizers）、介词（adpositions）、从句和短语的内部结构、词序、疑问、支持、指示、否定、语言习得、韵律。其中，话轮组织和话轮序列的循环展开规律是参与者组织和协商行动的首要方式，这也是探究语言现象和说话者用谈话所实施的行为之间关系的关键。这些研究仍是跨语言的，包括英语、德语、日语、荷兰语、芬兰语、丹麦语、土耳其语、韩语。Thompson、Fox 和 Couper-Kuhlen（2015）主编的 *Grammar in Everyday Talk* 从日常电话、视频谈话中调查英语使用者如何使用语法形成对一般会话的回应形式。作者发现，说话者用不同的方式构建他们的回应，主要是对提问（questions）、告知（informings）、评价（assessments）、要求（requests）四种主要言语行为的回应。Couper-Kuhlen 和 Selting（2018）主编的 *Interactional Linguistics: Studying Language in Social Interaction* 是互动语言学现阶段成果的集大成者。作者系统地介绍了互动语言学的源流、概念术语、研究目标、研究方法与原则、研究内容、理论启示等，从话轮构建和话轮转换、修复、行为的形成和归类、话题和序列、句子和短语、从句的组合、小品词等语法项目和互动项目来阐释"语言和社会互动相互塑造"的核心理念。

2.2 互动语言学的理论体系

互动语言学是在功能语言学理论（functional theories of language）基础上产生的，特别是20世纪70—90年代，大西洋两岸的功能语言学家将真实的语篇作为考察对象，从语言的使用方式中寻求语言结构的动因，认为语言形式由功能来塑造和推动，这为互动语言学的开展提供了基本的理论原则。同时，会话分析（Conversation Analysis）、语境化理论（Contextualization Theory）、语言人类学（Linguistic Anthropology）这三个领域的研究为互动语言学的发展做出了重要贡献，它们在语言、语言运用和社会互动方面的各要素上有不同的侧重。

2.2.1 会话分析理论

会话分析（Conversation Analysis, CA）通过自然会话组织来揭示人类社会互动秩序，社会活动参与者的言语交换被概括为"互动中的谈话"（talk in interaction）。参与者们彼此合作地实现其交际意图或活动计划，因此，参与者的行为灵活地适用于语境：一方面，行为由语境塑造，另一方面，行为不断更新着语境。参与者与语境共建的行为序列是可识别的，因此序列语境是 CA 中最重要的语境类型。CA 研究者通过语言结构揭示序列语境下产生的互动，包括句法、韵律、语用的相互作用，修复行为与句法的关系，开启和回应行为中的不同语法特征等。CA 对于语言结构的高度关注被互动语言学采用，互动语言学由此发展出语法偏好（grammatical preference）、序列组织（sequence organization）、修复（repair）、人称指称关系（person reference）、认识义（epistemics）的互动性认识。互动语言学也借助 CA 严格的分析方法去发现语言以及其他资源是如何系统地、有序地实现社会互动行为，可以归纳为以下几点：

（1）以音频或视频的方式记录自然发生的言谈；

（2）使用一套符号系统对数据进行转写，力求真实地展现互动中口语谈话的特征；

（3）以一种"分析的心态"关注、观察相关现象，不提前进行预设；

（4）分析对象既包括某个现象的多个实例数据集合，也包括单个案例；

（5）严格的数据分析方法旨在重建序列单元的意义构建；

（6）互动参与者自身可以验证研究结果，Sacks等（1974）将其称为"下一话轮证明程序"（next turn proof procedure）。

互动语言学采用了这套方法，并且对会话中的序列结构（sequential structure）形成了独特认识，同时以对更多语言现象的关注和研究巩固了CA的已有成果，这有助于揭示语言以及其他资源如何作为一种惯例（practices）去实施行为，且使得行为在序列环境中被人们理解的互动规律。

2.2.2 语境化理论

语境化理论（Contextualization Theory）起源于社会语言学。Cook-Gumperz（1976）和Gumperz（1982）认为口语互动中除了言语成分，韵律以及其他的非言语成分例如声音、眼神、面部表情等，都可以组成解读口语信息的语境。语境化理论的一系列研究表明，不仅是声音，所有的语言结构都可以作为语境线索来更好地解释行为和活动，正是这一观点催生了互动语言学研究。近年来多模态研究的兴盛表明，会话中可见的、来自所有符号系统的线索都与物质世界中的物体有内在的联系，要想全面地解释谈话组织，就必须对社会互动中对话者如何使用言语、声音和可见的资源来实施行为、活动进行描述。因此，互动语言学的旨趣在于全面地考察语言或非语言资源对实现社会交际互动的作用。

2.2.3 语言人类学理论

语言人类学（Linguistic Anthropology）关注语言社区内部、外部的语境变化，用民族志的方法（ethnographic methods）研究语言在特定的语言社区、亚文化群体、专业圈子、商业语境的使用情况，其目的在于揭示通过对话协同构建社会关系和社会现实的特殊方式（M. H. Goodwin，1990；Drew 和 Heritage，1992）。互动语言学研究者已经证实了语言人类学的一种假说：会话方式对语言的影响以及语言对其所构建的社会秩序的作用具有跨语言特性。例如，Auer（1996）对德语中的投射（projection）和话轮完成的研究、Tanaka（1999；2000）对日语中的话轮组织的研究，都揭示了英语、德语、日语之间在话轮转换和投射方面的不同。这些对不同类型语言的研究表明，在互动中常见任务的处理方式是由语言资源塑造的，跨文化和跨语言视角对互动语言学来说非常关键。同时，语言人类学也一直关注人际交往中语言的情感表达，并以此为切入点对互动中的语言进行比较研究。这些探索鼓励互动语言学家发掘互动共性与语言类型之间的关系。

互动语言学这个术语由 Couper-Kuhlen 和 Selting（2001）提出至今，其内涵不断丰富，跨学科特征日渐显著。理论基础和理论体系的丰富性决定了互动语言学的研究方法并不是某种正统的纲要，而是某些具体的原则，因此，其研究内容也涵盖了语音、语法、语境、韵律等各类语言资源以及眼神、面部表情、身体语言、身体姿态等多模态资源在社会互动中的运作方式。

2.3 互动语言学的研究目标、研究准则

互动语言学是基于互动行为的语言学研究，互动语言学的总目标就是研究互动和语言如何相互塑造，这体现在两个方面：一是如何使用语言资源进行互动；二是语言资源在互动中如何配置。研究目标由三个研究阶段逐步实现：首先，对作为互动资源而被反复调用的语言结构进行功能性描述；其次，通过跨语言的分析和比较来明确互动需求如何塑造语言结构及其使用，以及语言和语言类型如何影响社会互动的组织结构；最后，解释语言如何在社会互动中组织起来并参与实践，从而构建出普遍性的语言学理论。

互动语言学从互动视角重新解释音韵、形态、句法和语义等语言学概念，这改变了人们对语言的看法，即语言不再是抽象的纯粹知识和书

面语中的典型例句，而是语境敏感的（context-sensitive）、互动地实现的灵活的语言资源。正如 Lerner（1991）所说，"语言单元被协同地（collaboratively）构建并以此分布于说话者之间"，因此，语言使用的语境，特别是序列互动语境（sequential interactional context）是语言理论和语言实践不可分割的一部分。

互动语言学对语言的基本观点决定了它需要采用一种严格实证的、数据驱动的方法来开展研究。研究数据主要是来自私人或机构的两个或两个以上参与者之间的日常谈话。目前已有的数据收集方式是录音和录像两种，同时也逐渐包括网络社交中的语音和文字记录。对于所得数据的转写问题争议较大，主要有四种转写方法，Jeffersonian 转写法、Du Bois 转写法、最小正字法加增强线转写法以及 GAT 转写法。数据的选择很大程度上取决于数据的可获得性以及研究要解决的问题。对数据进行分析时，需要采取语境敏感的、在线生成视角的、以实证为基础的、参与者导向的研究准则。

语境敏感的分析（Context-sensitive Analysis）强调话语是为了适应特定的场合而被构建，作为话轮构建单位（Turn-Constructional Units，TCUs）的语言资源必须服务于会话序列中的行为，这就涉及话轮（turn）、行为（action）、序列（sequence）、项目（project）等多类型的语境。在线生成视角（online perspective）是指，要在 TCUs 之下的语言单位跟随会话参与者的实时谈话，语言结构的构建是参与者开展对话、协调行为的产物。以实证为基础的范畴（Categories Empirically Grounded）是指短语、句子、从句等语法单位的性质不再是根据独立的例句或规整的书面语得来，而是作为互动参与者在进行对话时所指向的内容被证明出来。参与者导向的主张（Claims Warranted through Participant Orientation）是指，通过展示参与者对所分析现象的观察和取向来验证互动语言学分析得出的观点，这一点是十分重要的。例如在回应请求行为时，Okay（then）、I will、I'll X 的选择不是随机的，每一种回应形式都有它们所偏好的语境，这体现出 Schegloff（1996b）所说的"位置敏感语法"（Positionally sensitive' grammar）特征。另外，参与者可以质疑谈话中所运用的资源以及由此产生的推论，这就要求研究者在语境中不仅要对语言形式高度关注，还要对参与者共建的意义高度敏感。

2.4 互动语言学的重要概念术语

2.4.1 话轮和话轮转换

语言是社会互动的工具,语言资源的使用最终要完成一定的社会互动,在这个过程中,话轮(turn)和话轮转换(turn-taking)是一对最基本的概念。Sacks 等(1974)发现了会话中话轮转换的最简系统,即会话中的话轮转换组织包含两个组成部分和一系列的规则。首先,话轮包括两个部分:一是负责话轮基本单元建构的成分,叫作话轮构建单位;二是负责每一个 TCU 结束时话轮配置的成分。话轮分配又有两组情况:(a)下一话轮的接续者由当前说话者挑选,被选择的说话者有义务和权利承接下一个话轮;(b)下一话轮的配置是自我挑选的,即当前说话者没有挑选下一个说话者,如果没有自我选择的说话者,当前说话者可以继续。这样,话轮组织依赖序列语境中的语言和非语言资源被有序地构建出来。

话轮是由说话者和接收者互相构建的,因此 TCUs 的产生是言者之间互动的结果,是可以投射、扩展的灵活单元,而每一个 TCU 的界限与参与者的回应有关。话轮进行转换时,话轮结尾的可识别性是因为投射(projection)在起作用。另外,TCU 内部可以有不同语言形式的嵌入成分,嵌入成分被视为一种新的 TCU 来支持并服从主线活动,可以出现在从句或短语结构内部,也可以依存于复合结构中,嵌入成分具有句法、韵律上的可识别性。一些话语标记如 *first of all* 或否定义标记 *no* 等可以投射说话者在起始的 TCU 后要继续组织话轮,其中主要是语用知识而非句法知识在起作用,这样会话双方协同地构建起多单元话轮。除此之外,韵律也可以投射出多单元话轮。

2.4.2 投射

投射(projection)意味着结构的早期部分预示着它之后的轨迹,结构的完成也因此有了可预测性。在日常交流中,说话者和接收者可以依靠语言手段来投射彼此共享的知识,使下一个说话者能够预测当前话轮的可能完成点,从而预测开始自己话轮的正确时机。Schegloff(2013)区分了宏观投射和微观投射：宏观投射在 TCUs 和话轮的整体结构组织中发挥作用，即告诉参与者当前是什么样的 TCUs、现在进展到了哪里、这是否是一个多单元的话轮和什么种类的多单元话轮、其运行轨迹是什么；微观投射是在 TCUs 的语言组织结构内运行，即表明当前组织是什么结构、接下来会发生什么、是什么词语映射了下一话轮的词语、这是什么样的声音和什么样的投射。两种投射相互依赖，宏观投射是通过 TCUs 的局部投射实现的，而下一个单词或下一个声音是根据正在进行的 TCUs 的整体结构组织来解释的。投射的种类很多，有行为投射、序列投射（毗邻对）、基于内容的投射、句法投射、音韵投射等。投射具有跨语言的异同，例如英语和德语中常见早投射（early projection），而日语则更倾向于迟投射（delayed projection）。

2.4.3 行为

当参与者轮流讲话时，他们就在执行社会行动。一方面，说话者调动语言、符号资源将言谈组合成特定的动作形态（conformations），这是行为的形成（action formation）；另一方面，接收者可以理解该动作形态所执行的行为，这是行为的归类（action ascription）。行为有两个层面意义，一是言语行为（speech act），是从说话者意图出发，并不一定被接收者观察出来；二是社会行为，它是基于实时言谈的序列环境的经验观察得出的，是在自然会话中实际发生的行为，不一定用语言资源来实施。互动语言学关注互动对话的结构和组织如何影响语言结构和格式的选择，目前研究集中于问题（Questions）、提议/请求（Offers/Requests）、新信息/告知（News/Informings,）、评价/恭维/自贬（Assessments/Compliments/Self-deprecations）这四类行为。接收者不同的行为类型语义对应不同的回应方式，在跨语言的视角下，行为的发起和回应具有偏爱性（preference）。

2.4.4 序列

序列（sequence）是连贯的、有秩序的、有意义的话轮，是由参与者通过话轮在谈话中协同地实施行动而产生的一种过程（Schegloff, 2007：2）。最简单的序列由最基本的毗邻对（Base adjacency pairs）组成，在此基础上可以通过更多的毗邻对或序列得到扩展，扩展的位置有三种，位于基本毗邻对的第一部分之前（预扩展）、位于基本毗邻对的第一部分和第二部分之间（插入扩展）、位于基本毗邻对的第二部分之后（后扩展）。序列结构是会话中常见的"组织顺序"之一，它规定了在谈话中如何形成连贯的连续话轮，这必须通过对话中参与者的协同工作来构建和识别，语言资源和序列的互动关系体现为对某些序列敏感而排斥其他序列。

2.4.5 修复

在快速进行的互动中，参与者常常出现注意力不集中、发音失误、听力障碍、指称不清、理解障碍、预期或可接受性受阻等问题，修复（repair）是有条理地解决这些问题的一种会话行为。修复对于维持交互主观性至关重要：它使说话者在谈话中实现、维持和维护相互理解（Sidnell，2010：136）。与话轮转换机制一样，修复机制既是语境自由的（context-free）（在任何情况下都被涉及的普遍性），又是语境敏感的（context-sensitive）（适应于特定语境、情景和语言的特性）。修复具有跨语言的差异，修复受到特定语言的句法、词法的限制，而具体的语言结构和语言类型可以构建修复，修复行为和语言的语法相互塑造。

在互动语言学广阔的研究范围之下，以上五个概念术语是研究语言现象最基本、最关键的要素，它们之间相互依存、相互联系地作用于社会互动：在不断开展的会话序列中，话轮和话轮的转换在投射中实现，会话参与者的言语行为通过不断调整的语言形式及会话模式得以表达和被识解，语言和非语言资源被广泛、深刻地调动起来，最终用以完成某种社会互动行为。

2.5 言语互动中的立场表达

2.5.1 立场概念

在谈话中，说话者通过各种方式来确定自己对某物、某个人、某句话、某一情景或另一种立场的公开站位（positioning）。立场既源于社会行动者，也会对其产生影响，他们的生活受到自己和他人立场的影响，（Du bois，2007）人们在与他人的互动中，言语的表达总能体现出立场

(Du Bois 和 Kärkkäinen，2012：438）。因此，立场在会话中是普遍存在并且不断变化的，主要通过语言资源得以实现。

Biber 和 Finegan（1989）将立场定义为"关于信息命题内容的态度、感觉、判断或承诺在词汇和语法上的表达"。

Englebretson（2007）确立了定义立场的五项原则：

（1）立场是指与个人信仰、态度、评价和/或机构所拥护的社会道德相关联的具体行动；

（2）立场是一种公开的行为，是可识别、可解释、可受他人评价的；

（3）立场具有交互性，是与他人合作完成的；

（4）特定的立场可以索引广泛的物理环境和社会文化背景；

（5）立场会产生一定的后果。

由此可见，立场表达作为一种言语活动最终产生与他人合作而来的某种立场结果，是一种具有主观性、交互主观性的自我表达。

2.5.2 立场类型

目前已有的立场及立场表达研究涉及立场的分类，具体有认识立场（epistemic stance）、情感立场（affective stance）、道义立场（deontic stance）、态度立场（attitudinal stance）以及风格立场（style stance）。

认识立场是指"我知道什么，我如何知道"；（Ochs，1996：410）"对一个命题的确定性（或疑点）、可靠性或局限性进行评论，包括对信息来源的评论"；（Conrad 和 Biber，2000）"在对话中，参与者如何定位自己与他人的关系，即谁知道什么以及他们是如何知道的"（Couper-Kuhlen 和 Selting，2018）。Labov 和 Fanshel（1977）提出认识域（Territories of Knowledge）的概念，包括认识地位（epistemic status）和认识立场（epistemic stance）。Heritage（2012a）对人们在互动中的认识地位作出进一步的解释：互动者们处于对某个信息的认识梯度的不同位置上（知道更多的是［K＋］，知道更少的是［K－］），认识梯度的坡度由低到高不等，认识地位是一种内在相关联的概念，它关注两个（更多）人在某个时间点对某个领域的相对可及性。

情感立场是指"我的情绪、态度、感觉、情感是什么，以及它们有多强烈"。（Ochs，1996：410）情感涉及广泛的人际态度，包括情绪、感

觉、心境和一般性情。(Biber 和 Finegan，1989)

道义立场是指"我认为什么是必要的和可取的"。(Stevanovic 和 Peräkylä，2012)

态度立场用于"传达言者态度、感觉或者价值判断"。(Conrad 和 Biber，2000)

风格立场用于"描述信息呈现的方式"。(Conrad 和 Biber，2000)

不同学科领域对立场的分类反映了社会互动中立场表达的多重性和动态性，除以上几种立场类型之外，互动双方的权势关系、亲疏关系、年龄、性别、职业等社会因素同样影响着立场表达结果。另外，评价是立场的重要内涵之一，用于表达说话者或作者对其所谈论的实体或命题的态度或立场、观点或感受。会话中的评价有三个功能：表达言者或作者的观点，反映个人及其社区的价值体系；构建和维持说话者与听者、作者与读者之间的关系；组织会话。(Conrad 和 Biber，2000) 因此，"立场表达研究是异质综合的研究"(方梅、乐耀，2017：37)，"建立一个更加统一的对立场的理解有利于避免立场类型的无限扩展。这种方法将立场的多样性解释为独立的、统一的立场行为的不同方面，而不是将其分为不同类型的立场"。(Du bois，2007：145) 总之，立场与会话参与者的主体身份密切相关，同时关涉广泛的社会文化背景和深刻的人类认知活动，其动态表达过程中，除上述已被研究者关注的认识、情感、道义、态度、风格之外，还应有更多的要素被挖掘出来，有助于全面、深入地了解立场这一互动行为。

第 3 章

研究综述

本书主要围绕现代汉语中的四类认证义动词及其固定表达式在口语语体会话中的使用情况展开研究,关注其在言语互动中所传达、实现的立场表达这一社会行为。下面将对汉语认证义动词的相关研究、国内和国外的立场表达研究、互动语言学在国内外的理论建设和个案研究三个方面作出梳理、归纳。

3.1 汉语认证义动词研究概况

Palmer(2001: 23-34)强调,情态(modality)是世界众多语言中的一个独立范畴,与人们主观性的情感有关,可以体现为情态标记词语。其中,认识情态(epistemic modality)和见证情态(evidential modality)都与言者对真值或实际命题的态度有关,因此都属于命题情态(propositional modality),二者的基本区别是,认识情态对命题的实际情况作出判断,见证情态表明命题的证据是什么。认识情态有推测的(Speculative)、推理的(deductive)、假设的(assumption)三种类型,见证情态只有报告的(reported)和感知的(sensory)两种。英语中可以用情态动词 *may*、*must*、*will* 以及表示信息来源的手段来分别表示认识、见证义,汉语中少见从情态范畴划分出相应词类的研究,乐耀(2014)讨论了传信(evidentiality)范畴的主观性以及传信意义表达的动态交互性,归纳出传信范畴最基本、最核心的意义内涵是表达所言信息的来源和获取该信息的方式。言者会根据交际意图、交际场景、交际对象、自我参与度选择不同的语言形式对信息来源和获取方式进行编码,同时传达出言者对信息可信度的态度，听话者可以通过捕捉到的传信语言形式识解到其中的传信意义。作者还提到认识类动词"觉得"是主观性较强的传信语，这与方梅（2005；2018：72-73）发现控制度相对较弱的认证义动词（评价类）对应于高去范畴化程度这一结论相一致。

3.1.1 认证义动词相关个案研究

目前，针对汉语认证义动词的研究主要是从认证义动词的性质和作用展开的，以个案研究为主，研究者们较少将"觉得""知道""以为"冠之以"认证义动词"，而较多称为心理动词、感知动词。孟建安（1997）将"感估动词"（范晓，1991）、"真谓宾动词"（朱德熙，1982）、"觉得""觉着""感到"作谓语的句子统称为"觉得句"，通过归纳和描述"觉得"句的语义构造特征，指出"觉得"句产生歧义的症结在于VP语义指向的模糊性，并提出了分化歧义的三种手段。郭昭军（2004）讨论了表示认识意义（epistemic modality）、用于引进说话者的某种观点或看法的"我想$_3$"，将其称为"弱断言谓词"（weak assertive predicate）。断言谓词具有非叙实属性，其宾语从句的部分或者整体可以提前，使得该宾语从句所表达的命题成为整个句子的主要断言，而原来的主句则降低到插入语的位置。刘丽静（2013）将心理动词分为认识、意愿、情感三类，"觉得""以为""知道"都属于认识类心理动词，它们在句法结构中不附加任何成分就可以作谓语。作者通过语料库分析发现，认识类动词在实际的语言运用中使用频次最高，其中又以表示结果义的"知道"和表示主观感受和评价义的"觉得"最为常见。孟祥明（2014）使用语料库方法辨析"认为""觉得"，研究发现，在与揣测性语气副词结合上，"觉得"较"认为"频率高，这说明"觉得"在语义上表达更强烈的不确定义。单谊（2015）描写了处于会话不同位置的"你知道"在语速、停顿、音高和音强上的不同韵律表现，处于不同话语位置的"你知道"其话语功能不同，这与韵律特征存在一定程度的对应关系。唐筱雯（2018）区分了作为句子成分的"我觉得$_1$"和作为话语标记的"我觉得$_2$"，前者表示经验感知义，后者表示主观认识义，"我觉得$_2$"后一般需要有停顿。以上研究都关注到了认证义动词线性位置灵活、谓语动词特征减弱、韵律上有停顿等虚化表现，这在语用上体现为认证义动词具有提醒听话者注意言谈内容、推进言谈进程、表达推测的主观认识义等元话语功能。另外，有学者（李郁瑜，2013；匡林垚，2015；杨丽娜，2015；罗婷婷，2019；于礼萍，2019）从留学生习得与 think 相应的汉语词汇的偏误角度出发，从句法、语义角度辨析"想""考虑""打算""认为""觉得""感到""感觉""希望"等心理动词，分析留学生混淆使用这些词的原因，并为教材编写、教学设计提出一系列原则和方法，这进一步说明需要加强认证义动词的本体研究，以促进对外汉语语法、词汇教学的顺利开展。陶红印（2003）最早基于互动视角并采用会话分析方法考察了"知道"的各种固化结构，其中第二人称结构"你知道"是调节谈话的一个手段，可以帮助说话者在继续当前话题前直接和听话者交流，确保听话者可以跟随说话者的话题，在独白过程中又可以唤起听话者的注意。"你知道"属于"以听话者为取向的语句（recipient-oriented expressions）"，正在发展为一种熟语，类似于英语的 you know。

3.1.2 "以为""说"的专题研究

关于"以为"的研究比较集中，首先，大都从与"认为"对比的角度区分"以为"的两种不同用法，例如张邱林（1999）将与"认为"同义替换的"以为"记为"以为$_1$"；将对"认为"情态意义上扩展的"以为"记为"以为$_2$"。其次，多数研究在"以为"表达否定语义这一观点上达成共识（代元东，2009；刘鹏昱，2010；陈曦，2011；许光灿，2014b）。再次，"以为"在句法、语用上具有特殊性，代元东（2009）讨论了"认为""以为"主语的不同范围；王爽（2010）和陈曦（2011）都注意到"满+以为""本+以为"等特殊结构可以加强否定语气、突出主观情感。最后，还有一些研究专注于"以为"的词汇化，探究其语义、用法来源（谭世勋，1985；田寅威，2010；陈曦，2011）。这些对"以为"的研究还局限于词汇范围，而对"以为"后带宾语特别是引导从属小句的功能并未进行挖掘。此外，极少有对"以为"作谓语动词的问句进行专门研究的文章，笔者目前只见到许光灿（2014a）辨析"你认为呢""你以为呢"，前者是单纯地询问事情本身，后者重在通过反问传达说话者对听话者的否定；殷树林（2007）根据"你以为（当）X?"句中"X"的不同形式讨论了该句式的相关反问句、直接问句或诘醒句、陈述句等句类的使用情况。其中,"当(dàng)"在现代汉语中有"以为"的意思,是说话者提醒受话人对自己的心智活动负责。另外,由"以为(当)"构成的表示否定的陈述句主语只能是第二人称。

关于现代汉语"说"的研究成果最为丰富。董秀芳(2003)系统地研究了已经成词或意义已经固化但未收录到《现代汉语词典》中的"X说"的意义和用法,并将其划分为动词、副词、连词、话题标记、语气词这几类,其中"我说"为语气词。"X说"是短语词汇化的结果,而作为虚词的"X说"又发生了语法化,具有一定的篇章衔接功能和话语相关性。用言说来表示主观态度包含了隐喻、转喻的认知过程,遵循从具体到抽象的认知规律。尹海良(2009)有针对性地从语用学角度研究了现代汉语对话中的语用标记"我说"及其各类变体形式,它们具有引发和插话功能、确认功能、恍悟功能。吕为光(2012)对"说"构成的插入语作出了全面的考察,具体指责怪类插入语"我说什么来着"、传信功能插入语"说是"、迟疑功能插入语"怎么说呢"、顿悟义认识语"我说呢"、举例功能插入语"你比如说"。喻薇、姚双云(2018)考察了言说动词"说"的不同语用功能,对 500 条现代汉语语料中的 581 个"说"进行了语义整理,归纳出 8 个不同的义项,分属言说行为、言说标记和言说成果三个不同领域,每个领域内"说"的语义发生了不同方向的演变;从历时发展来看,言说标记的用法是后期新兴的,最早出现于元明时期,现已成为现代汉语中"说"的重要用法之一。"说"发生语法化有两条基本路径,一是从言说动词演化为标句词,二是从言说动词到引用标记,二者都具有跨语言共性,"说"的语法化动因是高频使用、语义漂白、重新分析、转喻机制、主观化与交互主观化。郑娟曼(2018)结合"我说呢""我说嘛""我说吧"三个习语构式,区分了所言预期与所含预期,梳理了预期的表达与语言形式之间的对应关系。李宇凤(2021)发现,用于引述回应的"你是说"具有元语解释特性,可具体分为细节补充、要点重述、总结提炼、引申推论这四类。"你是说"对客观信息的确认对应于推测功能,对主观认识的确认对应于否定功能。方梅(2021)发现,"所谓的"以及"说"类复合词"说是""说什么"这样的引语是言者表达情感立场的词汇手段,将其解读为负面评价具有较高的语境依赖度。

通过已有研究可知，目前受到较多关注的是认证义动词中的高频词汇"觉得""以为""感觉"等，而"知道"虽然经常出现在日常谈话中，但是目前仅有陶红印（2003）、单谊（2015）对其作过专门研究。总体来看，认识类（epistemic）动词的研究较多，而见证类（evidential）动词一般与其他的感官动词、言说动词、中动结构、助动词、语气词、副词、插入语等一同被纳入更大的传信范畴当中来研究。

本书认为有必要将表示见证义的动词从一般研究中提取出来，按照方梅（2005；2018：57）的定义统一划分为认证义动词。认证义动词内部有各自的区别特征，例如，不是所有的认证义动词都可以带小句宾语，可以带小句宾语的词与其后宾语从句的紧密度也有差别；在线性位置上的灵活、自由分布主要限于某些高频使用、有固化结构的词；在和人称代词搭配时具有很强的选择性。正是由于这些差异，认证义动词才构成了一个内涵丰富的词类系统。但可以确定的是，认证义动词有一个统一的表达功能，即表明言者认识以及认识来源、获取方式，能够不同程度地反映言者态度。在一段实际会话中，立场表达的手段是多种多样的，认证义动词经常与其他语言手段互相搭配，共同传递言者意图、表达相关立场、实现互动交际任务。例如：

（13）#朱朝阳和张东升在奥数课后的谈话#（电视剧《隐秘的角落》）

01. 朱：张老师！
02. 张：怎么了？有什么课堂上没听懂的地方吗？
03. 朱：<u>你知道</u>我来找你不是因为这个。
04. 张：好吧，相机带了吗？
05. 朱：没有。
06. 张：你的小伙伴没有把我们的通话内容转告给你吗？
07. 朱：你别吓唬我们，我们那不叫敲诈勒索，要是警察问起来，我们就说是你威胁我们，不让我们把事实告诉警察，还用钱贿赂我们，银行卡就是证据。
08. 张：<u>你以为</u>警察这么好骗？
09. 朱：反正你杀了两个人，一定是死刑。

例（13）这段两人参与的会话序列中，认证义动词是"知道""以为",以"你知道"句(第3行)为中心构成了关于"朱朝阳课后找张东升谈话"的原因的两种不同立场(第1—5行);以"你以为"句(第8行)为中心构成了关于"朱朝阳用相机记录的证据向张东升提要求"的性质的两种不同立场(第6—9行)。整段对话使用了疑问句、反问句、语气词、贬义词、副词、使役动词等语言手段表达说话者对当前所面临事态的认识、态度、情感及评价,这是"你知道"句和"你以为"句得以出现的语境。因此,立场表达(stance-taking)既是认证义动词谓语句的一种话语功能,同时也是其赖以存在的语境。下面将在立场及立场表达研究概况的基础上探寻二者之间的关系。

3.2 立场表达研究概况

3.2.1 立场研究的不同视角与范式

立场(stance)研究涉及语言学多个分支学科,各家研究角度不一。罗桂花(2014)在前人对立场概念的不同阐释基础上,将立场研究分为语义视角、功能视角、互动途径三类。柳淑芬(2017a)梳理了立场研究的关键术语,如"主观性"(subjectivity)"评价"(evaluation)"情态"(modality)"元话语"(metadiscourse),并从语料库语言学视角、功能语言学视角以及社会学视角三个角度介绍了话语立场研究。

语义视角是指考察的焦点是词汇和短语如何编码并反映不同类型的立场,即立场标记的语义特征,立场表达和分类方式是以语义为基础的,代表人物是 Conrad 和 Biber(2000),他们将立场标记语分为认识立场(epistemic stance)、态度立场(attitudinal stance)和风格立场(style stance)三大类。功能视角的立场研究较多关注立场持有者的情感和态度,认为立场是"社会公认的意向",是社会行为和社会身份的核心意义成分,认识立场和情感立场的语言结构是构建社会行为和社会身份的基本语言资源(Ochs,1996);Hyland(2005a)在书面语篇中将立场定义为一种态度的、作者导向的功能,是作者的语篇"声音"或者社区公认的个性,并划分出立场的三个范畴:言据性、情感和出场(presence)。总之,在功能视角下,立场是语言形式在特定语境中所完成的特定话语功能。互动途径的立场研究中影响最大的是 Du bois(2007),他构建起会话行为中的"立场三角"(stance triangle)模型,立场被表述为一种涉及社会文化领域任何显著维度的公开的社会行为,社会行为主体通过外在的交际手段展开对话,从而评价客体,定位主体(自我和他人),并与其他主体寻求一致;另外,Englebretson(2007)基于语料库对"立场"一词在话语互动中的意义作了定量分析,归纳出立场的五个特征。互动视角的立场研究重视语料的自然性和真实性,注重立场表达的动态浮现特征。

方梅、乐耀(2017:13—18)将来自不同领域研究背景的立场研究归纳为互动语言学、社会语言学和人类语言学、语料库语言学、系统功能语言学四种研究范式,并指出它们都属于功能主义语言学研究取向。互动语言学研究范式注重在互动的言语交际中研究立场表达这一行为,通过交际者们设计话轮、构建会话序列来讨论立场表达和语言形式之间的互动关系,同时也从跨语言视角比较不同语言之间的立场表达(Whalen 和 Zimmerman,1990;Bergmann,1992;Haddington,2005;Englebretson 和 Du Bois et al.,2007;Lindström 和 Mondada,2009;Shoichi Iwasaki 和 Foong Ha Yap,2015);社会语言学和人类语言学研究范式关注立场表达映射的社会文化价值体系,更多地讨论了情感立场的语言表达形式及实现途径(Ochs 和 Schiefflin,1989;Ochs,1996;Jaffe,2009;Peräylä,Sorjonen,2012);语料库语言学研究范式通过构建大规模语料库统计不同语体之下各种立场类型、某类词或短语的分布频率,考察语境对语言形式、意义和用法的影响(Conrad、Biber,2000;Channell,2000;Hunston,2007);系统功能语言学研究范式中的评价理论(appraisal)用介入(engagement)、态度(attitude)、级差(graduation)重新定义人际意义在语篇中的体现并构建起评价理论框架体系(Martin,Rose,2003)。

梁凤娟(2019)梳理了功能语言学、语料库语言学、语用学、社会语言学、跨文化视角、二语习得六个语言学分支学科视角的立场表述,认为它们为后续研究积累了丰富的基础,并指出,相关研究的焦点逐渐由立场表述者单方面表达态度立场转向在特定体裁、特定语境的互动过程中多方话语参与者共同协商和建构立场,更关注立场表述、语境、人际关系及社会文化因素之间的关系。

3.2.2 国外立场研究概况

3.2.2.1 立场研究的具体内容

Biber 和 Finegan（1988）在划分英语文本中的各类说话风格的研究中，首次提出了立场（stance）概念，认为立场是"作者或说话者对信息的态度、感情、判断或承诺的公开表达"。有不少语言形式（如副词、介词短语、状语从句）的话语功能都属于立场范畴。两位作者于1989年将立场标记语的研究扩展到形容词、动词、语气/情态标记，根据语义、语法标准将这些立场标记分为12类，在语篇中确定了6种立场，且最终将立场定义为"关于信息命题内容的态度、感觉、判断或承诺在词汇和语法上的表达"。Biber 和 Finegan 对立场概念、语义划分的研究奠定了话语中立场分析的基础。不同学术背景的研究者为立场及立场表达贡献了丰富的研究内容，涉及语言的社会属性、互动本质、交际功能，研究范围包括书面语篇和口语谈话中各个层次的语言形式。Ochs 和 Schieffelin（1989）关注不同语言社区中的互动者如何调用语音、形态、句法和语篇等语言资源来表达和强化态度、情绪、情感和偏好，这种情感框架与其他非语言资源共同为交谈者提供关键信息，从而作为后续社会行为的基础。

Ochs（1996）探讨了语言的社会属性及其社会化，认为语言惯例（practices）是被社会地组织的，由此发展出对社会行为、任务、情感、美学、知识、地位、关系等其他社会文化现象的认识和理解，因此，语言可以索引说话者的社会身份，而情感立场和认识立场在语言的各个层次被编码。Berman 等（2002）采用有关语篇立场的整体语篇视角，针对不同语言、不同年龄、不同情态、不同体裁的变量因素，提出了描述语篇立场的一般概念框架，即话语立场（discourse stance）语篇建构的三个相关维度：取向（Orientation，包括发送者、文本和接收者）、态度（Attitude，包括认识、道义、情感）、概括性（Generality，包括参考和量化、具体和一般），这些功能维度的要素可以在一段语篇中交替出现，并通过广泛的语言资源实现立场表达。

Hyland（2005a）建立了学术语篇中作者与读者进行互动的语言资源框架模型，其中立场是作者的自我表达方式以及向读者传达他们对命题和"作者—读者"关系的判断、意见和承诺,由模糊限制语(Hedges)、强调成分(Boosters)、态度标记(Attitude makers)、自我提及(Self-mention)四个要素组成。

Englebretson(2007)主编的《话语中的立场表达:主观性、评价与互动》(*Stancetaking in Discourse*:*Subjectivity*,*evaluation*,*interaction*)论文集从语言功能出发,在语境中考察立场及立场表达。Englebretson 在介绍部分明确提出了定义立场的五项原则;Hunston 在语料库中考察 *I think* 的用法,发现其最常用来索引负面评价立场;Elise 发现英语中的立场标记 *I guess* 是评价、意见、断言或问题行为的序列启动标记,可以标记说话者当前的知识、意识或取向发生了某种变化的行为,在回应位置的 *I guess* 标记不同意、不一致立场;在主观性上,*I guess* 标记作者认识立场的急剧转变,在交互主观性上,*I guess* 的意义是从会话的对话结构中浮现出来的。

Jaffe(2009)指出语言总是在社会语言学范畴中产生和传播的,立场及立场表达是对个人行为和社会意义的富有成效的概念化的体现,其中认识立场和情感立场都是在广泛的社会中被定位和实现的,并具有社会基础和社会性的结果,而社会关系是由自我定位或个人立场所决定的。

Text & Talk(2012 年第 32 卷第 4 期)推出专刊讨论互动中的立场表达:Du bois 和 Elise 从立场、序列、对话性探讨互动中的情感(affect)、情绪(emotion)和交互主观性(intersubjectivity),关注互动中的参与者如何通过立场表达这一公开的交际策略,并构建、组织其社会情感和社会认知关系上的交互主观性,序列(sequence)在立场的实现和解释中具有重要作用,而对话共鸣(resonance)是序列中各立场联合的一个过程;Elise 考察了谈话中扩展的(多单元的)话轮内所产生的立场偏离(digression)或插入现象,说话者使用各种语言、韵律和具体化的资源使偏离被识别出来,听说双方都将其视为话轮的扩展,因此不需要对其作出回应,*I guess* 是表明立场偏离的典型插入形式。Laury 从序列设计和对话性来考察芬兰语的外置(extraposition)结构在日常互动中的形式和功能,芬兰语外置结构的句法形式产生于当前说话者对先前谈话内容的复制,继而投射出具有交互主观性的立场表达,主要用于间断点之处的(如主题或故事情节之间的过渡点或故事、活动的结尾)评价行为;Maarit 探究

了故事讲述中后续讲述对前一讲述的共鸣（Resonance），第二个讲述者部分地再现前一讲述者的词汇句法、结构、韵律和语义等元素，以此使自身的叙述、立场合法化，后续故事讲述中的共鸣体现了谈话者通过联系彼此的话语来表达立场、维护社会凝聚力。

Perakyla 和 Sorjonen（2012）对互动中的情感进行专门研究，研究发现，情感表达的理解和情感立场的构建是一个既塑造互动语境又受其影响的过程，用于表达情感的语言（词汇、句法、韵律）和非语言资源（笑声、哭声、面部表情）、行为序列中的情感方面（信息传递和冲突）、机构互动中的情感作用（医疗咨询、心理治疗、健康访问和求助电话）都值得被关注。

3.2.2.2 立场研究的主要方法

针对立场及立场表达的研究方法以会话分析、语料库分析方法为主：Channell（2000）通过大规模的语料库展示了某些词、短语（*fat*, *par for the course*, *right on*）的积极或消极评价功能。研究发现，从词汇角度来看，同一时间出现的同一个词对不同的说话者来说具有不同的意义，说话者不断地学习他们已经知道的词语的新意义和新用法；消极评价比积极评价更明显、常见，因为其对应的社会序列更长；频率对言者获得某类词的评价功能至关重要。Conrad 和 Biber（2000）运用基于语料库的方法研究言者和作者如何使用状语来标记他们的个人"立场"，并将立场分为认识立场、态度立场和风格立场，立场标记通过语义类、语法实现、在句子中的位置三种语法手段来构建命题。作者统计了日常会话、学术论文、新闻报道三种不同语体中的副词、介词短语、限定性从句的频率，并考察其在句子中的位置，最终发现日常会话中的立场状语数量是书面语的两倍，这说明口语中会话参与者更直接地用他们的个人态度和评价来构建命题。Wu（2004）采用会话分析的方法讨论了汉语句末语气词（如"啊""哦"）的立场表达，并与日语、韩语中的相应句末语气进行比较，从中得出具有类型学价值的结论。作者指出，立场从进行中的互动过程浮现而来，与互动相互塑造，会话参与者通过词汇设计、句法选择、韵律表现、序列定位在互动中表达对话语内容和共同谈话者的看法或立场。Hunston（2007）强调原始数据是调查的起点，基于语料库的研究方法可以促使研究者在语境中观察词或短语的用法，形成对语篇的深刻、整体的认识，从而对语篇中的立场标记语做出更有力的解释，使得借用语料库进行的定性研究凸显词或短语的典型用法。

近年来有学者将多模态资源作为考察立场表达的重要手段，使得立场研究更加全面、立体：Stivers（2008）在故事讲述（storytelling）语境中考察了点头（nodding）的回应功能，通过点头，接收者声称已经间接或直接地获得了某种程度的进入并理解故事讲述者的立场，可称为 alignment（接近性）；通过宣称进入和理解讲述者的立场，故事接收者表达出在故事讲述过程中对于讲述者观点的认可/赞同，称为 affiliation（一致性），作者由此得出了 alignment 和 affiliation 的不同。Lindström 和 Mondada（2009）介绍了在社会背景下对评价（assessments）进行多模态的序列分析的方法，探究评价在整个序列组织中的作用，总结了评价的实现方式。Konig（2019）从互动视角分析了 Whats APP 聊天中与"笑"有关的小品词及表情符号的使用所传达的立场和交际功能，发现"笑"类词与表情符号之间存在对应关系，二者的相互作用使网络聊天中的立场得以显现。

此外，跨语言角度的立场及立场表达研究为认识某一语言的本质特征提供了新的思路：Iwasaki、Shoichi 和 Foong Ha Yap（2015）在 *Journal of Pragmatics*（《语用学杂志》总第 85 卷）推出专刊讨论了汉语、日语、韩语（CJK）三种亚洲语言的立场标记和立场表达，研究者们从历时角度探究某些一般表达通过语法化转化为立场标记的过程，其中语音、形态机制以及语用环境使其原始意义发生转移，从而产生立场标记；此外，还从对话的共时角度探究了单词和短语发展成立场标记的过程，这种话语微观分析有助于深入理解非命题语言的互动意义，特别是句末语气词作为高度动态的"互动小品词"的作用。作者旨在通过 CJK 的数据来验证英语和其他欧洲语言的类型学特征，从而发现由语言和文化特性所引起的立场表达差异；同时，在社会语言学领域确定 CJK 之间的异同程度。

3.2.3 汉语中的立场研究概况

汉语学界对立场表达的研究以"传信""传疑"这组对立命题为起始点（高名凯，1957：473、475；吕叔湘，1942/1982：261），在 Du Bois（2007）"立场三角"模型提出后，直至近十余年成为研究的热点话题。

3.2.3.1 立场研究关注的语言现象

研究者多从某种具体的语言现象入手，以口语中常见的话语标记为分析对象，探究它们具有的标识话语立场、推动互动进程的功能："我觉得"在语篇中可以减缓面子威胁，构建交际语境；在口语中，还可以标记旁白、重提旧话题、占有话轮，是汉语口语中常见的认识立场标记。（徐晶凝，2012）"要我说"也是互动性对话（talk-in-interaction）语境中的"认识立场标记"（epistemic stance marker），其语义认识内容是较为肯定的断言性话语，其语用功能是凸显言者认识、提请听者注意、开启新话语、保持语篇连贯。（张金圈、唐雪凝，2013）自然口语中的"这""那"在音韵特征、话语意义、话语功能上具有话语标记特征，是言者表达立场的话语指示标记。（郑友阶、罗耀华，2013）话语标记"就是"标示主体间的一致性立场，具有肯定立场标定功能，在交互式语境中"就是"所表达的肯定程度由低到高依次为：知晓与知重 > 确认 > 承接立场 > 赞同，这体现了肯定立场语义内涵的丰富性。（郝玲，2017）"我认为""我觉得"作为一种认识立场标记，具有提示受话人注意发话人的态度、立场、情感、状况以及列举分类、概括总结、推断说明、阐释澄清功能。（李水，2017）自然谈话中的"其实"常被用来标记违反听话者预期以及说话者具有知识优势的信息，体现出较强的交互主观性。（田婷，2017）位于陈述小句句尾表达确认功能的"不是"是一种认识立场标记，用来表达说话者的"发现立场""事理认识立场"。（聂小丽，2019）"还说呢"出现于会话序列应答话轮，适用于询问—回答、陈述—抱怨/责怪、抱怨/指责—争辩/反驳、道歉—指责四类互动模式，是一种具有标示言者负面态度、构建不一致立场和一定程度的面子补救人际功能的立场标记。（王悦，2019）北京口语对话中的典型应答语"还是的"的核心功能就是通过肯定对方话语内容来重申说话者的自我立场，"还是的"的"引发—应答"模式体现了礼貌原则中的一致原则。（方迪，2020）

也有学者关注到了某些特殊句式、语气词、人称代词、复数表达的立场表达功能。刘亚琼、陶红印（2011）认为"不、没"类否定反问句多出现于言者发现对方与"双方共有知识""某种常识性知识"不符的情境语义下，其主要话语功能是表达说话者的负面事理立场，多出现于话轮结尾处，起到提醒听话者注意言者立场的互动功能。乐耀（2016a）从互动语言学视角研究了口语谈话中的让步类同语式的主观评价立场的表达，发现该句式的话轮结构是前边有沉默（pause/gap）、修复（repair）、前言（preliminary）和寻求确认（request confirmation）四种成分，其表达立场的总体原则是先扬后抑，而且推迟"抑"，以此来弱化分歧。

朱军（2014）考察了汉语口语中的典型互动构式"X什么X"的不同话语模式，认为该反问格式表达说话者对听话者言语或行为的负面或消极的立场、态度，具体表现为提醒、意外、反驳、斥责四个层级，可以在多种"行为—评论"模式和对答类型中充当否定答语，可以多个格式连用或与其他表情感、语气的词语共现使用来强化否定立场，包含该句式的对话多发生在社会距离和心理距离较近的、上对下的权势关系当中。甄珍（2016）认为"那叫一个A"是典型的构式，整体表达"通过对某一主体性状的强主观性评价与命名来表达高程度义"的构式义，其适切语境是心理或客观的预设项的存在，该构式句法位置相对固定，主要出现在谓语、补语位置，也可处于句尾，可单独成句，是一种陈述性的构式。构式对构式成分的压制、构式成分义对构式的影响这种互动关系是"那叫一个A"构式形成的机制。姚双云、喻薇（2018）认为"一个+NP"类指句所在句子主要表达认识立场和评价立场，"一个+NP"在语境中的指称转换是表达话语立场的策略性言语行为，可以激活参与双方共同的价值观，有助于社会文化立场的表达、扩大言者的论断辖域、增强立场表达力度、促进交际高效进行。柴闯、刘玉屏（2019）发现，语用标记"V起来"通常表达评价立场和认识立场，立场三角中的立场三要素在交际互动中可以构建话语立场的一致性。朱军、卢芸蓉（2019）认为评价构式"你说A不A"具有非疑问化、动词虚指、代词泛化的去范畴化表现，表达说话者/作者寻求与听话者/读者对所作评价的认同话语功能，该结构的认同评价功能在互动语境中浮现出来并进一步规约化。

石飞（2019a；2019b）先后考察了让步条件小句"再怎么说"和句末准语气词"就是了"。"再怎么说"通过对后续话语内容的强调来表达言者的主观评价和情感态度，提醒、劝诫、意外、反对、斥责语境更容易触发"再怎么说"的使用，其交际动因是信据性（argumentativity），体现出言者协调交际双方认识平衡的交际特征。"就是了"在断言、指令、承诺等行为中标引说话者的评价立场、认识立场和道义立场，表现出

"问题—解决"的互动语境及语篇模式的内在逻辑；在位置分布上"就是了"位于"召唤—应答""指令—执行""建议—反馈"序列结构的前件或后件，在小句内处于句末话轮结束位置。

田婷、陈前瑞（2018）总结出句末语气词"啦"的三种使用情况：位于非特指疑问句句末、与限定副词成分共现、常见于直接引语中，"啦"的使用体现了说话者的认识优势立场，体现出说话者观照听话者认识地位的交互主观性。饶宏泉（2020）结合"来着"的序列表现和话轮特征，基于 Petöfi（1973）KUB 模型，从互动角度探讨了"来着"的情态功能，作为时制助词、语气助词的"来着"在话轮中主要凸显认识情态功能，表示确证。

张帆等（2017）从"数"范畴的类型学视角区分了"同质复数""连类而及"两种复数类型，认为后者属于立场范畴。作者考察了上古时期"侪、曹、属、等"四个标记，比较了元代"每"标记和现代汉语"们"标记在立场表达上的表现，证明汉语的复数标记是从表示"同盟"关系的"立场"标记发展而来的。闫亚平（2018）认为人称代词除了表指代以外，也是一种显著而有效的建构立场的互动手段，不同句法分布和句法结构中人称代词的立场建构浮现机制和"立场化"体现为立场站位、立场指向、立场标记三种不同维度。

3.2.3.2 立场研究的语体观照

另外，有不少学者关注某种语体下、不同人群内的立场表达，讨论范围涉及学术语篇、法庭互动和谈话节目等。学术语篇中的立场标记语研究成果丰硕，主要围绕论文内容、论文标题、论文风格等方面进行讨论：吴格奇、潘春雷（2010）发现，汉语语言学学术论文中的立场标记语具有传统的修辞风格，这反映出一种传统的学术话语模式，其中的模糊限制语、避免自我提及等是保全作者积极面子的策略。柳淑芬（2017b）选取 800 个中国新闻奖和普利策奖获奖新闻作品标题为语料，将其与英语新闻标题进行对比后发现，汉语新闻标题中确定性立场标记语和言据性立场标记语比较丰富，而英语新闻标题中的模糊性立场标记语和评价性立场标记语则更为多见。钟兰凤、郭晨璐（2017）对比了跨语种、跨学科、跨语言的学术论文用语研究，发现表达立场的语言资源的语境敏感性极强，其意义构建深受文化、学科、语言实践共同体的制约，因此学术话语不仅仅是中性的，还具有调节社会关系的人际功能。

　　针对不同言谈互动场景下的立场研究体现出立场表达的普遍性和立场内涵的丰富性：罗桂花（2013）基于目的导向的话语立场分析模式，重点考察了法庭互动中评价立场、情感立场、认识立场和（不）一致性立场的表达手段、语用功能、互动机制以及角色分布，发现在法庭互动场景下，诉讼双方会充分调动各种语言资源来认识命题、表达情感，从而积极开展言语互动。张莉莉（2019）在 Du bois 立场三角模型下考察了新媒体访谈话语中的立场三要素运作模式，指示语的变换、语气词、特定语言结构的运用等方式是有效的立场表达手段，访谈互动参与者的社会角色身份也会影响立场的表达效果。龚双萍（2014）基于冲突话语、情感立场理论以及人际和谐管理模式分析了钓鱼岛事件新闻报道中的冲突性网评语，提出了冲突性网评情感立场的语用解释框架，冲突性网评所表达的概念内容、人/群际关系、情感立场之间是动态变化的，这些要素共同构成了一个统一的意义整体。

　　另外，受社会文化因素的影响，不同人群特征对立场表达有重要意义，具体表现为性别、年龄、身份等因素对立场表达用语的影响：张继东、夏梦茹（2015）基于 Hyland（2005a）立场标记语的四类框架，参考 Biber（1996）、何自然（1985）、吴格奇（2010）对立场标记语的分类方法，构成相对完整的二级分类框架，以 BNC 口语子库 S：conv 为语料，采用定性和定量相结合的研究方法，统计了英国人不同性别之间使用立场标记的不同之处，发现在态度型立标语、自我提及型立标语、模糊型立标语、确定型立标语的使用上有明显的性别差异。王晓燕、吴琼（2017）以 18—22 岁的 34 名在校大学生的面对面谈话为语料，对所得数据进行统计、分析发现，该语域下的谈话涵盖认识立场、评价立场、情感立场和一致性立场四类，每一类立场的实现都可以调用不同的语言资源。

　　以上汉语中的立场研究至少有以下两点共同之处：第一，都是在对相当数量例句或语篇的统计、分析的定量研究基础上得出较为可靠的语料观察结论，都对语料进行了忠实的描写；第二，都不同程度地运用国外已有立场概念、分类标准、分析方法（如 Biber 和 Finegan（1989）的立场概念，Du bois（2007）的立场三角理论，Schiffin（1987）的话语标记参数），得出关于话语标记、特殊句式、语气词等语言形式所承担的立场标记、协调人际互动、推进言语进程等功能。同时也存在一些问题，首先，不少研究涉及立场标记语（stance maker），但并未对立场标记语、话语标记的概念以及二者之间的关系进行区分。笔者认为话语标记和立场标记分属不同的概念范畴，有些话语标记可以直接用作立场标记，但有些立场标记并不是话语标记，而属于构式、规约化表达。其次，在语料的选用上具有滞后性，例如研究者喜爱的电视剧《我爱我家》台词产生于20世纪90年代，虽然大部分内容是来自地道的北京口语谈话，具有较高的研究价值，但是已经不能代表不断发展变化的汉语口语现状。另外，在研究角度上，分别关涉功能视角的、社会语言学视角的、互动语言学视角的、语料库视角的立场研究，但是在研究范式上大多数研究还未体现出某种清晰、完整的研究路径，这说明汉语学界的立场研究仍处于个案讨论阶段，尚未形成较为成熟的理论框架和具有普遍指导意义的研究方法，本书力求从互动语言学的理论出发，采用会话分析的方法，对汉语认证义动词的立场表达进行系统、深入的分析。

3.3 互动语言学研究概况

3.3.1 国外研究成果概述

互动语言学在国外的研究成果体现为六种研究课题：交际行为与句法的关系、会话序列与句法选择、在线生成的语法、互动言谈的基本单位、位置敏感的语法以及形式验证（方梅等，2018：464－470）。

3.3.1.1 社会行为与会话序列

言谈互动参与者的话轮的交替进行构成了会话序列，而发起话轮与回应话轮对应于不同的社会行为，因此不少学者关注某种社会行为的会话序列特征。Sorjonen（2001）讨论了芬兰语中针对是非问的三种简短的积极回应类型，发现它们在相应的问题形式、由问题编码的认识假设、问题的序列位置上有明显差别，每一种回应都有其独特的功能，从而总结出问题类型与回应类型之间的互动关系。Ford 等（2002）关注"增量"（increments）现象，即在话轮上增加的成分从句法上、韵律上和局部的互动序列的行为上是可解释的，"扩展"（extensions）、"自由成分"（free constituents）的每一种结构类型都被系统地投入于区分互动任务当中，这种结构产生于说话者实时进行的互动工作中，同时作为一种互动资源被会话参与者运用。Sorjonen（2002）进一步讨论了会话互动中接收者的言语行为，nii（n）和 joo 作为两种不同回应语用于是非问可以表示不同类型的指令义，在更大的活动中 nii（n）和 joo 对不同告知行为的回应形式都具有自身偏好的序列语境（home environment）。Lerner（2004）从句法、韵律、语用的完成角度研究了可以独立运行并作为话轮提示的"增量"（increment）结构，该结构用于实施使前一说话者开展合作的行为，反映出言者使用特定的语法结构用于完成特定的行为这一规律。Thompson 和 Couper-Kuhlen（2005）讨论了早投射和迟投射两类语言的不同投射能力如何影响下一话轮开启、共建、话轮单位扩展这三种互动现象在言语社群中被识解的方式，研究发现小句的句法形式有不同的偏好，这说明语法形式（grammatical formats）是一种互动惯例（interactional practices），是解决反复出现的沟通问题的方法，这有助于探索和理解语法如何被互动塑造，以及人们在世界语言中观察到的不同语法在多大程度上塑造了互动。Mondada（2006）关注言语与身体行为的交互作用，通过对录像和语料的分析证明了参与者使用多模态资源使其行为对彼此是公开、可见的，接收者通过在线分析得以实现话轮、活动的结束。

3.3.1.2 互动言谈的语法单位

互动语言学强调，语言形式与话语结构是会话参与者在互动中共同构建的，话语功能语言学家对句法范畴作出了互动视角的新解读。Du bois（2014）提出用对话句法（dialogic syntax）理论重新认识和理解句法秩序，具体指说话者选择性地再现先前话语的各个方面，接收者可以通过类推识别出在线产生的平行关系，这涉及语言、认知和互动过程。对话句法理论在句法层面寻求语法如何在话语之间产生映射，在功能层面寻求话语结构共鸣的动态出现如何服务于使用者的交际、认知和合作目标。Thompson 等（2005）提出小句（clause）是会话互动的根本，是自然口语中高频出现的基本单位。同时，Ford（2002）、Couper-kuhlen 和 Ono（2007）、Luke 等（2012）关注到了交际语言中的增量（increments）成分是独立于先前成分、可以构建话轮的句法单位。Ono 和 Thompson（2017）在英语、日语自然会话中对比分析了这两种语言中的"否定范围"（negative cope），韵律、语法、认知、加工和固着性等为语言的否定范围提供了不同的实时处理策略，英语中的否定语素通常在时间上表现出否定的意义，而在日语中否定常以"否定期待"（negative-anticipating）的形式出现在句首或句首附近。

3.3.1.3 句法的在线生成特点

在线生成的语法从语言的产出角度，将自然口语中的句子看作说话者在时间的流逝中实时地调节彼此的言语行为而逐步递增的即时浮现的产物。Goodwin（1979）通过对录像语料的观察在会话中重新解释句子的结构，即句子是在会话中动态产生的，自然会话中的句子是言者和听者互动过程的产物，其中蕴含着广泛的社会、语言、文化要素。言者在产出句子的同时可以根据听者的反应随时调整句子意思，也可以改变所构建的话轮长度，因此必须在具体语境中观察和理解句子的形式和意义。Lerner（1991）重点探究了"行进中的句子"（sentence-in-progress）的句法特征，详细描述了对话中两个参与者如何共同产生一个单一的句法单位的过程，参与者之间的联合形成了独立的话语结构形式，这种结构被视为复合话轮构建单位的重要形式，也是话轮转换的重要资源。Hopper（2002）指出，人们在互动接触中不断创造新的形式组合，语法由此浮现出来且具有暂时性，浮现（emergent）视角需要考虑大量的语言资源，包括构式（constructions）、多种固定表达、片段、话语标记、强调成分以及词汇，语法的浮现过程与听者对言者话语的持续认可、话轮转换、语境是分不开的。

3.3.1.4 句法的位置敏感特点

Schegloff（1996b）最早探究了 TCUs 的"位置敏感"（positionally sensitive）特点、在不同位置的 TCUs 的不同解读、话轮中的位置类型与 TCUs 类型之间的对应关系等。Ono 等（2000）重新审视了日语日常会话中 *ga* 的用法，发现该语气词经常与主语 NPs 和不及物谓语动词一起出现，受语境化和语法化影响较大，*ga* 在线性位置上的多样化表现对应于不同的话语功能。Heritage（2015）从会话分析视角，对转写后的电话谈话中的 748 个 *well* 开启话轮的会话进行了实证研究，发现 *well* 可以表明下一话轮偏离了上一话轮的理解、期望和预测；*well* 开启话轮的语境主要有对问题的回应、话题的转换和结束、"我这边"经验的表达三类，*well* 开启的话轮用以提醒听话者接下来的讲话突出的是说话者的观点、兴趣或方案，具体指行动、占有话轮空间、认识立场等，*well* 讲话者的意图和偏好、环境、知识或经验是后续行动的基础，因此，*well* 投射的是扩展的话轮（包含一个以上的 TCU）。在交际互动过程中的不同语言形式往往引发接收者不同的解读和回应方式。

3.3.1.5 互动中的韵律资源

韵律（Prosody）和语音（Phonetics）是两个不同的概念，前者是非音段的，包括音高、响度、音长、时间等要素；后者是音段的，包括衔接、发音两个维度。言语过程产生的各种韵律和语音特征都是参与者互动交谈的资源，它们可以被调动起来用于完成组织话轮构建单位和话轮转换、发起和执行修复、形成和识别行为、组建序列、传达立场等互动任务。(Couper-Kuhlen 和 Selting，2018）早在 1996 年，Couper-Kuhlen 和 Selting 主编 *Prosody in Conversation* 的文章就分析了语调（intonation）和韵律（rhythm）在日常会话中所起的作用，韵律的研究必须从真正的互动而不是预先制造的实验数据开始，通过对英语、德语和意大利语的真实对话记录材料的实证分析可知，韵律在话轮转换、会话活动中是一种重要的策略。Ochs 和 Schieffelin（1989）通过跨语言的分析表明，语言的语音、形态句法和语篇特征可以强化和明确言者态度、情绪、感觉和意向。其中语音语调、音质、声音的重复（如押头韵）、语音象征等音韵资源在不同语言中都可作为表达情感的重要手段。Fox（2001）选取自然发生的美式英语会话的 43 个语句，探究其音高点具体的韵律表现，一系列的语音特征显示，可以投射话轮的即将完成和不能投射话轮的即将完成两种音节存在明显区别，前者比后者在语音上更为显著。Couper-Kuhlen 和 Ford（2004）主编的 *Sound Patterns in Conversation* 探究了日语、英语、芬兰语、德语等不同语言互动话语中的语音设计，重点关注互动中的谈话对应的社会行为的语音细节组织，研究对象涉及孩童、语言流利的成年人以及语言丧失的成年人等不同话语人群，研究者们对不同语言中相似的会话任务采用了较为统一的研究方法，为谈话的跨语言音韵学研究铺平了道路。Ogden（2006）基于会话中的评价序列，使用会话分析和语音分析的方法探究话轮所表达的行为与其语音形式之间的联系。语音对于决定评价话语投射的是"一致"还是"分歧"具有重要价值，这种"副语言"（paralinguistic）资源能够反映说话者当前的情感、态度以及情绪状态。

3.3.1.6 互动中的多模态资源

互动语言学既关注语言资源在言谈交际中的塑造和使用，也关注语言之外的多模态资源对实现互动交际意图的功能。Goodwin（1980）针对描述类话语序列分析了点头（nod）、身体移动、凝视（gaze）、头部摇动、沉默、眉眼闪烁（eyebrow flashes）、微笑、眼球转动、头部的抽动等非言语现象在面对面谈话进程的互动作用，发现它们与言语的谈话一起表明接收者注意到讲话者的某一行为并对其作出回应，传达他们对讲话者所讲内容的理解，进而影响说话者正在开展的行为组织。面对面谈话中的多模态资源异常丰富，它们的发出和保持、交替、重叠等表现形式都跟说话者的言谈内容相关。Haddington（2006）具体探讨了共同注视、互相注视、截止眼神三种习惯化（regularized）的凝视模式（gaze patterns），它们与表达评价的语言形式一起构成立场表达，同时也为会话参与者提供了识解对方立场的资源。Li（2014）采用会话分析和互动语言学的方法，分析了自然发生的汉语对话中"倾斜"（Leaning）这一肢体动作在接收者产生介入问题时的作用。研究发现，接收者开始提问时伴随着身体向说话者倾斜，这种倾斜一直保持到对方给出回答，这在视觉上表明接收者所提问题的倾向性与说话者正在进行的话轮和活动不一致，同时，倾斜与汉语对话中接收者介入的问—答序列的组织有关。Ford 等（2012）研究发现"肢体—视觉行为（BVPs）"具有在话轮转换相关位置扩展话轮、构建话轮的功能，BVPs 和话轮转换之间的五种协调关系显示了语言和 BPVs 之间相互作用的不同方式，这巩固了参与者之间的意义表达和行为开展。作者还指出，每一种符号模态在与其他符号模态相协调时，都有其本身的原则和使用特性。Ogden（2013）基于大量的英语谈话数据考察了咂嘴（clicks）在英语会话中的分布属性，其主要出现于话轮前位置或话轮中位置，咂嘴具有立场表达和序列管理的功能，是言者交际能力的一部分：咂嘴在话轮起始位置可以投射讲话，标记初始的说话者地位；咂嘴可以索引新的谈话序列；大声的、有意而为的咂嘴往往伴随身体活动从而展示言者立场。

3.3.2 互动语言学与汉语研究概述

3.3.2.1 动态的汉语语法观回顾

在互动语言学理论被引进、应用于国内汉语研究之前,汉语学界已经关注到语言使用的互动特点。赵元任(Chao,1968:41-45,51)将句子从结构上分出"零句"(minor sentence)和"整句"(full sentence)的概念,"零句"大多由动词性词语或名词性词语充当,可以作为陈述句、命令句、感叹句来使用,具有明显的回应问语、表达感叹和提示功能;"整句"包括主语、谓语两部分,中间可以有停顿,也可以倒装。"一个整句是由零句组成的复杂句""在日常生活中,零句占优势。"吕叔湘(2008)提出"现在讲句子是从语言出发。语言的主要用处是对话",① 这启示我们从交际互动的角度来认识句子。赵元任先生和吕叔湘先生对汉语口语语法的重视奠定了汉语口语研究的基础。陆俭明(1980)对汉语易位句进行了讨论,通过实地调查25位不同文化程度的北京人得到语料,分析易位句的四种类型,指出易位句是真正的倒装句,是口语中特有的倒装句。陆镜光(2004)采用动态的观点,把传统所说的倒装、易位、追补、重复等归入一个大类,统称为"延伸句",从信息包装和句法结构的互动关系入手,探讨句子延伸现象在汉语、英语、日语、希腊语、法语中的表现,通过跨语言的对比证明了汉语语序灵活、主要依赖语法而非语调来表达信息结构的特征。这两项研究都聚焦于汉语句子的性质、结构和信息表达,以及汉语口语表达的语序问题。聂丹(2005)在问答式言语进程中寻求问语选择的制约机制,发现问语和答语之间的相互作用形成了一个统一互动的言语进程,而答语作为其后问语的一个生成语境,客观上制约着问语的生成与选择。该研究涉及了互动中会话参与者对言语进程的协同建构问题。张旺熹(2012)从话语分析(discourse analysis)角度入手,以电视剧台词为语料来源,研究汉语口语中若干典型成分的话语功能,包括副词"可"、人称代词类话语标记、"人称代词+NP"复指结构、人称代词"人家"、人称代词复用结构。作者

---

① 参见吕叔湘《语音的"句"和语法的"句"》,载《语文常谈》,生活·读书·新知三联书店2008年版,第51—52页。

在定量统计、分析和描写的基础上揭示了相关语言成分与具体的话语场景之间的互动关系,深化了现代汉语口语的研究。

3.3.2.2 互动语言学理论指导下的汉语研究

汉语学界真正开始关注并转向互动语言学领域的研究是以会话分析为切入点的:陆镜光(2000)以粤语口语自然谈话为语料,对其中的后置成分进行分类、统计,发现"例装句"可以作为话轮交替机制中的话轮后续手段之一,在话轮交替相关处起到延续话轮的作用,这表明语法结构和会话结构之间关系紧密。陶红印(2003)考察了自然口语谈话中的"我不知道""不知道""你知道"固定格式,从句法、语义、语用上例证了它们的特殊性,认为"知道"固定格式的出现源于语言的主观性特点和调节谈话双方的交际需求。方梅(2012)考察了口语中相邻对答话的连词用法,发现在答话话轮起始位置倾向于使用后项连词,这些后向连词具有保持其基本的逻辑语义、体现言者语力、用作话轮的组织或话题的延续和转换等话语功能,语用合作原则是连词浮现义和话语标记功能产生的根本动因。这三项研究都关注到互动语言学的重要研究对象——话轮、话轮转换,同时都从大量的口语谈话语料中获得相关例句,以会话分析的方法和动态的语法观重新分析传统语法中的常见问题。

近年来,互动语言学指导下的汉语研究日渐增多,主要成果见于《互动语言学与汉语研究》的三辑专著中。其中一部分学者重视理论建设,以互动语言学的核心理念为基础,对汉语会话特征进行探究:陈玉东、马仁凤(2016)使用 Praat、alldata 软件对获取的《鲁豫有约》谈话片段音频语料进行音节切分标注、话轮标注和音高、音长的数据采集,从话轮转换的韵律特征入手,将汉语的话轮转换机制分为自然转换、紧接转换、打断转换三类。乐耀(2016b)从句法和韵律互动的角度对汉语会话基本单位 TCUs 进行了考察,发现汉语 TCUs 在构建话轮中有延宕和停断两种基本韵律类型,具有停断韵律特征的 TCUs 才有可能投射下一话轮,是汉语会话的最佳话轮投射单位(most relevant turn-projection units, RTPUs);而延宕语调一般用于话轮没有结束、话轮中 TCUs 之间的位置。

陶亮(2018)分析了两个小时 300 例面对面谈话中的"修复"(repair)行为,从互动中的语法和连贯两个方面观察汉语自然会话中同一话轮的自我发起型修复,证明了修复既遵从语法,同时又影响着语法这一语言共性特征。完权（2018）依据 Thompson（2005）提出的后续话轮的起始、会话共建、话轮延伸量三项标准，考察汉语自然交际会话中的语法投射能力，发现汉语既有小句投射，也有零句投射，而零句互动是汉语语法与社会互动的根本，这与英语以小句为基础的互动模式明显不同。

关越、方梅（2020）考察了话语单位以及不同言语行为类别的合作共建，这种句法的合作共建现象充分体现出会话在线生成的互动特性；合作产出语句的动力包括诱导产出、主动接续两种。李先银、石梦侃（2020）以讲述、论辩和日常会话等不同类型的自然会话语料为研究对象，考察了汉语会话中的交叠（overlap）现象，根据交叠发生的原因将其分为协奏型交叠、共建型交叠、反馈型交叠、误判型交叠和自选型交叠。研究发现，交叠并不是对会话的打扰，而是一种正常的语言现象，是言语互动中会话参与者可以操纵的一种手段，是使用者通过调节会话中的介入时机从而实现交际意图的一种交际策略，以表现对当前言者的合作或抵抗。陶红印（2020）讨论了汉语会话中的"分类"话语行为。会话中的分类活动有客观描述、主观分类和主客观混合分类三种，说话者利用分类手段表明自己的主观意愿或立场，以实现互动双方的交互主观性。分类现象更新了人们认识语言单位的范围及其本质的眼光。张惟、彭欣（2020）基于 Lerner 对"预期完成"（anticipatory completion）的研究，描述了普通话的三种预期完成发生的情况，认为复合式单位与预期完成是深入研究话轮交替机制的一部分。

更多的研究是运用互动语言学理论、方法探究汉语中某种语言现象的互动表现和互动功能，共同揭示了汉语中众多语言现象在言谈进程中的动态浮现特征：高增霞（2016）统计了日常谈话和电视剧《家产》中语气词"吧"的使用，发现"吧"在互动中的作用主要是建立一个"即时联盟"（on-line alignment），是一种互动标志，处于话轮结束位置时表明言者对对方话语的反馈，处于话轮开始位置时则是征求对方意见，从而发起一个新话轮。吴海平、陶红印（2016）对自然会话和互动性的电视节目约 50 万字语料中的"都"结构进行了统计、分析，认为"复数 NP+都"结构在会话中主要表达一致立场，具有拉近说话者之间的距离、提供背景信息、作为讨论中的一种说服手段、作为消除争议的一种手段等话语功能。谢心阳、方梅（2016）从语法化的一般语音表现出发，截取六段谈话类节目片段进行语音转写,对谈话中的"所以""然后""但是""因为"四个连词用 Praat 进行音高均值、时长、停顿三个参量的标注和分析,经对比发现,弱化连词音高明显高于其基本用法的音高,从互动和会话参与者的识解和认知来看,对于弱化连词的识解更费力,时长是弱化连词的重要证据。张璐(2016)基于 CCL 语料库、语料库在线和北京口语语料库,观察和描写了"问题是"在语篇中的不同作用,认为该结构具有篇章连接功能,包括"深究"的递进篇章连接功能和"预设否定"的转折性篇章连接功能,以及"负面"的评价性标记语功能和"主题变化"的话题标记功能,"问题是"同时经历了词汇化和语法化,具有话语标记的特征。

曹秀玲、杜可风(2018)详细讨论了汉语口语、书面语中的言说类元话语标记类型,将其看作言语交际互动的产物,表达标识言说视角、言说方式、言说态度、言语进程的话语功能。言说类元话语标记常依附于某一小句中,至今尚处于元话语发展进程中,但具有跨语言共性。李晓婷(2018)从多模态角度观察了处于会话序列两种不同结束位置之处的连词"因为",发现其伴随着特定的韵律特征和身体活动,在自然的面对面会话中具有构建会话行为、组织序列和话语、完成不同互动任务的话语互动功能。李宗江(2018)重新审视了第二人称代词"你"后加"譬如、比如、比方说"构成的"你+距离标记"的性质和演变,认为其中的"你"具有话语标记性质,其隐现取决于对话语境的需要,而与语法、语义条件无关。刘春光(2018)讨论了现代汉语因果复句语序选择性的复杂情况,主要是通过关联标记和位置转换来实现,其选择机制包括语法结构的竞争和互补分工、语言接触和语体表达两个动因,以及"图形—背景"相互转换、复句标记的删减、说话者的主观性三个认知因素。刘娅琼(2018)分析了博物馆讲解语体环境下的句尾"了"的句法分布特征和使用限制,发现"了$_{讲解}$"是一种用于言听双方共处同一对话空间、言者向听者单向提供信息的话语中的主观交互标记,表达言者提醒听者"位置状态或知识状态的改变"与当前情境的相关性的话语功能,这是"了$_2$"的典型用法受特定语体和受话人表达诉求影响而浮现出的新功能。刘焱、陶红印(2018)在日常自然口语、戏剧/影视、小说三种不同语体中考察话语标记"你不知道"的使用情况,语料显示"你不知道"

在这三种语体中的分布频率具有明显差异：小说＞影视表演＞口语会话，因此，"你不知道"等负面认识范畴表达方式在越真实、自然的对话中出现的频率越低，这受到面对面交谈中礼貌原则的影响。龙海平等（2018）比较了现代汉语中韵律不独立的"我想"结构（W1）和韵律独立的"我想"结构（W2）在语音、形态句法上的特征，并在语法化框架下解释了W2＞W1的变化过程。谢心阳（2018）详细讨论了汉语自然口语中是非疑问句和特殊疑问句的无标记回应类型，作者对会话序列的关注区别于传统研究对于疑问焦点和疑问域的描写，有助于进一步解释疑问句的内部分类。乐耀（2018a）详细描写了真实的日常言谈会话中互动双方进行指称调节的具体过程，发现了"窄指""宽指"两类指称调节在使用数量、修复方式、会话结构以及所关涉的信息类型上呈现不对称趋势，认识状态的不平衡、"识别偏好"（preference for recognition）、"最小形式偏好"（preference for minimization）的指称规则、合作原则中量的准则和质的准则这三方面是指称调节的产生动因。张文贤、乐耀（2018）以交际双方对信息的不同认识状态（epistemic status）为出发点，将汉语中的反问句分为基于A-events的反问句、基于B-events的反问句、基于AB-events的反问句、基于O-events的反问句四类，认为言谈互动中的汉语反问句是对话交际中调节信息的手段之一，起到协调共同背景（common ground）的作用。张谊生（2018）基于互动语言学基本理念讨论当代汉语流行构式的流行类别及其互动模式，揭示出互动交际中参与者共同建构、协调话语和行为并且不断重构其对世界的认知方式的互动规律。朱军（2018）研究了现代汉语口语中的常见构式"不怎么样"，认为其表示"一般般，不太好"的消极评价义，是对对方言语行为的一种消极评价或话语预期的否定。朱庆祥（2018）从互动视角的新、旧信息编码形式角度讨论了汉语学界关注的热点问题"把字句"的宾语特征及其在听说双方之间具体的运行模式。

　　高增霞（2020）讨论了"管……呢"否定义的来源，作者结合具体用例证明了该句式的否定义不是来自疑问形式Q，也不是"什么/谁"类反问句省略的后果，也不是回声问。"管"字句表达否定是一种言域的语用义，即说话人通过提醒听话人注意正在发生的行为来暗示对方思考"管"这种行为的适切性，听话人需要自行推断出说话人的否定义。"管字句不传递新信息，其否定义在互动中已经规约化，形成一种习惯性表达，属于语用现象的习惯化。刘亚琼（2020）考察了"呢""啊"在句中的分布与功能，统计结果显示，二者在自然面谈中的分布差异较大，"连词+呢"使用最多；在功能上，表示提顿的"啊"可以用于标记自启修复，而"呢"常用来表示话题主位或篇章主位，为了满足交际需求，还可发展成表示"已知/易知"信息的标记。张文贤（2020）研究了话轮起始位置、独立运用并带有疑问语气的"真的（吗/啊）"，认为"真的吗"不是典型的一般疑问句，不要求听话人做出真假判断，而是对始发话轮的回应，表达始发话轮所传递的信息为新信息或超出其背景知识，带有惊讶、意外等感情，可以推动言谈交际的顺利进行。

最新的研究显示，互动语言学的研究成果对汉语教学具有理论、实践上的指导意义：李先银（2020a）针对当前对外汉语教学中教学语法和语法教学脱节、语法阐释和语法教学脱节、教学语法和理论语法脱节的现状，基于互动语言学的核心思想提出了"大语法"的语法教学观，主张教学内容应包括虚词、构式、句型等传统语法教学内容以及韵律手段、多模态手段、篇章/话语语法、语体语法、语用策略；提出"以行为/活动为纲"的组织架构，并通过"场景化"的语法阐释和"情景化"的语法教学予以实现。

对比国外互动语言学研究成果，汉语在该领域的研究已经逐渐形成了自身特色。研究者已经从广阔的汉语口语语料中关注到了话轮、话轮转换、话语标记、特殊句式、韵律等语言资源对会话组织的构建功能，并且得出了不同于传统语法研究的、有解释力的新结论，帮助人们以动态、协作的眼光重新认识汉语的特点及其使用规则。但就互动语言学的研究核心来看，当前研究还主要侧重于语言资源如何在互动中被塑造这一方面的议题，而语言如何实现社会互动以及实现了何种社会互动的研究还不够充分。因此，可以说互动语言学指导下的汉语研究才刚刚兴盛起来，今后还需要紧紧围绕互动语言学的理论体系和研究方法去思考汉语语法中很多尚待解决的问题，获取更多的语料并建立起专门的汉语口语语料库，以此为依托关注、描写、解释其中的语言现象。本研究重点讨论汉语口语中固化的立场表达方式，力求科学、准确地使用互动语言学的理论和方法对这些语言形式作出新的描写、分析与解释，同时注重语言形式如何实现立场表达这一社会互动及其产生的互动效果，以期为当代汉语互动语言学研究提供有益的补充。

3.4 本章小结

以上，笔者梳理了汉语认证义动词的相关研究、立场及立场表达中外研究概况、互动语言学中外研究成果。其中，现代汉语的认证义动词目前还未得到足够重视，只有"觉得""感觉""认为""想""以为"等常用词得到一定程度的解释，研究角度主要是个别词语语义的历时演变、去范畴化表现、话语功能、词类归属，但整体而言，作为现代汉语动词的重要组成部分，认证义动词表"认识和见证义"的概念没有被深入挖掘，但已有研究为本书从信息交流角度、互动视角对其重新作出内涵和外延的划分，以及探究其句法功能和话语功能打下了良好基础。此外，汉语立场表达和认证义动词重合、交叉的研究内容值得注意，目前这方面的成果较少；英语中与汉语认证义动词相对应的词 *I guess* 和 *I think* 都是能够索引言者评价、态度的立场标记语，其标记内容从语境、对话结构中浮现而来。（Elise，2007，2012；Hunston，2007）汉语研究中，徐晶凝（2012）和李水（2017）分别讨论了"我觉得""我认为"作为认识立场标记语的话语功能。方梅、乐耀（2017：39）指出，应将"立场""立场表达"区分开来，"立场"（stance）作为一个语义范畴，它表达的是一个静态的语义结果，而"立场表达"是一个动态的语言活动过程，需要言语交际双方在特定的互动背景下，通过一定的语言形式合作构建起来，立场的语义结果是从立场表达这一言语互动中浮现出来的。由此可见，立场表达是言语互动过程中的重要部分，其本质是互动性的。本研究关注的对象除认证义动词之外，其固化结构中的第二人称单数代词"你"、语气词"呢""吗"以及反问句式都是立场表达的重要手段，上述互动视角的汉语研究中，对"知道"及其固定格式（陶红印，2003、2018）、语气词"吧"（高增霞，2016）、第二人称代词"你"（李宗江，2018）、"窄指""宽指"的指称调节（乐耀，2018）、"我想"的两种不同用法（龙海平，2018）以及反问句（张文贤、乐耀，2018）的讨论是本研究进一步展开立场表达研究的有力支撑。上述关于立场表达的研究也显示，影响立场表达的因素同时是立场表达的手段，包括词、短语、特殊句式等基本语法单位，而在真实言谈互动中，立场表达的手段不是单一的，各种语言资源可以互相配合来表达某种或某类立场。

本书基于立场表达的特点和人类言谈交际的对话特性，认为对认证义动词的考察离不开广阔的口语交谈会话语境，作用于会话语境的立场表达行为的实现需要认证义动词与其他语言成分的高度参与。因此本研究既要关注立场表达过程中的语言形式（以认证义动词为主）是如何被编码成参与者可识别的立场标记语，又要分析立场表达功能是如何通过参与者的话语形式及其承载的认识、情感、态度、评价等要素得以实现的。同时，Du bois（2007）的"立场三角"（stance triangle）模型包括了立场过程的关键要素——评价（evaluation）、定位（positioning）、一致性（alignment）以及客观性、主观性、交互主观性的社会认知关系，"立场三角"的统一框架是言语活动多重性的一种体现，它为本书的立场研究提供了有力的分析工具。

第 4 章

认识类认证义动词"以为"及其典型结构的立场表达

常见的认识类认证义动词有想₁、明白、发现、喜欢、怀疑、考虑、认为、以为、估计等,① 目前针对这些词的专门研究并不多见,就"以为"来说,现有研究多从对比角度来探究"以为""认为"的句法、语义来源,发现"以为"是通过"以…为…"跨层结构的词汇化演变而来,语义由虚到实,最早出现于春秋末年、战国初期。(谭世勋,1985;邹身坊,1996;许剑宇,1997;郭锡良,1998;刘鹏昱,2010;陈曦,2011)"以为""认为"确有相关性,"以为"在《孟子》中已经出现凝固成词的现象,是"认为"的意思。(郭锡良,1999)可以初步推断,"以为"先于"认为"出现,现代汉语中表示"认为"的"以为"是古汉语在现代汉语中的存留形式。经过长时间的发展和使用,现在汉语中的"以为"在语义、用法上已经明显区别于古代汉语的"以为",虽然与"认为"同属于认识类认证义动词,但"认为"后跟宾语是对主语观点的客观陈述,"以为"后跟宾语在陈述观点之外多了一层主观色彩。"以为"的这种特殊性与会话的互动性密切相关。本章通过观察现代汉语中的"以为"(后文均写作"以为$_现$",与之相对应的古汉语用法记为"以为$_古$")在会话语境中的序列位置分布特征,分析其在互动交际中浮现出来的话语意义,并结合"以为$_现$"的典型句式探究该类动词的立场表达功能。

---

① 参见方梅《浮现语法:基于汉语口语和书面语的研究》,商务印书馆 2018 年版,第 57 页。

4.1 "以为_古"和"以为_现"

认识类认证义动词主要表达说话者的态度(如"估计""怀疑"等)以及情感立场(如"喜欢"等)。(方梅、乐耀,2017:50)这类动词本身可传达明显的言者立场,谈话者所做出的判断、评价是基于对某事或某人的了解、思考得来的,其所在句子具有较强的主观推断意味。现代汉语工具书对"以为"的释义并不完全一致,例如:

"以为":动词,认为。表示对人或事物确定某种看法,做出某种判断。例如:不以为然/这部电影我以为很有教育意义。/我以为是谁呢,原来是你。(《现代汉语词典》(第7版),第1549页)

"以为":动词,对人或事物作出某种论断;认为。带动词、形容词、小句作宾语。例如:我以为水的温度很合适。用"以为"作出的论断往往不符合事实,用另一小句指明真相。例如:我以为有人敲门,其实不是。"以为"和"认为"都表示作出判断,但"以为"的语气较轻。(吕叔湘主编《现代汉语八百词》(2016:619)

上述释义中,《现代汉语词典》只列出了"以为"表示"认为"的义项,但后面的用例并不统一于该义项之下,前两例属于"以为_古"在现代汉语中的存留用法,因此常用于严谨、庄重的书面语体中,例如:

(14) 1948年笔者<u>以为</u>,不仅财政收支的失衡要导致政权的倾覆,就是商业和科技的经营收支失衡同样会导致企业的倾覆。(BCC科技文献)

而"以为_现"适用的语体范围比较宽泛,无论是日常对话还是小说、影视戏剧中都十分常见,甚至在报纸杂志这种正式的语体中也有不少用例。既适用于对话体也适用于独白体。例如:

(15) 锁锁看南孙吃个不亦乐乎,笑说:"你仍是个孩子。"
南孙说:"这是性格问题。"

"我还以为是环境。"

"管他是什么，只要不影响我们的友谊。"(亦舒《流金岁月》)

(16) 颜良：怎么这么久才下来，
    我还以为你不在家呢。
    朱朝阳：我没听到。
    颜良：别生气了，
    算我给你道歉行不行。(电视剧《隐秘的角落》)

(17) 婷婷和小乙的矛盾直接导致了我们这个小集体的分崩离析，抄起板砖的小乙又成了九龙一凤的八爷，混社会去了。就在我们以为一切都结束了的时候，唯一没有放弃小乙的，却是老苗。(电影《老师好》)

(18) 雷说让你回来，但是你听不懂，因为你把耳朵堵着，我说你也听不懂，因为你不要心。你以为世界是很大的，足可以把心丢掉；你以为时间是很长的，足可以埋葬这一切，足可以让我们变成枯骨；你以为忘记了中国话，就忘记了我们；你以为河水可以冲淡一滴眼泪，你以为我的灵魂在石头里死了，它不会在每个春天，出现在你脚下。(BCC 语料，库顾城《英儿》)

(19) 他以为"坝"是一个水坝。爸爸说到了就知道了。敢情"坝"是一溜大山。山顶齐齐的，倒像个坝。(BCC 语料库，汪曾祺《黄油烙饼》)

以上 6 例语料中，例（14）属于正式、庄重的科技书面语体，例（15）属于非正式、随意的小说对话语体，例（16）、例（17）分别属于影视剧中的对话语体、独白叙述语体，例（18）、例（19）属于小说中的独白叙述语体。在几种不同的语体中，"以为"的主语可以是第一、第二、第三人称代词，后面带小句宾语，但例（14）不同于其余 5 例的是，"以为$_{古}$"后有停顿，其宾语是由"不仅…就是…"关联词构成的表递进语义的复句，这与其表"某种看法、某种判断"的语义有密切关系，特别是在正式场合，说话者需要全面、清晰地阐述所持观点，因此"以为$_{古}$"主要起到引述后续话语内容的作用。"以为$_{现}$"后边宾语的句法单位则更为多样，例（15）是判断动词"是"+名词的宾语结构、例（16）—例（19）都是主谓结构小句宾语，小句宾语的主语又可分为人物、事物、抽象概念等，分别代表主语的具体认识对象，而小句的宾语描述的是主句主语的具体认识内容。其实，将例（15）中"以为"的宾语补齐后可得到这样的句子："我以为是环境造成的问题"，这仍然属于小句宾语。因此，"以为$_{现}$+小句宾语"的句型结构整体上表达主语对人、事、概念的主观推论和认识，这种认识内容往往与实际情况不符。

上述对不同语体语料的用例分析表明，"以为$_{现}$"是现代汉语中的惯常用法，适切语境多样，无论是叙述语体还是对话语体，"以为$_{现}$"谓语句的言谈内容一般都涉及会话参与者自身，要求谈话对象是在场的（present）状态，因此，有必要在会话语境的言谈互动中解释"以为$_{现}$"话语意义的动态浮现机制。

4.2　会话语境中"以为$_{现}$"句法、语义的浮现

语言具有对话性（dialogic），对话性是人类思维的本质，协同配合（coordination）是社会活动的根本，语言就是共同参与、通过符号性手段（symbolic means）进行的互动行为。（李先银、谢心阳、方梅等，2018）对"以为$_{现}$"做谓语的句子（简称"以为$_{现}$"谓语句）的解读离不开其所在的上下文语境，如上述例（18），读者需要结合开头句子中的"你听不懂""你把耳朵堵着""你不要心"这些介绍人物活动的背景信息才能判断出，连续的5个"以为$_{现}$"谓语句表达的是作者对"你"所指对象的否定态度，若孤立地看每一个句子，则很难判断"以为"表达的是"认为"的客观陈述义还是"以为$_{现}$"的否定义。叙述语体的例（19）也是如此，需要将后文"大坝"的具体所指与"他"的先前认识进行对比，"以为$_{现}$"的反预期语义才能浮现出来。例（17）的电影独白语体中包含了"就在…的时候，X"这一表达"情况发生改变"的句子结构，代表新情况的"X"将"我们以为"的宾语"一切都结束了"变为旧信息，"以为$_{现}$"呈现出主语对于事实情况与先前预期不符合的心理落差。而例（15）、例（16）的对话体中"以为$_{现}$"的否定义更容易解读，这说明对话的实时性、接收者对说话者的反馈以及会话进程中的话轮位置、序列

位置对"以为$_\text{现}$"话语意义的浮现具有重要的塑造作用,下面将从口语体对话的互动性视角对"以为$_\text{现}$"的序列环境(sequence environment)① 进行具体探讨,口语对话语料包括自行录制的日常自然口语谈话和来自影视作品、小说、微信聊天、BCC 口语语料的非自然口语对话两部分。

4.2.1 自然口语谈话中"以为$_\text{现}$"的序列环境特征

功能语言学研究者善于透过语言现象的使用频率观察、分析其背后的使用规律,因此,笔者认为,高频率固然代表了一种显性的使用价值,但低频率也需要得到更深入的解释。在我们录制的 10 万字的口语日常谈话语料中,"以为"只有 25 例,且都属于"以为$_\text{现}$"的用法,使用频率只有约 0.025%,但其序列环境呈现出显著的互动性特征,具体指"以为$_\text{现}$"对主语具有选择性,是重要的话轮构建单位,能有效推进序列开展。

笔者统计了自然口语谈话语料中"以为$_\text{现}$"与主语的搭配情况(见表 1),统计数据显示,"以为"对主语的依赖性较大,很少有不带主语的情况,自然口语谈话中"以为$_\text{现}$"的主语以第一人称代词为主,在语料中都是单数形式"我",且都指向说话者。"以为"主语为第三人称时,在语料中具体指社会称谓"老师"、单数人称代词"他""她"、指称结构"这女生"。"以为"前是零主语形式时,实际上是省略了第一人称代词"我",仍指向说话者。自然口语谈话语料中没有出现第二人称代词"你/你们"做主语的用例。其实,"以为"对主语的选择在不同的语体中有不同的倾向性,在自然口语谈话中更偏爱第一人称代词"我",在影视作品、文学作品的对话中更偏爱第二人称代词"你",关于"以为"主语的语体分布特征及其原因,将在后面章节中另行讨论。因此,"以为$_\text{现}$"在会话中的典型结构是"(主语)+以为$_\text{现}$",在自然口语谈话中具体指"我以为$_\text{现}$"。

分析"以为$_\text{现}$"的序列环境特征实际上是分析其典型结构"(主语)+以为$_\text{现}$"与会话语境之间的互动关系,据此笔者统计了"以为$_\text{现}$"典型结构在话轮内部的位置分布情况(见表 2)以及"以为$_\text{现}$"典型结构在序列进程中的位置分布情况(见表 3)。

---

① 序列环境(sequential environment)指一个话语成分在会话中的分布情况,包括话轮内部位置和会话序列位置两方面(方梅、乐耀,2017:240)。

第4章 认识类认证义动词"以为"及其典型结构的立场表达 53

表1　自然口语谈话中"以为_现"的主语分布情况统计

主语类型	第一人称	第二人称	第三人称	无主语	总计
数量（例）	16	0	6	3	25
占比（%）	64	0	24	12	100

表2　自然口语谈话中"（主语）+以为_现"的话轮内部位置分布情况统计

话轮类型	话轮首	话轮中	话轮尾	独立话轮	总计
数量（例）	14	9	1	1	25
占比（%）	56	36	4	4	100

表3　自然口语谈话中"（主语）+以为_现"的序列位置分布情况统计

位置类型	发起话轮	回应话轮	总计
数量（例）	19	6	25
占比（%）	76	24	100

表2、表3统计结果显示，"以为$_现$"典型结构呈现出偏爱发起话轮的话轮首、话轮中位置的序列环境特征，这与故事讲述（story telling）[①]的会话模式密切相关。在发起话轮中，说话者使用"我以为$_现$"结构将自己的先前预期从自我认识系统中提取出来，这样先前预期就从背景信息（background information）升级为前景信息（foreground information）[②]，接收者可以对当前话题的发展趋势有更清晰的认识。

[①] Sacks（1992：354）最早提出了"big package"的概念，随后被Jefferson（1988：418）用来描述"trouble telling"的会话序列，在会话分析中"storytelling"是"big package"系列中最为突出的研究内容，它属于"telling"的一般范畴，这一范畴的其他成员有"trouble telling""joke telling""gossiping""announcing"等。

[②] Hopper（1979）和Tomlin（1995）区分了叙述语篇的前景信息（foreground information）和背景信息（background information）。前者指直接对事件进行描述且构成事件主线的信息，后者指围绕事件主干进行铺排、衬托或评价的信息。本书指立场主体的个人认识信息在立场双方讨论"立场客体"的过程中被提升为主要话题而前景化。

4.2.1.1 "（主语）+以为₂"的话轮内部结构

在话轮首、话轮中、话轮尾的位置上，"（主语）+以为现"结构整体作为多单元话轮中的一个 TCU 来构建话轮。处于"话轮首"的"（主语）+以为现"后边引导小句做宾语，语料中的小句宾语一般只有一个句子，且都在同一个话轮内结束，尚未发现跨话轮的小句宾语。处于话轮中的"（主语）+以为现"前边有连词、语气词、指示代词等与之共现，后边引导小句宾语。连词体现出当前话轮与上一话轮的逻辑关系，有表承接的连词"然后"、表原因的连词"因为"；语气词"哦""额"表达的是说话者对已知事实的吃惊态度，标记言者态度的转变；指示代词在语料中具体指"那个"，说话者调动这种意义虚化的语言资源，将其作为一种占据话轮、延长时间的语言策略。副词、时间名词、疑问结构出现在主语后、"以为现"前，语料中的副词有"本来""还""就"，主要用来突出说话者的主观情态；时间名词"当时"突出预期的过去时特征；选择疑问结构"是不是"表明说话者对他人观点的猜测。

语料中出现了 1 例"以为现"结构单独构成一个话轮的情况，具体指"我以为现"（详见例（20）），该话轮在话语意义上是不完整的，主要起到占据话轮的作用，投射当前说话者继续承接话语权，接收者等待说话者输出完整的话轮后再给予回应。例如：

（20）#剪头发花了多少钱#

01. X：你知道才=30 块钱，
02. 我以为七八十呢得。
03. …（1 秒）
04. W：啥 30 啊？
05. X：剪头发呀。
06. W：对呀！
07. 我就给你说用这个卡非常便宜，
08. 我[上次剪了才 20]。
09. X：[对，
10. → 我以为]
11. 我以为用完也得－－

12. 额‥我以为得七八十呢。
13. W：没＝有＝

上述例（20）中，发话人 X 在第 1 行用"你知道"句告知 W 自己剪头发使用会员卡花了 30 元，副词"才"语音上的延长表明，X 此处强调的是"剪头发花钱很少"这一事实，紧接着用"我以为"句解释"花 30 元剪头发很便宜"的评价是由于远低于先前预想的价格。在 X 的两个话轮结束之后有约 1 秒的长停顿，表明 X 将话语权交给了 W，期待 W 对其评价予以回应。由于前边话轮中主语（话题）的缺省，W 在第 6 行才完全获取谈论话题并很快与 X 达成一致评价。当 X 听到 W 与自己一致的评价后急于作出反馈，而没有正确判断 W 上一话轮的结束点，在第 8—10 行发生了话语重叠。X 在第 10 行受话语重叠的影响在宾语应该出现的地方暂时放弃了输出，"我以为"成为独立的一个话轮。话语重叠结束后，X 在第 11—12 行产生了两次话语修复行为，第 11 行修复并未成功，直到第 12 行 X 才重新补全了"以为"后的宾语内容，照应、强调了第 1 行和第 2 行的首次评价内容。

4.2.1.2 "（主语）+以为$_{现}$"的序列位置结构

"以为$_{现}$"表达否定义的一个重要语境条件就是主语的先前预期与当前事实不符而形成强烈对比。就序列位置来看，"以为$_{现}$"谓语句可位于事实对比项的前方话轮或后续话轮。当说话者首先输出"以为$_{现}$"谓语句表达先前预期时，后续话轮可以是说话者自己对事实的描述，或是引述某种实际经历，而承载事实对比项的话轮出现时间有早有晚，或出现于"以为$_{现}$"谓语句所在话轮的下一话轮，如此构建的序列组织结构简单；或与"以为$_{现}$"句所在话轮间隔数个话轮，如此构建的序列组织结构复杂。例如：

（21）#在国外当练习生的经历#

01. W：就他之前去 SM 公司练习‥当练习生嘛，
02. 　　他之前被退回来＝‥一次‥（1 秒）
03. X：嗯，
04. W：为啥呢？
05. 　　是因为他在那边跟别人打架了‥（1 秒）
06. X：哦＝

07.　W：就是因为别人＝说到＝辱华的言论，
08.　　　还是说＝就是（（咂嘴））
09.　　　反正牵扯到这方面的，
10.　X：哦＝
11.　W：然后就开‥肯定是指他，
12.　　　然后就＝‥
13.　　　他打‥他真打架啦，
14.　　　就被退回来了，
15. →　　他当时<u>以为</u>他回不去了，
16. →　　后来他<@反思了半年又回去了@>…
17.　X：哦＝

上述例（21）中，故事讲述者 W 在第 15 行输出了"主语＋时间名词＋以为＋小句"的"以为$_{现}$"谓语句，告知听话者 X"他"对于"能否再回到 SM 公司继续当练习生"的先前预期，并随即在第 16 行说出了"他"的实际经历。听话者 X 在第 17 行的接收语"哦"标记当前序列的结束。第 15—17 行这种简式的会话模式可以描述为"说话者呈现主语先前预期→说话者引出事实对比项→听话者反馈"。

（22）#丽江一月份的气候#
01.　B：就是我＝差不多一月份去，
02. →　　然后<u>我以为</u>＝会很暖和，
03.　W：嗯，
04.　B：然后＝就是我因为我没去过那边，
05.　　　然后‥不是，
06.　　　我没有冬天去过那边，
07.　　　我就觉得会像广东一样暖和，
08.　Y：嗯＝
09.　B：因为当时北京＝真是又冷又干，
10.　M：嗯＝
（由于篇幅原因，此处省去了回忆地名的 6 行对话）
11.　B：我们去了丽江然后＝…
12.　　　我觉得应该是个…（1秒）貌美如画的地方，

13. W：哦＝
14. →B：结果它比北京还干还冷。
15. W：［啊？］
16. M：［嗯？］
17. Y：［嗯？］
18. W：为什么呀？
19. B：一月份，
20. Y：哦＝
21. B：非常干燥。
22. Y：哦＝

以上例（22）中，故事讲述者在第 2 行开门见山地输出了自己对"去南方出差"的先前预期是积极的评价"很暖和"，而事实对比项在第 14 行才出现，呈现的是与 B 先前预期截然相反的气候特点。在第 14 行之前的第 4—7 行、第 11—12 行叙述了 B 在没去"丽江"之前根据自己的生活经验所设想的气候特点，第 12 行的"貌美如画"是在第 2 行"很暖和"的基础上所作的整体认知。这种铺垫式的叙述使事实比对象延时出现，第 15—17 行听话者们的吃惊反应表明他们与 B 的先前预期一致，B 的叙述方式考虑了听话者的预设，体现了听话者导向的特点，整个故事讲述有很高的参与度。这种繁式的会话模式可以概括为"说话者呈现主语先前预期→说话者解释先前预期产生的原因→说话者呈现事实对比项→听话者反馈"。

当"以为$_现$"谓语句出现在事实对比项所在话轮之后时，同样具有简单、复杂两种会话模式，简式可描述为"说话者呈现事实对比项→说话者呈现主语先前预期→听话者反馈"，可参见上述例（20）第 1—7 行的对话。繁式可概括为"说话者呈现事实对比项→会话参与者共建事件发展过程→说话者呈现主语先前预期"，该模式下的"（主语）＋以为$_2$"结构所在话轮后不一定紧跟听话者的反馈，也可能是说话者继续扩展话题。如下面例（23），谈话背景是 X 向 W 讲述自己弟弟做错事情后主动认错的经历，W 作为故事接收者对此作出总结（第 2 行）和积极评价（第 4 行），其中第 2 行是事实对比项。第 6—8 行 W 试图从家庭环境推理"弟弟主动认错"的原因，第 9—12 行在与 X 的确认中获得另一个事实，即

"爸爸不会主动认错"。第13行W输出了关于"弟弟主动认错"这一事实及其原因的先前预期,随即转向谈论"自己爸爸是否会主动认错"这一话题。

(23) #家庭中的男性是否主动认错#

01. W：就是小男孩儿调皮都是一样的，
02. → 但是他能认识‥认识到自己的错误，
03. X：嗯 =
04. W：真的很难得。
05. X：嗯 =

（由于篇幅原因，此处省去X描述弟弟向自己道歉经过的5行对话）

06. W：诶，
07. 　　那你爸爸是 =‥就比较在家容易认C‥就会认错吗？
08. 　　［就平时］
09. X：［我爸爸］…不 =
10. W：不会啊？
11. X：他轻易不，
12. 　　我觉得。
13. →W：我‥我‥<u>我还以为你</u>‥他是受你爸的影响，
14. 　　我爸是怎么都不‥不光在我们面前，
15. 　　你说在儿女面前拉不下脸，
16. X：嗯，
17. W：我爷爷我奶奶我姑 =
18. 　　他姐 = 面前，
19. X：嗯，
20. W：他都不会认错。

总之，从会话序列结构来看，当说话者输出完整的包含"（主语）+ 以为现"结构的话轮后，在话轮转换相关位置（TRP）投射的是两种不同的话轮承接方式：一种是说话者的自我挑选，如上述例（21）第16行、例（23）第14行；另一种是听话者获得承接下一话轮的权利，如上述例（22）第15—17行。语料中有16例是说话者自我挑选为下一话轮接替者，此种情况下，说话者掌控故事讲述的节奏，自主选择故事讲述的角度。另外有 8 例是听话者对说话者的讲述作出及时反馈,因而承接了下一话轮。所以,"(主语)+以为$_{现}$"结构一般不投射会话的结束。但在语料中有 1 例"以为$_{现}$"谓语句所在话轮为其所在会话序列的结束话轮,如下面例(24)所示:

(24) #住宿费#
01. X:我说那学校还给我们上学期的学费‥
02.　　　那个‥住宿费退了感觉还挺好的。
03. W:嗯 =
04. X:老师说啊?
05.　　　你们还交 <@ 住宿费呢@ >
06. D:<@@ >
07. W:<@@ >
08. → 　<@ 老师是不是以为我们连学费都不交@ >

上述例(24)中主要讲话人 X 向 W、D 还原了自己与导师关于"学校收住宿费"的对话。第 4—5 行 X 的导师对"学校退还疫情期间住宿费"的关注点在于"学校是否应该向博士生收取住宿费",这与当事人 X、W、D 所经历的事实不符,第 6—7 行听话者 D、W 先后用非语言资源"笑声"回应,表明一种释怀、宽慰的情感态度。在第 8 行,W 顺着第 5 行的话语关注点对 X 的导师可能持有的认识作进一步的推论,由"不应该交住宿费"论及"不应该交学费",实则表达对老师先前认识的理解。但事实上,X 的导师不一定具有这样的认识,这是听话者 W 根据他人的已有认识与事实的反差所作的推理,不具备实质的命题意义,属于一种会话进程中的总结语,且伴随着笑声,具有开玩笑的意味,起到顺利结束谈话、活跃气氛的作用。

4.2.2　非自然语体会话中"以为$_{现}$"的序列环境特征

鉴于自然口语谈话语料中"以为$_{现}$"用例极为有限的情况,笔者认为有必要扩大语料的语体范围。在日常休闲、娱乐生活中接触到的具有对话性质的影视节目、文学作品、微信聊天也出现了"以为$_{现}$"用例,同时补充 BCC 语料库中的若干对话体语料,共收集到与自然口语谈话语料数量相当的 25 例"以为_现"，包括电视剧《隐秘的角落》相关片段的 8 例、电影《老师好》1 例、小说《流金岁月》5 例、微信聊天 7 例、BCC 对话 4 例。经观察发现，这些非自然语体对话中的"以为_现"主语的分布特征与自然口语谈话明显不同，如表 4 所示：

表 4　　非自然语体会话中"以为_现"的主语分布情况统计

主语类型	第一人称	第二人称	第三人称	无主语	疑问代词	总计
数量（例）	10	9	0	5	1	25
占比（%）	40	36	0	20	4	100

表 4 统计结果显示，在以上非自然语体会话中，"以为_现"的主语偏爱第一、第二人称代词，第一人称代词只见到单数形式"我"，在以上各类语料中都有分布，第二人称代词在语料中有 8 例是单数形式"你"，有 1 例是复数形式"你们"，都是影视剧、小说中的用例。无主语的 5 个用例均来自微信聊天，1 例疑问代词主语"谁"的用例来自 BCC 语料库。相较于表 1 的自然口语谈话语料中"以为_现"的主语分布情况，差异最大之处是第二人称主语的激增和第三人称主语的消失。这是因为小说、影视作品中的对话是精心设计好的，作者尽量使用不产生歧义的语句使读者、观众清楚地明白话语内容，同时为了凸显戏剧冲突，对主语的类别有强制性要求。

非自然语体会话中"以为_现"的典型结构也是"（主语）+以为_现"，笔者按照会话分析的转写体例重新排列了语料的序列进程，统计出其话轮内部、序列位置分布情况。25 例"（主语）+以为_现"均处于话轮首位置，而没有处于话轮中、话轮尾和独立充当话轮的用例。因此，在话语设计性很强的影视作品、小说、微信聊天、BCC 语料库中，"以为_现"作为主句谓语的句法地位得到强化，其所在结构成为话轮构建的核心单位。无论有无主语，"以为_现"前可以出现副词"还""别""只""只是""都"强调言者主观态度以及时间短语"一开始"强调时效性。

表 5 统计结果显示，在序列位置上，非自然语体会话中的"以为_现"典型结构具有很强的对话适应性，较多出现于发起话轮的话轮首位置，

这反映出多种语体下发生的会话模式的统一性特征。

表5　非自然语体会话中"以为$_{现}$"的序列位置分布情况统计

位置类型	发起话轮	回应话轮	总计
数量（例）	17	8	25
占比（%）	68	32	100

与自然口语谈话语料一致的是，在发起话轮中"以为$_{现}$"典型结构几乎不用于开启话题，说话者总是先用其他语句作出评价或告知，然后再用"以为$_{现}$"引出与事实不符的话语内容。然而在小说《流金岁月》和BCC对话语料中各有1例"以为$_{现}$"结构处于会话序列的第一个话轮中，用于开启新话题，见下面例（25）、例（26）：①

(25) #孩子是谁的#（小说《流金岁月》，亦舒）

01.　南孙眨眨眼，
02.　立刻知道王永正搞错了。
03.　他焦虑的神情使她讶异，
04.　没想到他会这么关心，
05.　但他对女朋友的私生儿看法如何？
06.　南孙也好奇。
07.→她微笑："你以为是我的孩子？"
08.　永正长大嘴，又合拢，
09.　心中大大懊悔这次误会，
10.　太不敏捷了，
11.　根本不应该发生的，
12.　或许太着急了，
13.　一下子露出真情。
14.　南孙是个敏感缜密的人，
15.　这次印象分一定大打折扣。

---

① 为了便于分析，我们将小说原文改写为以话轮为单位的口语对话模式。

以上例（25）并不是严格意义上的口语对话语体，第1—6行作为背景信息是作者全知视角的叙述，描写的是女主人公"蒋南孙"的心理活动，即她对男主人公"王永正"所展示出来的相关态度加以分析。"蒋南孙"在得出一些结论后随即在第7行发起疑问，虽然只有短短的一句话，"以为现"句的使用足以表明"王永正"先前的想法是错误的。第8—15行"王永正"的面部表情和心理活动也充分证明了这一点。

(26) #对热情的看法#（BCC语料库，对话语体）

01. →A：谁都以为热情它永不退减。
02.   B：热情只是一方面。
03.   A：另一方面呢？
04.   B：包括人与人之间的关系和每个人的心境。

以上例（26）中，A在第一行用"谁都以为+小句"结构提出人们对"热情"的普遍看法，开启一个新的话题，其中"谁"表任指，可以用"任何人"替换。这种绝对的表述带有说话者的主观情绪，"以为"暗含这种普遍看法并不一定是正确的，这样更容易引发听话者的思考和讨论。

位于回应话轮的"以为现"结构前边的话轮可以是陈述句、反问句、疑问句、祈使句，在语料中分别表达前一说话者对当前说话者的道歉、质疑、疑问、要求，针对不同的言语行为，"以为现"谓语句表达不同的言者观点、态度和立场，例如退让、反驳、解释、威胁等从而引发接收者的回应。因此，在非自然语体会话中，无论是处于发起话轮还是回应话轮，"以为现"典型结构作为话轮的核心构建单位，投射的会话序列轨迹（trajectory）通常是话轮的延伸而非话轮的结束。

4.2.3 "以为现"会话意义的浮现

4.2.3.1 主语和句子语气

前书已经发现，在不同的语体中，认证义动词"以为现"的主语具有不同的分布特征。进一步结合说话者的交际意图就会发现，"以为现"谓语句表达陈述、反问、祈使语气与主语的选择具有对应关系。下面表6、表7分别统计了自然口语谈话、非自然会话两种语体下"以为现"谓语句的主语类型与句子语气类型的对应关系，这有助于我们探索互动中的言语行为与话语意义的互动关系。

表6　自然口语谈话中"以为$_现$"主语类型与句子语气对应关系统计

语气＼主语	第一人称		第二人称		第三人称		无主语		总计	
陈述（例/%）	13	52	—	—	5	20	3	12	21	84
反问（例/%）	—	—	—	—	1	4	—	—	1	4
祈使（例/%）	—	—	—	—	—	—	—	—	—	—
感叹（例/%）	3	12	—	—	—	—	—	—	3	12
总计（例/%）	16	64	—	—	6	24	3	12	25	100

表7　非自然会话中"以为$_现$"主语类型与句子语气对应关系统计

语气＼主语	第一人称		第二人称		第三人称		无主语		疑问代词		总计	
陈述（例/%）	9	36	—	—	—	—	3	12	1	4	13	52
反问（例/%）	—	—	8	32	—	—	—	—	—	—	8	32
祈使（例/%）	—	—	1	4	—	—	1	4	—	—	2	8
感叹（例/%）	1	4	—	—	—	—	1	4	—	—	2	8
总计（例/%）	10	40	9	36	—	—	5	20	1	4	25	100

表6、表7统计结果显示，非自然会话的语气类型较自然口语谈话中"以为$_现$"谓语句的语气类型丰富，二者的最大差别体现为第二、第三人称主语与语气类型的对应关系。当主语为第一人称时，两种语体中的"以为$_现$"谓语句都主要表达陈述语气，说话者客观地将自己的先前认识表述出来，一般不带有主观评价意味；"以为$_现$"谓语句表达感叹语气的共有4例，都是用句尾加上语气词"呢"来体现的。主语为第一人称时，两种语体下"以为$_现$"谓语句都不表达反问和祈使语气。当主语为第二人

称时，非自然会话中的"以为现"句主要表达反问语气，具体指说话者通过反问语气表达对听话者的质疑、责备等负面态度，典型句式为"你以为……吗?"表达祈使语气的第二人称主语句有1例：

(27) #锁锁辞职的原因#（小说《流金岁月》，亦舒）

01. 南孙：你有无欠日本人钱？
02. 锁锁：有，
03. 　　　一个月薪资。
04. 南孙：我替你赎身。
05. （锁锁笑了。）
06. 南孙：你没有再欠他什么吧？
07. →锁锁：<u>你别以为</u>我短短一百天就发了财，
08. 　　　请看，
09. 　　　衣服都是剪了牌子的退货，
10. 　　　皮包手袋是冒牌的，
11. 　　　银行存款剩下七十三元五角，
12. 　　　我真的抖起来会舍得让你不知道？

上述例（27）中，南孙担心锁锁辞职的原因是欠老板钱或其他东西，因此在第6行向锁锁求取确认，问明其辞职原因。锁锁猜测出南孙对自己的担心，在第7行用"你别以为"引导祈使句作为一种强势语气的回应，用以纠正南孙对锁锁这份工作的已有猜想，第8—11行用对事实的描述证明自己当前的生活水平并不高，在第12行再次使用反问句表达对南孙的承诺，以此让南孙彻底对自己辞职的原因放心。

当主语为第三人称时，自然口语谈话中只有1例表达反问语气，如上述例（24），其余都表达陈述语气，主要指说话者向听话者转述第三方的认识状态。当"以为现"前无主语时，自然口语谈话语料中的用例都可以用第一人称代词将主语补全，因此也都用于表达陈述语气。之所以省略主语是因为前面邻近话轮已经出现过主语，或者听话者能够自动识别出当前句子的主语就是互动对象。在非自然会话中，无主语的"以为现"谓语句除了表达陈述语气外，还有2例分别表达感叹、祈使语气，前者用句尾语气词"呢"呈现，主语实际上指谈话者之外的第三方；后者用

"以为$_现$"前加副词"别"构成"别以为 + 小句"句式,主语实际上指听话者。非自然语体会话语料中有 1 例摘自 BCC 对话的用例,主语为表任指的疑问代词"谁",如上述例(26)所示,表达的是从说话者视角向听话者告知第三方观点的陈述语气。

4.2.3.2 否定义的浮现

在自然、非自然会话语体中,"以为$_现$"谓语句可以表达陈述、反问、感叹、祈使四种语气。陈述语气主要对应于第一人称、第三人称和零主语,反问语气主要对应于第二人称主语,感叹语气主要对应于第一人称主语,祈使语气主要对应于第二人称主语。其中,陈述语气、反问语气是"以为$_现$"谓语句最常见的语气类型,结合主语分布频率可以知道,"以为$_现$"谓语句最典型的结构是"我以为$_现$ + 小句""你以为$_现$ + 小句",前者表达陈述语气,执行告知言语行为,后者表达反问语气,执行反驳言语行为。探讨"以为$_现$"否定义的浮现在很大程度上就是探讨"我/你 + 以为 + 小句"结构如何以话轮为载体,在不断行进的序列环境中获得互动意义。

表 3、表 5 统计结果显示,"以为$_现$"谓语句大多数位于会话序列的发起话轮位置,"以为$_现$"会话意义的浮现与其序列位置、序列话语意义密切相关。表 8 统计了自然、非自然会话中"我以为$_现$"结构及其变体形式的序列位置与事实对比项位置的对应关系。

表 8　"我以为$_现$"序列位置与事实对比项位置的对应关系统计

对比项位置 \ 序列位置	发起话轮		回应话轮		总计	
事实对比项之前	6	23.08	2	7.69	8	30.77
事实对比项之后	12	46.15	6	23.08	18	69.23
总计(例/%)	18	69.23	8	30.77	26	100

表 8 统计结果显示,当"我以为$_现$"句处于发起话轮、回应话轮时,先前预期和事实对比项出现的先后顺序都有两种不同的先后位置,且都

较多出现在事实对比项之后。

在发起话轮中，无论"我以为_现_"句处于事实对比项所在话轮之前还是之后的位置，前后话轮都可以构成"陈述—补充"的话语意义关系。当"我以为_现_"句处于事实对比项之前时，先前预期是说话者的主要陈述内容，事实对比项是补充内容；当"我以为_现_"句处于事实对比项之后时，事实对比项是会话参与者的主要陈述内容或共知的既定事实，说话者的先前预期是补充内容。从信息结构角度来看，"我以为_现_"句表达的主语先前预期对于会话参与者来说是一种背景信息，是听话者没有必要知道的信息。说话者之所以将其升级为前景信息，是为了邀请听话者与自己一同参与新、旧信息的对比过程，从而达到用事实否定旧有认识的目的。

在 8 例回应话轮中，"我以为_现_"处于事实对比项之后的位置有 6 例，占整个回应话轮位置的 75%，因此，我们可以说回应话轮中的"我以为_现_"往往较事实句更晚地出现，"我以为_现_"句所在话轮与先前预期所在话轮构成"陈述—解释"的话语意义关系。当事实对比项已经被会话参与者提早呈现出来时，当前说话者的回应内容更有针对性，听话者会在后续话轮中对先前预期进行反馈。例如例（28）中，W 在第 4 行输出的"我以为_现_"句回应的是 R 在第 2 行陈述的"9 点从家出发"这一已确定的事实，这与 W 的预期"7 点从家出发"相差较大。第 5—6 行 R 用调侃的方式对 W 的预期作出否定回应。

（28）#明天几点出发#（微信聊天记录）

01. W：那你明天得几点从家坐车？
02. R：9 点。
03. W：那还行，
04. → 　　我以为得 7 点 。
05. R：哈哈哈哈哈，
06. 　　那我不去了。
07. W：7 点也还好吧，
08. 　　哈哈哈！
09. R：那得六点多起来，
10. 　　略早。

11. W：考验十年同学情的时候。
12. R：那多早都好说，
13. 　　不睡都行。
14. W：那明儿见。
15. R：明儿见。

语料中还有2例是处于回应话轮的"我以为$_{现}$"出现在事实对比项前，其中1例是在多人谈话中，某一听话者预测到了说话者接下来要表达的言语意图，因而通过话语打断和插入的方式将自己的先前预期提前说出来；另1例是例（29），秘书面对南孙不友好的询问时，在第7行输出的"我以为$_{现}$"句表达的是自己对上司关于客户的既有预期，即"南孙应该知道打电话的李先生是谁"，事实对比项具体指第8行的"世界地产李先生"，南孙在第9—11行的反应表明，实际上她知道打电话的客户是谁，但由于情绪问题在第2—3行故意装作"不知道"的状态，这里的既定事实从前到后是有变化的。从事理来讲，秘书在第7行没有必要输出"我以为$_{现}$"句，她只需要告诉南孙打电话的人是谁就可以了，"我以为$_{现}$"表达的是秘书的吃惊态度。

（29）#打电话的李先生是谁#（小说《流金岁月》，亦舒）
01. （南孙同秘书对讲）
02. 南孙：赵钱孙李，
03. 　　　哪个李？
04. （语气不大好听。）
05. （秘书连忙补一句）
06. 秘书：蒋小姐，
07. →　　我以为你知道，
08. 　　　是世界地产李先生。
09. 南孙：哎呀，
10. 　　　久违。
11. （南孙连忙取过话筒。）

"你以为$_{现}$"结构及其变体形式只出现在非自然会话中，表9统计了其所在序列位置与事实对比项位置之间的对应关系：

表9　"你以为现"序列位置与事实对比项位置对应关系统计

对比项位置 \ 序列位置	发起话轮		回应话轮		总计	
事实对比项之前	3	33.3	4	44.5	7	77.8
事实对比项之后	2	22.2	—	—	2	22.2
总计（例/%）	5	55.5	4	44.5	9	100

表9统计结果显示，"你以为现"句无论处于发起话轮还是回应话轮，其表达的先前预期都基本位于事实对比项之前，结合表7统计结果可知，这种分布特征与"你以为现"主要表达反问语气有关。第一人称主语"我"对先前预期的可及性最高，而第二人称主语"你"对先前预期的可及性较低，根据说话者对"你"的所指对象（听话者）及相关事件了解程度的高低，"你以为现"表达的先前预期可分为"真实""假设"两种情况，这主要从听话者的反馈可以得知。如例（30），电视剧台词中"儿子"的角色指主人公朱朝阳，王瑶作为朱朝阳的后妈，对朱朝阳有一定的了解，所以她对周春红的预期是"周春红认为自己经常考第一名的儿子很优秀，也感到非常骄傲"，通过周春红在第6—7行的回应可知，王瑶的预期为"真实"。例（31）中，"他"指代朱朝阳的爸爸朱永平，第2行周春红输出的"你以为现"句表达的预期是"儿子朱朝阳认为他的爸爸很爱他"，后续话轮中，朱朝阳并没有直接肯定这一预期，而是在第15—16行表达出对父母双方的一致评价"都很自私"，这就间接否定了周春红的先前预期。在非自然会话语料中，大部分表反问语气的"你以为现"句都呈现出说话者所持预期的真实性，正因如此，后续话轮事实对比项的出现才更有对比价值，"你以为现"与后续事实对比项之间形成"否定—肯定"或"否定—补充"的话语意义关系。

（30）#对朱朝阳的认识#（电视剧《隐秘的角落》）

01.　　王瑶：我今天就让所有人看看你跟你儿子是什么人！

02.　→　　　　你以为他考第一名就优秀了吗？

03.　　　　　　他就是你的骄傲了吗？

04.　　　　　　他跟你一样，

05.　　　　　是个内心…内心丑陋的杀人犯!
06.　周春红:你…我…我儿子就是优秀,
07.　　　　　就是我的骄傲,
08.　　　　　不许你这么说他!

(31) #离婚的责任在于谁?# (电视剧《隐秘的角落》)
01.　周春红:朱晶晶没死的时候他管过你吗?
02.→　　　　<u>你以为他真的爱你</u>,
03.　　　　　他真的在乎?
04.　　　　　他要真的在乎你他就不会跟我离婚,
05.　　　　　他就不会抛下我们母子。
06.　朱朝阳:妈,
07.　　　　　离婚那天是你逼着我爸去签字的,
08.　　　　　是你非要跟他离婚的,
09.　　　　　<u>你以为我不记得</u>,
10.　　　　　我记得,
11.　　　　　我什么都记得。
12.　周春红:你胡说,
13.　　　　　是你爸爸先在外边有了别的女人,
14.　　　　　你胡说你。
15.　朱朝阳:那是因为,
16.　　　　　你们只在乎你们自己。

综上所述,"我以为$_现$"句所在话轮与事实对比项呈现的"陈述—补充""陈述—解释"话语意义关系、"你以为$_现$"句所在话轮与事实对比项呈现的"否定—肯定""否定—补充"话语意义关系都必须通过言谈双方的共同协作才能实现。在"陈述—补充""陈述—解释"语义模式中,言谈互动者呈现出对同一人物/事物的不同认识,而事实的客观性降低了说话者预期的可及性,因此"以为$_现$"获得了"主语对所谈论话题认识有误"的否定义。在"否定—肯定""否定—补充"的语义模式中,说话者用反问语气表达对听话者所持预期的质疑,听话者对质疑之处的"肯定"证明了互动双方的观点是对立的,"补充"也是听话者从侧面表达与说话者观点的不一致。因此在"你以为_现…（吗）?"的反问句中，说话者的否定意图就用"以为_现"来表现，若将"以为"换为"认为"，就没有这层意思了。

4.3 "以为_现"典型结构的立场表达功能

"以为_现"所蕴含的违反事实意义具有明显的会话特征，反事实说明了言者的认识不足，这就造成与当前事实或他人观点之间的信息差，会话双方认识的不平等产生了基于不同认识地位的评价，从而呈现出立场的不一致。根据语料的统计结果，"以为_现"谓语句最典型的结构是单数第一人称代词做主语的"我以为_现+小句"及其变体形式"我+其他成分+以为_现+小句"和单数第二人称代词做主语的"你以为_现+小句+（吗）?"下面将结合具体实例讨论、分析这两种典型句式及其变式的立场表达功能。

4.3.1 "我以为_现+小句"及其变式的立场表达功能

根据事实与预期的关系可将"以为_现"结构所在会话分为两类，相应地也具有不同的立场表达功能。一类是说话者认为自己的先前预期在情理上比事实更具合理性，"以为_现"结构传达出"意外""惊讶"等负面倾向的言者情绪，突出先前认识与事实不符合后的立场坚持；另一类是说话者通过展示自己的先前预期来承认对所谈对象的认识偏差，由此来纠正自我立场。

4.3.1.1 立场坚持

当说话者将自己对谈论对象的认识呈现在所有的会话参与者面前时，就说明先前预期对当前的言语互动有重要作用，说话者突破时间的限制从自我认识系统中将这一已有知识调动出来，既为当前事实提供了相对立的立场主体，又通过事实来证明言者先前预期的合理性。其实，就同一立场客体来说，不同的立场主体会对其形成不同的认识或评价，"我以为_现+小句"所呈现的先前预期有发生的合理性和可能性，特别是认识、评价内容与一般常理、社会共识一致时，说话者表达的实则是相对于事实对比项的立场坚持。例如：

（32）#小孩儿的玩具从哪里来的？#
01. D：这上面怎么还有小孩儿的玩具呢？
02. W：啊？
03. 哦<@那不是@>
04. <@那是我们上次啥活动来着@>
05. X：<@@>
06. W：我们上次啥活动啊？
07. 我怎么忘了。
08. X：我也忘了，
09. 就你们出去玩儿啥啊。
10. W：诶=诶？…（1秒）
11. 等一下等一下…
12. X：对你们去干嘛啦我也忘了，
13. 反正就你刚买回来<@@>
14. 刚‥刚玩儿了之后放在琪桌上，
15. W：哦，
16. X：那时候丹丹刚走，
17. W：嗯=
18.→X：我还以为丹丹<@给她儿子买的忘了带了@>
19. ［<@@>］
20. W：［<@@>］
21. D：对呀没有小孩儿你们怎么会有小孩儿的玩具。
22. W：我这是啥啊，
23. 有啥活动啊这一学期，
24. 我忘了。

例（32）中，D在第一行提出了谈话的新问题"宿舍为什么有小孩儿的玩具"，由此展开了三人之间的讨论。从第3—4行、第6—7行、第10—11行的话轮内容可知，"小孩儿玩具"是W之前参加某活动时得到的，但由于遗忘而无法将"小孩儿玩具"与具体的事件对应起来。X在第8—9行、第12—14行试图帮助W回忆经历，但并未成功。第16行X

提供了"小孩儿玩具"被带回宿舍的时间点,并提到了会话参与者 D,第 18 行是 X 根据 D 的母亲身份和当时的事件推论出来的观点,从客观事理来看,X 在第 18 行的预期对会话参与者来说更容易理解,反而是事实更加难以推论和想象,可及性极低,在该段谈话结束之时 W 仍然没有想起来"玩具的来源",因此立场表达以 X 的推论为主要结果。

在不同的会话情境中,同一语言形式的表义功能会有所不同,我们的会话语料显示,说话者输出"我以为现 + 小句"的动机不都是为了否定。有些时候就是为了将自己的观点通过否定自我先前预期的方式表达出来,目的是为了与事实形成鲜明对比,通过认识反差来表达自己的某种情感、态度。在不同的会话场景中,预期的改变可能发生在当前谈话发生时间很久之前,也可能发生在当前谈话的进程之中。我们的语料大多数是故事讲述的会话模式,所以说话者所持预期的改变大都发生于当前谈话之前,在谈话之时没有发生改变的是既定事实,因此,预期的改变与当前谈话所包含的事实时间相距越远,"我以为现"用于对比的目的就越强烈,说话者的立场坚持就越明显。例(33)中,朱朝阳与朱永平是父子关系。朱朝阳在第 3—4 行向朱永平诉说自己很小的时候对于父母离婚的想法,第 5—10 行用 6 个话轮连续输出自己想法的转变,其中包含有关双方家庭状况的事实,对于朱永平来说,他并不清楚儿子朱朝阳这一想法的转变,因此在第 11 行的肯定应答语"是"表明他对前边话轮信息的默认,同时在第 12 行给出建议。朱朝阳就是为了通过先前预期与客观事实的对比让听话者朱永平感到惭愧,其表面立场是对父母离婚的理解,而真正的立场是表达父母离婚对自己的生活、思想产生了重大影响的不满态度。

(33) #父母离婚后孩子对生活的看法#

01.　　朱朝阳:你们离婚的时候,

02.　　　　　　我还不知道是怎么回事,

03. →　　　　<u>我以为我们还能一起打球,</u>

04.　　　　　　你还能带我游泳,

05.　　　　　　后来我明白了,

06.　　　　　　我也知道晶晶妹妹多需要有爸爸陪着,

07.　　　　　　王瑶阿姨有多伤心,

第4章 认识类认证义动词"以为"及其典型结构的立场表达　　73

08.　　　　虽然我妈因为王瑶阿姨受了很多委屈，
09.　　　　她经常半夜一个人哭，
10.　　　　但她起码还有我。
11.　朱永平：是，
12.　　　　你多陪陪你妈。

4.3.1.2　立场纠正

社会互动中谈话者的话题既包括既定事实，也包括个人的观点，使说话者意识到先前认识有误的事实对比项可分为会话当前发生的事实以及会话参与者引述的人、事及相关评价两种情况。当事实对比项对于另一会话参与者来说可及性更高时，"我以为$_{现}$+小句"体现的是说话者先前立场的消解，并及时对其作出修正，重新形成符合事实的立场。例如：

（34）#"标语"指的是什么#
01.　W：就是比如说像一些很名牌儿大学，
02.　　　他们标语都是很有冲劲儿的，
03.　B：［嗯］
04.　W：［特别］有干劲儿那种，
05.　　　那我们学校就很温暖的标语，
06.　B：叫啥？
07.　W：就‥你是说校训吗？
08.　B：嗯。
09.　W：校训是‥德行言语－－
10.　　　额＝
11.　B：你刚刚不是说标语，
12.→　　我以为你说的就是校训，
13.　　　不是么？
14.　W：额＝…（1秒）
15.　　　就是我今天看到那个…广告栏贴了一句话，
16.　　　就给毕业生的寄语，
17.　B：啊。

例（34）中，W在第2行、第5行先后两次提到大学的标语，并在对比中突出自己学校标语"很温暖"的特点。第 6 行 B 输出了"叫啥"来向 W 求取关于"标语"更具体的信息。第 7 行 W 对具有命题意义的"叫啥"重新思考，推断出 B 对"标语"的定义为"校训"，第 9 行顺着 B 的理解输出不完整的"校训"内容后，在第 10 行输出语音延长的"额"表达迟疑，此时 B 察觉出二人对"标语"的理解产生分歧，在第 11—12 行作出解释，将自己的先前预期作为前景信息直接表达出来，并在第 13 行向 W 求取确认，W 在第 14 行稍作调整后，在第 15—16 行告知 B 自己所说的"标语"指校园广告栏里的一则毕业生寄语，B 随即输出"啊"表示恍悟，同时纠正了之前对标语的预期，从而将认识统一到与 W 一样的立场当中。

再看例（35），该段对话发生的情境是颜良已经在朱朝阳家门口等候多时，当朱朝阳从家中出来走下楼梯时，颜良开启谈话，发起话轮。第 1 行先描述事实，"才"字突出在外边等候时间之久，有轻微的责怪意味，第 2 行的"我还以为$_\text{现}$"小句将自己的先前预期展示出来，随着朱朝阳的出现，说话者颜良当前立场立即发生了改变，进而在新的立场下继续谈论新话题。这说明，说话者的现有想法在一定的谈话情境中产生，但由于事实对比项的及时出现而随之发生了改变，立场纠正功能很快得以实现。

(35) #朱朝阳在哪里#

01. 颜良：怎么这么久才下来，
02. →   <u>我还以为你不在家呢。</u>
03. 朱朝阳：我没听到。
04. 颜良：别生气了，
05.   算我给你道歉行不行。

4.3.2 "你以为$_\text{现}$"及其变式的立场表达功能

4.3.2.1 "你以为$_\text{现}$ + 小句 + （吗）？"的立场压倒功能

非自然会话中的"你以为$_\text{现}$ + 小句 +（吗）？"共有 9 例，其中 8 例都表达反问语气，1 例表达祈使语气。反问也可叫作反诘，"反诘实在是一种否定的方式：反诘句里没有否定词，这句话的用意就在否定；反诘句里有否定词，这句话的用意就在肯定"。① "你以为_现 + 小句 +（吗）？"的反诘语气由第二人称代词"你（或你们）"、认证义动词"以为"以及疑问语调联合呈现，语气词"吗"可有可无。这种无疑而问的反诘语气的认证义动词谓语句在立场表达中传达说话者强烈的否定意图，否定的目的是反对听话者的某种做法或想法，具有立场压倒功能，常用于冲突性对话情境中，会话参与者之间的立场始终是对立的，最终的立场表达结果往往是分歧的（divergent）。

无论是处于发起话轮还是回应话轮，"你以为"都出现在话轮首的位置，表明说话者迫不及待地想展示自我立场、否定对方立场。究其原因，主要是由于会话参与者之间的权势关系的特殊性。相较于自然口语谈话中来自现实生活的同学关系、朋友关系而言，影视作品、小说这类非自然的对话语体的互动者角色关系更加复杂，语料中具体指"挚友"（例(27)）、"前妻—现任"（例(30)）、"母子"（例(31)）、"父子（例(33)）"等，会话参与者之间要么存在利益冲突，要么具有关系纠葛，因此呈现出的对话蕴含非同一般的交际目的。语料用例的谈话内容均反映了主人公关于某事的立场交锋问题，表现为强势的立场表达风格。例如：

（36）#学生的闹剧#（电影《老师好》）

01. 学生：苗宛秋老师请到操场来，
02. 　　　苗宛秋老师请到操场来，
03. 　　　苗宛秋老师请到操场来！
04. 　　　苗宛秋老师，
05. 　　　鉴于您在本学年的卓越教学表现，
06. 　　　您被评为仝世界，
07. 　　　对不起，
08. 　　　全宇宙优秀教师，
09. 　　　现在请您上台领奖！（音乐、掌声）
10. 苗宛秋：胡闹！
11. 　　　为了这么一辆破自行车，
12. 　　　你们就忍心浪费这么大好的宝贵时间吗？

---

① 参见吕叔湘《中国文法要略》，商务印书馆2018年版，第405页。

13.　　　　你们是毕业班，
14.　　　　你们现在应该在玩儿命地冲刺！
15. →　　　<u>你们以为</u>你们这样做我会很欣慰吗？
16.　　　　错！
17.　　　　我很痛心、愧疚，
18.　　　　自行车没了我可以花钱去买，
19.　　　　时间呢？
20.　　　　拿什么买？
21.　　　　别再折腾了！
22.　　　　再这么折腾下去，
23.　　　　你们这一辈子都不会有人看得起！
24.　　　　都回去上课！

上述例（36）是电影故事发展中的一段师生之间的冲突场景。苗宛秋是一名高中老师，对待学生十分严格。第1—9行是学生们帮助老师苗宛秋找回了丢失的一辆自行车，并且精心安排了一场"颁奖典礼"，用学校广播通知他去领奖。第10—14行是苗宛秋到达现场后的第一反应，对学生的出格行为进行了严厉批评和直接的否定；第15行输出了"以为"谓语句，从学生的立场上将他们的心理预期说了出来，然后在第16—17行对其进行强烈的否定；第18—24行用对比的方式劝说学生放弃当前行为。在这一场景中，老师对于学生属于"上对下"的权势关系，"以为$_{现}$"谓语句直指言谈对象及其相关行为，显示出强大的立场压倒功能。

表达祈使语气的句子结构"你别以为+小句"同样具有显著的立场压倒功能，说话者直接否定了听话者可能持有的预期，或者直接要求听话者不要产生某种认识，引导听话者与自己站在同一立场上，如例（27），此处不再赘述。

4.3.2.2　"你以为呢"的立场协同功能

除了本书研究语料中最突出的"我以为$_{现}$+小句""你以为$_{现}$+小句+（吗）？"结构外，在现代汉语口语中还有一种固化的"以为$_{现}$"谓语句表达式"你以为呢"，也具有重要的立场表达功能。在会话结构中，"你以为呢"可以作为话轮构建单位与其他成分共现组成完整话轮。表示否定义的反诘问句"你以为呢"较少出现于日常自然口语谈话中,而主要见于影视表演、相声曲艺、文学作品、微博语录当中,笔者在其中共收集到140段包含"你以为呢"的会话,现对其加以分析。

"你以为呢"本身所持有的否定义映射出一种评价行为,必定涉及评价对象,"你"的所指要求接收者必须是在现场的,"你以为呢"满足了立场三角中立场主体$_1$、立场主体$_2$、立场客体三要素(为行文方便,下文分别用 S_1、S_2、O 代称),主要从认识层面来表达言者的立场,在表达立场过程中呈现的是[K+]认识地位,即"你以为呢"宣称立场持有者对立场客体具有更优先的认识权、更丰富的经验。例如:

(37) #谁年龄大#(综艺节目《中餐厅3》)

01. 林:你和小凯谁大?
02. 仝:我大。
03. 王:大五岁吧,
04. → 你以为呢?
05. 林:可能他的性格给人感觉,
06. 没有你成熟。
07. 王:低调低调,
08. 成熟不是什么好事,
09. 成熟不一定快乐。

例(37)中,关于仝和王二人年龄大小的知识,林处于[K-]认识地位,当事人仝在第2行已经给出林答案,第3行王在补充"大五岁"后在第4行用"你以为呢"反问林。在第5行林并未对王的问题作出正面回应,而是为自己先前不符合事实的想法寻找借口,这种下一话轮验证机制证明了第4行表反问的"你以为呢"不能换成表询问的"你认为呢"。"你以为呢"既是言者(王)宣称自己在"谁年龄大"问题上具有绝对知情权,同时又是为了引出立场对立者(林)对自己不正确预期的解释。

"你以为呢"的立场协同功能表现为寻求立场一致。一般情况下,说话者对特定知识领域采取的认识立场与他们的认识地位相一致,即强认识立场对应于[K+]认识地位,弱认识立场对应于[K-]认识地位。但实际会话中的立场具有动态浮现特征,参与者会根据交际需求不断调整彼此的认识立场，其目的是达到一致（congruence）。"你以为呢"是一种无疑而问的反诘问句，言者可以利用这种语言资源升级（upgrade）自己的认识地位，从而显示自己比接收者有更大的权威或权利来评估一个对象。例如：

(38) #超过18的是什么？# （德云社相声）

01.　郭德纲：早些年，
02.　　　　于老师爱唱歌，
03.　　　　演出完扭头就奔歌厅去，
04.　　　　进门就喊，
05.　　　　来俩，
06.　　　　过18的不要。
07.　于谦：什么呀？
08.　　　　什么过18的不要？
09.　郭德纲：果盘呀，
10. →　　　 你以为呢？
11.　于谦：啊，
12.　　　　我以为早就该涨价了。

例（38）节选自德云社的某段相声表演，郭作为逗哏故意隐去了"来俩"的宾语，且对其进行条件限制"少于18"（第5—6行），由此引发了捧哏于的疑问（第7—8行），想要从郭那里求取信息。郭直接给出答案后又反问于（第10行），于的回答表明他对"果盘"的认识不足（第12行）。在这一认识立场表达过程中，郭通过首轮发话的陈述言语行为来宣称自己对"于谦、歌厅"的 [K+] 认识地位，在和于的问答序列中，使用"你以为呢"来强调自己对立场客体的强认识立场，从而使于在"超过18的是果盘的价格"这一立场上与自己一致。该例中，"你以为呢"表达的是言者立场处于不断升级的趋势。

在某些情况下，说话者的认识地位优先性并不像例（38）那样明显，"你以为呢"可以用来凸显说话者的立场而使对方的立场降级（downgrade），最终立场双方达成关于立场客体的一致评价。例如：

(39) #取包裹时快递怎么分拣# （新浪微博）

01.　小哥：（一直在分拣快递）

02.	我：	诶，
03.		你们都是人工分拣啊？
04. →	小哥：	不然你<u>以为</u>呢？
05.	我：	网上不都说是机器人拣的嘛！
06.	小哥：	快了快了，
07.		我们就快变成机器人了。

例（39）中，"我"对"快递分拣方式"的预期是"机器人分拣"，当前事实是"人工分拣"，在此场景下，"我（S_1）"对立场客体的知识被"小哥（S_2）"用"你以为呢"推翻，凸显S_2拥有真正的［K＋］认识地位。虽然S_1首先就O做出评价（第2—3行），但在S_2使用"你以为呢"（第4行）升级其立场后，S_1用"网上说"的间接引用方式（第5行）降低了先前预期的可信度，从而使S_1的认识立场得到降级，最终形成立场主体之间对立场客体的一致认识。

对所收集到的语料进行如上分析后可以得出结论，"你以为呢"表明言者处于［K＋］认识地位，表达强势认识立场，具有言者寻求与接收者立场一致的功能，本书称为立场协同（coordination）① 功能。立场主体之间的立场协同主要通过认识地位、语言形式和序列位置来实现，前书已经讨论了"你以为呢"反诘问句的认识地位问题，同时在序列位置上可以分为言者（"你以为呢"立场持有者）处于首轮发话位置和言者不处于首轮发话位置两种情况。对语料进行分类统计发现，后一种情况居多，共110例，这说明"你以为呢"常作为应答语出现在后续话轮中，回应话轮首发者寻求信息、请求确认的交际意图。

另外，"你以为呢"后边有接收者言语回应的情况共64例，且后续回应多是接收者对先前预期的解释、对言者立场的接受，少有对言者立场提出疑问的情况。例如：

(40) #医生治疗病人喉咙有异物感的症状#（新浪微博）

（省略了病人向医生描述病症和医生检查病情的谈话）

---

① Linell（1998）从对话视角考察谈话、互动和语境，方梅等（2018）将其核心观点归纳为：对话性是人类思维的本质，协同配合（coordination）是社会活动的根本；语言就是共同参与、通过符号性手段（symbolicmeans）进行的互动行为。

01. 医生：就是肿了。
02. 我： 哦，
03.   吃药？
04. 医生：嗯。
05. 我： 多久能好？
06. 医生：先吃两周，
07.   再来复查。
08. 我： 这么久？
09. →医生：<u>你以为呢</u>？
10.   冰的辣的都别吃，
11.   奶茶什么少喝。
12. 我： 哦。

(41) #律师实习期的待遇问题#（新浪微博）

01. 我妈：法考过后，
02.   律师还有实习期一年，
03.   只有基本工资和师傅的红包。
04. 我： 所以说我还要靠啃老活一年是吗？
05. →我妈：<u>你以为呢</u>？
06. 我： 那我肯定以为我当了律师就能吃香的喝辣的啊！

(42) #关于蝉叫声音的确认#（新浪微博）

01. 我：这是蝉叫吗？
02. →郭：不然<u>你以为呢</u>？
03. 我：这不是大晚上嘛，咋还叫？
04. 郭：<u>可能它以为</u>是白天，赶紧关灯。
05. 我：（内心活动：觉得很难理解）

当立场处于失衡状态时，言者需要利用各种语言资源对其进行调整，会话序列的扩展可以使立场由最初的不平衡发展为接收者认同或正在尝试认同言者立场。语料中的另外76例会话以"你以为呢"所在话轮结束当前谈话，立场双方迅速达成一致观点，这说明"你以为呢"的立场协同功能较强。

4.4　本章小结

认识类认证义动词"以为$_现$"通过否定主语预期的方式表达言者立场。本章分语体考察了自然口语谈话和非自然会话中"（主语）+以为$_现$"主谓结构的会话序列环境特征和会话义的浮现，发现在两种语体下都偏爱发起话轮的话轮首位置，"主语""以为$_现$"之间可插入副词、时间词等其他成分，用于表达言者的情感态度。由于语体的差异，"以为$_现$"在自然口语谈话中偏爱第一人称主语"我"，在非自然会话中偏爱第二人称主语"你"，分别形成"我以为$_现$+小句""你+以为$_现$…（吗）？"两种主要的话轮结构，前者具有立场坚持、立场纠正功能，后者具有立场压倒功能。"以为$_现$"会话意义的浮现与其所在语境和句子语气密切相关。自然口语谈话中的"我以为$_现$+小句"表达陈述语气，执行告知言语行为，可位于事实对比项之前或之后，构成"陈述—补充""陈述—解释"的话语意义关系，作为背景知识的先前预期被说话者升级为前景知识，在二者的对比中否定先前预期。而在非自然会话语体中，"你+以为$_现$…（吗）？"表达反问语气，执行反驳言语行为，主要位于事实对比项之前，较多反映出说话者所持预期的真实性，与后续事实对比项构成"否定—肯定"或"否定—补充"的话语意义关系。还有一种"以为$_现$"固化结构"你以为呢"常出现在影视节目、微博状态等非自然会话中，通过呈现说话者处于[K+]认识地位和强势认识立场，表达会话参与者寻求立场一致的立场协同功能。

第 5 章

知识类认证义动词"知道"及其典型结构的立场表达

知识类认证义动词表示说话者对其后所跟宾语有一定程度的了解，由人们接触客观世界的概念系统和认识系统提供支撑，例如"记得""注意""认识"等。袁毓林（2020）对"记得"的叙实性特征及其漂移展开深入的探讨，研究指出，"记得"的叙实性与其宾语小句的现实性、主句的现实性都有相关性；否定式"不记得"从表示不确定的非叙实用法引申出了表示婉转否认的用法。"知道"与"记得"一样都具有叙实性，且"知道"反映了说话者对某一知识的了解和掌握，是典型的知识类认证义动词。在日常口语的言谈互动中，"知道"发生了去范畴化，形成了多种表达式以满足交际者不同的交际需求。本章基于"知道"的各个表达式在口语谈话语料中出现的频率，重点探讨"（我）不知道""你知道""你知道吗"等常见结构的使用情况及功能表达。

5.1 "知道"在口语会话中的形式及其序列环境

陶红印（2003）提取了自然口语谈话语料中"知道"的几种常见固化结构，分别是"我不知道""不知道""你知道"，它们在语音、语法、语用上出现了新的特征：经常不带宾语、受主语类型等因素影响很大、存在明显的语音弱化倾向、有特定的语用意义。其中，"我不知道"标识说话者的猜疑，是说话者主观世界的外部表现，句法结构独立，中间不能有语音停顿，也不能插入语气词，整体上有句法位置上的灵活性，常与疑问词

"为什么""谁"共现，主要表达语用功能，"我不知道"这种功能在语用学上叫作说话者的认识立场（epistemic stance）。陈振宇（2009）认为"知道、明白"类谓词具有对疑问语气的阻隔功能，是现代汉语中常见的非疑问形式。关于"知道"的否定有三个维度，包括静态否定（如"不"）与动态否定（如"没"）的对立、"否定达到答案"与"否定澄清问题"的对立、认识情态否定（如"不会"）与道义情态否定（如"不必"）的对立。其中，"不"是对"知道"这一状态的否定。除此之外，还可以对意愿进行否定或质疑。以上两项研究都表明，"知道"常见否定用法，其不同的否定形式对应不同的话语意义，"知道"的共现成分包括主语、宾语都对其句法、语义产生重大影响，下面就这几点进行具体分析。

5.1.1 "知道"的主语分布特征

陶红印（2003）的研究为我们进一步探究自然口语会话中的"知道"提供了新的方向，我们将继续在实际会话语料分析的基础上对"知道"及其典型结构的立场表达功能展开研究，从而揭示"知道"与其在话轮内部各共现成分的搭配规律，明确"知道"典型表达式在口语会话中的功能。在我们录制的10万字日常口语谈话中，"知道"共出现254次，我们对其主语分布情况进行了统计，发现口语会话语体中的"知道"对不同人称的主语有使用偏好。

表10　　自然口语会话中"知道"的主语类型分布情况统计

主语类型	第一人称	第二人称	第三人称	疑问代词	零形主语	总计
数量（例）	69	89	29	4	63	254
占比（%）	27.17	35.04	11.42	1.57	24.8	100

表10统计结果显示，现代汉语自然口语谈话中"知道"的偏爱主语是第二人称，其次第一人称、无主语形式，这与陶红印（2003）的统计结果不同。[①] 主语为第一人称的69例中有65例主语是单数第一人称代词

[①] 陶红印（2003）的统计结果显示，在117例语料中"知道"主语以第一人称最多，一共是73例，其次是第二人称，共24例。

"我",有 3 例是复数形式"我们",有 1 例是"咱";主语为第二人称的用例只有单数形式"你";主语为第三人称的用例有"他/她""他们"以及社会称谓;主语为疑问代词的用例在语料中仅有 4 例,具体指"谁知道呢""谁知道 X 呀"这两种疑问格式;当主语为零形式时,一种是"知道"结构的发出者就是说话者,可以补出主语"我",另一种是"知道"结构的主语包括说话者和在场的听话者。语料还显示,从否定与肯定的对立来看,第一人称主语、零形主语倾向于跟否定形式结合,第二人称主语倾向于跟肯定形式、疑问形式结合,第三人称主语在肯定、否定、疑问形式中分布零散。

表 11　自然口语会话中肯定、否定、疑问形式的"知道"主语类型分布情况统计

对立形式	肯定形式主语类型				否定形式主语类型				疑问形式主语类型			总计
	一	二	三	零	一	二	三	零	二	三	谁	
数量（例）	25	37	17	12	44	0	9	51	52	3	4	254
	91				104				59			
占比（%）	35.83				40.94				23.23			100

根据表 11 统计结果并结合语料可知,典型的否定形式的"知道"结构是"不知道""我不知道",典型的肯定形式的"知道"结构是"你知道",典型的疑问形式的"知道"结构是"你知道…吗?""你知道吗$_{升调}$""你知道吗$_{降调}$"。

《现代汉语词典》(第 7 版:1678)对"知道"的解释是:动词,对于事实或道理有认识,懂得。例如:他知道的事情很多;虽然他没明说,我也知道他的意思。《现代汉语八百词》(2016 年版:676—677)对"知道"的解释较为全面:动词,1. 对于事实有了解。可带"了",可重叠。可带名词、动词或小句作宾语。只用"不"否定。例如:我知道这件事;我知道你爱打羽毛球;他知道要来客人;告诉我,让我也知道知道。带某些名词作宾语时,可以受程度副词修饰。例如:我不大知道这件事儿。2. 掌握问题的答案,可带含有疑问词的动词短语或小句作宾语。例如:

你知道他是谁？我知道去哪儿找他。你应该知道什么事情可以说，什么事情不能说。这道题怎么答我不知道。3. 懂得该做什么事。可带动词或小句作宾语。例如：刚五岁就知道帮大人做事了。另外，还有一种习用语形式"谁知道"，表达"没有料到""没有人知道（＝我不知道）"的意思。例如：刚才还是大晴天，谁知道这会儿又下起这么大的雨来了。谁知道这是怎么回事。

以上两部工具书对"知道"的释义都指明了主语对于事实或道理的知晓程度，而《八百词》的释义还包括主观认识上、情理上的知晓，同时还特别指出疑问代词"谁"作主语时的习语表达式，这些释义在我们的语料中都有呈现。下面分别对"不知道""我不知道""你知道""你知道吗"几种典型结构的序列环境进行考察。

5.1.2 "不知道"的序列环境

如表12所示，51例零形主语否定式"不知道"在话轮内的位置十分自由，话轮首、话轮中位置和独立充当话轮都较为常见，话轮尾是特殊位置。

表12　　自然口语会话中"不知道"的话轮内部位置分布情况统计

位置类型	话轮首	话轮中	话轮尾	独立话轮	总计
数量（例）	20	15	2	14	51
占比（％）	39.22	29.41	3.92	27.45	100

5.1.2.1　话轮首

处于话轮之首的"不知道"后常跟语气词"啊""诶"，后跟句子时，后续小句中有"V不V""咋""啥""什么""怎么""哪儿""为什么"等疑问语形式，"不知道"都可以用"不确定"来替换，后面往往有下一话轮对命题的不确定性进行原因分析、结果预估。下面示例中，例（48）的"不知道"结构位于发起话轮，其余6例都位于回应话轮，在发起话轮中"不知道"代表说话者自生疑惑，而回应话轮的"不知道"是听话者基于［K－］的认识地位针对前边话轮提问、陈述所作的反馈。

例（43）—（49）"不知道"句的语义可分别概括为"不确定林俊杰是不是单身""不确定下午还有没有食物""不确定核酸检测的费用能不能报销""不确定周围萦绕的声音由哪里发出""不确定将来要去什么地方""不确定是什么原因导致了对生活没有热情""不确定发生在这位老师身上的事情是否正常"。

对"不知道"话轮所在的序列语境进一步分析就会发现，关于谈话命题的结果在理论上有两种可能，即确定的否定和不确定的态度两种情况。如例（43）、例（44）、例（45）中，说话者用"不知道"既有不确定义又有否定倾向，不同在于言者对谈及对象的否定维度不同：例（43）是对说话者自身意愿的否定，即"不管林俊杰是不是单身，我没有兴趣甚至不想知道"，这主要从后续话轮"没有关注他们的情感生活"推导而来，传达出一种非情愿的立场，其中句末语气词"诶"有撒娇意味，缓和了否定可能造成的面子威胁。例（44）是从事理上对说话者的低知晓程度进行否定，即 S 作为学生理应知道食堂某类食物的供应时间，但实际上由于缺乏对该食物的关注在此刻无法给出明确回应，其中句末语气词"啊"在语音上是降调，传达说话者的无奈情绪，这种事理上的否定使得整个"不知道"结构表达自我责怪的立场。例（45）是对事件可能性的否定，W 在第 1 行的问句中使用了副词"也"，言外之意是"核酸检测费用在事理上不应该被算作报销项目"，而 D 在第 2 行的回应使用了不确定的"V 不 V"结构，以及动词"给"，表明报销的施事是学校，而说话者代表的是受事，处于被动地位，因此"报销"一事完全不受说话者控制，不确定性增强且趋向否定结果。例（46）否定的维度与例（43）一样，说话者周围的某类噪声是她们未预料到的突发情况，干扰到了二人的谈话，因此"不知道"实则表达"不想知道"或者"不想理会"之义，由此结束了话轮。例（47）是对预期结果的否定，"不确定要去哪儿"就意味着"暂时不会离开"，同时为将来离开保留了一定的可能性。例（48）是对原因的否定，"不确定没有热忱的原因是什么"就意味着"无缘无故地没有热忱"，第 5—6 行的下一话轮验证也证明了这一点。例（49）是对客观事件知晓度的否定，即 S 对发生在 L 老师身上的事情没有详细地了解，只是略有耳闻。由此观之，位于话轮之首的"不知道"在不同的语境中可以就认识维度的"能不能""想不想""应该不应该"

"会不会""是不是""有没有"进行直接否定。

（43）#感情状况#

01. W：诶对林俊杰现在是单身吗？…（1秒）

02. →B：不知道诶，

03. 没有关注他们的感情生活。

（44）#食物的剩余#

01. W：下午还有吗？

02. →S：不知道啊。

03. …（1秒）

04. K：因为他到中午就卖完了‥没有。

05. W：哦=

06. S：嗯=

（45）#报销#

01. W：那你‥你做核酸=就是=…也报销吗？

02. →D：不知道给报不报。

03. …（2秒）

04. X：应该给报。

（46）#声音#

01. W：是我耳鸣了还是它在Zh,

02. B：（（用手指了指上方））

03. W：我说我耳鸣怎么能这么大声[<@@>]

04. B： [对,]

05. → 不知道响了个啥。

（47）#走还是留#

01. B：但是我们又…（2秒）不是很…能跟她讲清楚我们要走,

02. 以为我们要走,

03. 但是我们也没Y…

04. W：[还不确定]。

05. →B：[不知道要去哪儿],

06. W：哦=

（48）#没有热情#

01. B：然后就＝嗯…（5秒）
02. 　　 就觉得没有很大的…（3秒）热忱，
03. → 　不知道为什么。
04. …（3秒）
05. W：是因为买房吗？
06. B：不是。
07. W：哦。

（49）#新闻#

01. W：唉你看到那个新闻了吗？
02. 　　 就是我们学校那个老师L老师。
03. →S：不知道怎么回事儿。
04. W：嗯＝

5.1.2.2 话轮中

处于话轮之中的"不知道"有些属于插入语成分，有些是直接对所在话轮的命题进行否定。前边有连词、副词、代词、指示代词、名词、人名等句法成分，后边跟从属小句，从属小句的结构与上述例（43）—（49）基本一致。下面例（50）—（52）中的"不知道"都属于插入语，可以移动到话轮首的位置，变成"不知道＋句子"的话轮结构，句意并不发生改变；若去掉"不知道"句子成立，但合理性大大降低。例（53）中的"而且"实际上是第1、2行话轮转换后说话者继续承接话轮的连接手段，"不知道"句的语序实则与其位于话轮之首的用例一样。在话语意义上，例（50）、例（51）、例（52）的"都还不知道""不知道"分别是针对宾语中的特指问、选择问所指"结果"或"原因"的质疑，例（50）质疑的是"近视眼激光手术"，例（51）质疑的是"某品牌的设计风格"，例（52）质疑的是"丹丹在大连的安全"。而例（53）的"不知道"可用"不懂、不明白"替换，表明其主语"孩子"对英语单词的低知晓度，删去后语句不成立。

（50）#近视眼恢复手术#

01. W：就是比较高度的那种，
02. 　　 然后她做了那个…手术，

03.　　　就不近视了…（1秒）
04.→　　就那种‥都还<u>不知道</u>老了眼睛会花成什么。
05.　D：其实我很想做。
04'→　都还<u>不知道</u>就那种‥老了眼睛会花成什么。

（51）#产品设计#
01.　W：现在就感觉花里胡哨儿的。
02.→D：现在<u>不知道</u>‥是他们的设计师还是怎么着呢，
03.　　　反正就是－－
04.　W：可能＝
05.　D：现在那个‥感觉他们产品的＜XXX＞…（3秒）
02'→　<u>不知道</u>‥现在是他们的设计师还是怎么着呢，

（52）#大连疫情暴发#
01.→W：丹丹＜@<u>不知道</u>在那儿咋样@＞
02.　Q：＜@@＞
03.　　　…（1秒）
04.　　　＜@丹丹@＞
05.　　　他们那边的病毒怎么那么强呀。
01'→　＜@<u>不知道</u>丹丹在那儿咋样@＞

（53）#英语作业#
01.　F：他就说这个‥我们家孩子‥都不会读，
02.→　　而且<u>不知道</u>什么意思，
03.　　　额＝这个…还必须得把它读熟了，
04.　X：嗯＝

5.1.2.3　话轮尾

位于话轮之尾的零形主语的"不知道"在语料中仅有2例，一例是"不知道"的宾语前置，另一例是"不知道"前有指示代词"那"，实际上"那"指代的仍是"不知道"的宾语，只不过该宾语在前一话轮已经出现。如下面两例所示，例（54）第4—5行话轮构成让步式表达，说明"赔偿的结果"并不影响事件的进展，X要强调的是"反正"后边引导的事件结果，即"这件事已经得到了解决"，因此第4行的"不知道"可以用"不重要""不要紧"替换，预示下一话轮仍由X承担,具有让步意味,表达"无须理会"的话语意义,实际上讲述者 X 也不清楚"赔偿的结果",而且已无知道的必要。例(55)的谈话背景是 D 向 X 描述之前遇到的一个学妹,向 X 确认她是否认识。第 1—4 行的对话表明,D 的描述与 X 在第 1 行的猜测并不一致,在第 5 行 X 用语音延长的"哦"接收、理解 D 的描述,第 6 行用"那不知道"结束该话题,"那"除了指代前边话轮中 D 的描述,含有"反预期"的意味,整个话轮可以换成"这样的话,我就不知道了",实际上否定的是 X 自己的先前预期。

(54) #赔偿#
01. W:所以最后赔了吗?
02. …
03. X:这个星期处理了三天,
04. → 赔没赔不知道,
05. 反正这个事‥算是‥先‥这样了[了。]
06. W: [了了。]

(55) #长什么样#
01. X:是不是白白胖胖的?
02. D:不是,
03. 瘦瘦的,
04. 然后脸上还长了很多痘痘。
05. X:哦=
06. → 那不知道。

5.1.2.4 独立话轮

可以独立充当话轮的 14 例"不知道"在序列中都位于回应话轮。相较于上述三种话轮位置的"不知道",独立使用的"不知道"至少具有三层作用:作为对上一话轮的明确回应、是话轮的构建单位、具有话语标记的性质。在语义上表达的是对问题的不确定。例如:

(56) #咽炎#
01. W:他说你是啥咽炎啊?
02. →X:不知道。
03. W:慢性咽炎啊?

04.　　X：应该是慢‥对，
05.　　　　慢性咽炎…
06.　　　　一直＝…总是爱疼。

例（56）中，第1行W向X求取信息，即"咽炎的种类"，以此表达对Q的关心。X在第2行输出的"不知道"并没有向W提供确切的信息，而是用"不知道"作为暂时的应答，且没有再做补充，传达出X想要快点结束这个话题的意图。这种礼貌性的回应引发了W在第3行的推论，输出"慢性咽炎"这一具体信息来向X寻求确认，最终引导X愿与W共享信息，言谈双方在认识上达成一致。

5.1.3 "我不知道"的序列环境

当主语为第一人称时，"我"和"不知道"之间可以插入其他成分，这样的情况共有23例，其中"知道"表达说话者对所谈论对象的低知晓度，此处不讨论，本研究重点讨论作为整体被投入话轮中使用的21例"我不知道"。与"不知道"一样，"我不知道"也有话轮首、话轮中、话轮尾、独立话轮四种话轮内部位置。详细分布情况见表13：

表13　自然口语谈话中"我不知道"的话轮内部位置分布情况统计

位置类型	话轮首	话轮中	话轮尾	独立话轮	总计
数量（例）	8	6	1	6	21
占比（%）	38.10	28.57	4.76	28.57	100

位于话轮首、话轮中位置的"我不知道"的宾语都在同一话轮中出现，因此根据其宾语的构成成分将"我不知道"的语义分为两种：一种是表达低知晓度，另一种是表达低确信度。作为独立话轮的"我不知道"都表达低确信度，1例话轮尾的"我不知道"表达低知晓度。下面结合具体用例，探讨不同话轮内部位置的"我不知道"的不同话语意义。

5.1.3.1　话轮首、话轮中、话轮尾与低知晓度

当"我不知道"表达说话者对某一具体信息的低知晓程度时，话轮

的语义重点为"知道"的宾语,宾语的结构是"有"字句和"是"字句,"我不知道"可位于话轮之首、话轮之中,① 在例(57)中,第 4 行、第 10 行两处"我不知道"都表达说话者 X"没有发现对外汉语这个专业的存在",说话者的认识状态与事实是相反的,"我不知道"是对现实的肯定和自己先前认识的否定。例(58)中,第 1 行的"我不知道"表达说话者 F 无法在班级里对"这孩子"所指对象进行定位,前边"…的时候"限定了低知晓程度的时间条件。位于话轮之尾的 1 例"我不知道"的宾语在前一话轮已经出现,表达说话者对该宾语的知晓程度很低。例(59)中,第 6 行的"那"指代上两个话轮中讨论的"叫什么泽的男演员","我不知道"表明说话者 W 对 Q 所提到的影视剧及其主演没有印象甚至没有任何了解,是说话者对自己知晓程度的否定。"那"重读,表示对该认识对象的反向强调,含有否定意味。

(57) #职业与专业#

01. X:我就‥想做＝对外汉语老师。
02. W:啊?
03. 为什么?
04. →X:那时候我不知道有对外汉语这个专业,
05. 但是我就想－－
06. 因为我从小到大的梦想就是要当一名老师,
07. W:嗯＝
(由于篇幅原因,此处省去讨论职业梦想的 45 行对话)
08. W:[我也是从＝]本科 YR 老师给我普及来的。
09. X:嗯＝…
10. → 我不知道有这个专业,
11. 我是想做这个职业,
12. W:[嗯＝]
13. X:[然后]后来发现,
14. 哦?

---

① 语料中还有 1 例"那我不知道了"在形式上也将其看作位于话轮之中,但其话语意义和"那我不知道"没有差别。

15.　　　有这个专业！
（58）#学生叫什么名字#
01. →F：因为那天那会儿聊到孩子的时候<u>我不知道</u>这孩子是谁，
02. 　W：［哦＝］
03. 　F：［他孩子是谁］
04. 　　　我那时候就想一定＝要到班里看这孩子是谁，
05. 　X：<@@>
（59）#哪个演员#
01. 　W：是那个谁演的？
02. 　　　朱一龙吗？
03. 　Q：额不是不是，
04. 　　　是那个＝张钧甯和＝…一个‥那个男演员，
05. 　　　就忘了叫‥什么什么泽？
06. →W：那<u>我不知道</u>。
07. 　Q：就‥那张钧甯在里面演的‥超级棒，
08. 　　　［邱泽和］张钧甯，
09. 　W：［然后张－－］
10. 　　　哦＝对。

5.1.3.2　话轮首、话轮中、独立话轮与低确信度

"我不知道"表达说话者低确信度时，后边句子多带有疑问成分"为什么""多+形容词""有没有""谁""咋""怎么"，表明说话者对当前谈论内容存疑，无法形成确定的观点，此时，"我不知道"可位于话轮之首、话轮之中，也可独立充当话轮。例（60）是说话者B对"国内除上海、成都外的其他地方有分公司"表示怀疑；例（61）是说话者对"W是否真的吃了很多麻花"表示怀疑。若将这两例中的"我不知道"省去后，其所在话轮就变为单纯的提问，整个话轮表达说话者向听话者寻求确认。"我不知道"不带宾语时整个结构表达的是说话者对已知信息的不确定态度，例（62）中，W告知S"自己今天吃饭速度变慢了"，S随即询问原因，在第9行W的回答"我不知道"表明W对"吃饭变慢"的原因进行否定，即W认为没有什么特别的缘由，但在第10行又补充了"最近胃口不太好"，看似前后矛盾，其实是W对"吃饭速度变慢"这一

现象持怀疑、不满态度，即不是因为 W 想要等 S 一起吃完饭，而是一种食欲不振的表现。

（60）#分公司在哪里#
01. W：所以现在我就有上海和成都…（1秒）
02. 嗯。
03. B：好像是，
04. → 我不知道还有没有其他地方。
05. W：[我也只听说这三个]。
06. B：[其他就越南什么]。
07. W：哦=

（61）#吃了多少麻花儿#
01. W：但是你们也吃了麻花儿。
02. Q：我没多吃。
03. W：哦。
04. Q：[<@@>]
05. X：[我吃了]
06. → 但是=…我不知道你吃了很多是有多多。
07. W：<@@>
08. 应该是那‥这么一长根儿应该有吧，
09. 还不到一长根儿，
10. 不到。

（62）#吃饭变慢#
01. W：你吃饭是真=慢呀…
02. 你那半块儿馒头怎么办？
03. S：带=回去。
04. …（2秒）
05. W：我今天已经故=意放慢速度了，
06. 不是故意，
07. 就是我吃不快今天。
08. S：为啥？
09. →W：我不知道，

10. 最近胃口不太好。

以上我们对"不知道""我不知道"话轮内部位置进行了分类考察，二者在序列环境上存在细微差异：语料中不带宾语的"我不知道"有9例，"不知道"有25例；单独构成话轮的"我不知道"有6例，"不知道"有14例；位于话轮中位置的"我不知道"有7例，"不知道"有15例。因此，从句法环境来看，零形主语的"不知道"比显性主语的"我不知道"更倾向于不带宾语，线性位置更灵活，独立性更强。就否定功能来看，"不知道"否定的范围更广，位于话轮之首时可对意愿、情态、事实、道义、认识状态、存在性进行否定；位于话轮之中可用于质疑原因、结果，否定知晓程度；位于话轮之尾时可对必要性进行否定。"我不知道"除了可以否定知晓度外，主要表达说话者对后边宾语的质疑，不带宾语时表达说话者的自我怀疑、不确定态度。

5.1.4 "你知道"的序列环境

肯定形式的"知道"在语料中共有91例，其对主语的选择性体现为"你知道"的高频使用，下面将根据统计结果对"你知道"在话轮内部的分布特征进行详细分析。

表14　　自然口语谈话中"你知道"的话轮内部位置分布情况统计

位置类型	话轮首	话轮中	话轮尾	总计
数量（例）	33	3	1	37
占比（%）	89.20	8.10	2.70	100

表14统计结果显示，"你知道"偏爱话轮首位置，位于话轮中位置的"你知道"前边成分多为话轮转换的衔接成分，其所在话轮仍具有"你知道+宾语"的基本结构，因此，位于话轮首和话轮中的"知道"可带多种类型宾语，包括名词、代词、短语、小句和复句，前三类词汇型宾语表义间接，只是引出话题；后两类句子型宾语表义完整，引出话题后再予以评价。

1. 话轮首

例（63）第 4 行"你知道"后引导的宾语"我这个保温杯"在句法上不是完整的句子，但语义上为听话者提供了话题；例（64）第 1 行"你知道"后引导的宾语"有我弟弟"在句法、语义上都有空缺，需要听话者等待说话者在下一话轮输出完整的语句时才能明确谈话对象。例（65）第 1 行"你知道"后引导的句子宾语"那个大夫有多辛苦"不是真正的疑问句，该宾语不仅为听话者提供了谈论对象"那个大夫的工作"，同时也提供了说话者 D 对谈论对象的主观评价，形成完整的话题 + 评论语句。例（66）第 1 行"你知道"后引导的宾语为听话者提供了话题、情境、动作、说话者主观意愿等更完整的谈话内容。

(63) #每天喝水的量#
01. X：反正我一天得…两块钱可能不够 <@@>
02. W：两块钱 = 打多少升啊差不多？
03. X：我 = …
04. → 你知道我这个保温杯，
05. 一次差不多 = 两毛不到，
06. 一毛 [六到 – –]
07. W： [嗯 =]
08. X：一毛八那样的，
09. 然后…（1 秒）
10. W：打十次。
11. X：对我一天我一上午可能就得 <@十次@>

(64) #弟弟出生#
01. →X：你知道有我弟弟…
02. 就是…（2 秒）有我弟弟的时候，
03. 全家人…都可 = 高兴了，
04. W：<@@>

(65) #大夫很辛苦#
01. →D：你知道那个…大夫有多辛苦，
02. X：嗯，
03. D：从早上八点钟工作到下午四点钟，

第5章 知识类认证义动词"知道"及其典型结构的立场表达　97

04.　　　<XXX>一直做,
05.　X：天呐！
06.　　　那咋吃饭啊？
07.　D：不吃饭。
08.　X：我的天呐。
09.　D：而且一个礼拜他要做好几台手术呢。
10.　X：哦=

（66）#搜寻食物#

01. →W：<u>你知道</u>…<@@>这个=地方我现在只要经过=我就想看
　　　　 一眼,
02.　　　搜寻点儿啥吃的。
03.　X：<@@>
04.　W：[<@就成这=了@>]
05.　X：[这已经成我们的=] 储物‥专门=‥储藏食物的桌子了。
06.　W：哦=

2. 话轮中

位于话轮中的3例,"你知道"前边分别有副词"其实""后来"以及肯定应答语"对"、转折义连词"但是"与之共现,"你知道"后跟短语或句子宾语,听话者可以在"你知道"所在话轮结束后接续话轮,如例（67）"你知道"后引导的宾语很短,仅是一个名词性短语；而例（68）"你知道"后引导的宾语很长,占据了两个话轮位置,说话者X表达了完整的话语意思。这是由说话者与听话者共建的两种结果,主要取决于听话者是否在话轮转换处选择承接话轮。

（67）#跑下坡路#

01.　W：我不图快,
02.　　　我就图跑跑跑跑下－－
03. →X：对但是<u>你知道</u>那下坡‥
04.　W：哦,
05.　X：冲‥你往下冲,
06.　W：对对对,
07.　X：你刹不住的那种快,

08. W：对对对，

09. X：就逼着你往前…

（68）#想考名校#

01. →X：其实你知道因为我‥从…那种山‥农村出来，

02. 　　他就有一个‥名＝校梦嘛，

03. W：嗯＝

04. X：然后我就考到北语…

05. 　　考到北语就觉得＝…嗯＝

06. 　　好像下一步应该进军北大或者什么［更好的学校］

07. W：　　　　　　　　　　　　　　　　　　［嗯＝］

3. 话轮尾

位于话轮尾位置的1处用例如例（69）所示，话轮语句所呈现的句法特征是宾语前置，句末的"你知道了"是说话者用于介绍步骤、方法的一种表达方式，语气词"了"具有完句功能。

（69）#过时的英语学习方法#

01. 　F：背一个汉语意思，

02. →　　然后呢＝‥这句话里边所有词儿的汉语意思你知道了，

03. 　　　然后再去翻译是不是？

04. 　　　我就在那儿‥我就我就跟她说，

05. 　X：嗯＝

06. 　F：是这样是吧？

07. 　　　我说那种方法绝对是不‥［不够的－－］

08. 　W：　　　　　　　　　　　［你说都已经被］淘汰了，

09. 　　　这什＝么年代了，

以上用例分析表明，位于话轮首、话轮中位置的"你知道"省去后话轮所承载的命题意义不变，无论"你知道"出现在发起话轮还是回应话轮中，都是说话者为推动故事顺利进行、保证谈话连贯所使用的话语标记，实际上"你知道"后引述的内容为听话者不知晓的新信息，说话者之所以用"你知道"就是为了提醒听话者需对接下来的内容高度关注，其言外之意就是"接下来的内容是你不知道但需要知道的，是理解后续谈话的前提条件"。

5.1.5 "你知道吗"的序列环境

在我们的语料中,"你知道"的典型疑问结构是"你知道吗",出现了31例,加上礼貌用语"您知道吗"1例,共32例。此外还有"你知道X吗",共有12例;"你知道X啥",共有2例;"你知道X吧",共有2例;"你知道X啦",共有1例。句末语气词"吧""啦"比"吗"表达更委婉的"寻求确认"语气。另外,还有2例"你怎么知道"、1例表反问的"你不知道X吗"。本节重点讨论32例典型固化结构"你(您)知道吗"的序列环境特征。

5.1.5.1 话轮尾位置偏好

表15统计结果显示,"你知道吗"与"你知道"有明显不同,其线性位置虽然都具有一定的自由性,但"你知道吗"集中出现在话轮尾位置,且独立作为话轮多于话轮首位置,没有出现在话轮中间的用例。"你知道吗"在语调上又可分为句末呈上升语调的"你知道吗$_{升调}$"和句末呈下降语调的"你知道吗$_{降调}$",其实语调的升降在表义和功能上没有太大差别,且口语语料中多见升调。

表15 自然口语谈话中"你知道吗"的话轮内部位置分布情况统计

位置类型	话轮首	话轮尾	独立话轮	总计
数量(例)	2	26	4	32
占比(%)	6.25	81.25	12.5	100

例(70)—(72)三种位置的"你知道吗"都是语调升高的,区别在于例(70)的"你知道吗"与后面的语句之间没有停顿,而例(71)的"你知道吗"在语音上有延长,例(72)的"你知道吗"与前后语句之间都有明显的自然语调结束的停顿,因此可以成为独立的一个话轮。

(70) #李哥用不用微信#
01. →S: 你知道吗前两天我特别想HJ姐姐他们,
02.   我给李哥微信··QQ上发了条消息,
03.   但是他没回。

04. W：估计他们应该不用了。
05. …（2秒）
06. 　　我都不知道他们还用不用。
07. …（4秒）
08. S：反正我微信上现在没有他们。

(71) #报警#
01. W：打他=…又打狠了，
02. 　　他脾气上来他又不会说，
03. 　　光会打，
04. 　　打狠了我 <@@>
05. 　　<@他报警把警察叫来@>
06. X：嗯？
07. W：报警把警察叫来说 <@@>
08. X：<@@>
09. →W：就是这种<u>你知道吗</u>=
10. X：<@@>

(72) #眼部手术#
01. D：一直要在那儿要等着，
02. 　　一直要在那儿坐着。
03. X：嗯=
04. D：唉，
05. →　<u>你知道吗</u>，
06. 　　好=贵
07. 　　割这么一个，
08. 　　就眼皮翻起来割一下两千多…（1秒）

直接疑问句看似表明说话者处于［K－］认识地位，但并不能确定当前话轮是在寻求信息，需要进一步考察谈话双方的认识地位。特别是疑问句"*Do you know X*"不是为了寻求信息，而是为了确定接收者是否拥有所要求的信息，这类似于课堂上老师问学生问题。（Heritage，2012a）汉语中的疑问句"你知道 X 吗？"就属于这类"寻求确认"的用法。从信息结构的角度来看，"你知道吗"结构省去了"知道"的宾语，该信息是听话者不知道的，因此无须听话者确认，而是提醒听话者注意到新信息的出现。这样可以帮助听话者提高对自我认识地位的敏感度，"你知道吗"投射的是听话者关于当前所谈事物的相对［K-］认识地位。

5.1.5.2 消极评价序列环境偏好

通过对语料的观察、分析发现，"你知道吗"的语义所示及其所在序列通常体现出主观性极强的评价行为（assessment），根据会话参与者对所谈论对象的态度可分为"积极评价""消极评价"两种类别。"消极评价"的对象指公认的不好的情况、事件，是说话者不希望发生的，对应于倾诉烦恼言语行为（speech act）；"积极评价"的对象一般是某一事件、情况给说话者留下了较好的印象或体验，说话者通过积极的评价行为肯定所谈对象，积极评价的真正目的是介绍推荐（recommend）。语料中"你知道吗"倾向于传达"消极评价"，共 24 例，占比 75%，如上述例（70）—（72），其中例（72）第 6 行有"好贵"这样明显的否定表达，而例（70）、例（71）需要结合前后话轮语境判断出说话者的态度。表达"积极评价"的序列环境共 8 例，占比 25%，如例（73）的第 4 行，"你知道吗"位于话轮尾部，用于提示前边的核心评价信息"这款身体乳特别香"。

（73）#身体乳的种类#

01.　D：就是那种‥盒子。

02.　X：啊＝

03.　　　看到了。

04.→D：然后‥这个特＝别香你知道吗？

05.　X：就跟那个－－

06.　D：就是你把它抹上以后就是‥你的冬天‥

07.　　　它有那个‥嗯＝芒果呀桃子呀，

08.　　　然后你就是一个芒果味儿桃子味儿的。

09.　W：哦＝

10.　D：特别香，

11.　　　可以持香好久。

刘丽艳（2006）将"你知道吗""你知道吧""你知道"归为话语标记一类，认为它们整体上体现出话语标记元语用功能的互动性特征。其中指向后面信息的"你知道吗"的功能是，将听话者的注意力和兴趣点集中在说话者的所述内容上，以此来确立说话者的主讲者地位；指向前面信息的"你知道吗/吧"的功能是，监控听话者对背景信息的拥有过程，确保听话者可及性较低/高的信息变成谈话双方共有的背景信息；指向后面信息的"你知道"的功能是将话语内容的背景信息假设或确认为言谈双方共同接收的信息。笔者赞同这样的分析和观点，但认为还可以再继续沿着元语用功能作进一步的探究，无论是为了确立说话者的主讲者地位还是使当前话语内容成为双方共有信息，最终目的都是为了实现立场表达这一社会互动行为。

5.2 "知道"及其典型结构的立场表达功能

立场本质上是互动的，需参与者合作才能实现。"你知道""你知道吗""我不知道""不知道"都是汉语自然口语会话中常见的立场表达资源，主要通过认识引擎（epistemic engine）来起作用，正如 Heritage (2012b) 所言，处于认识地位优先的会话参与者在调动语言形态、语音、句法等资源时具有优先权，由他/她来决定谈话是用来求取信息还是传递信息。因此，说话者对于一个话轮是否（以及如何）能给某些特定的接收者提供信息是很敏感的，会提前展开对序列组织的描述，以确保一个话轮的信息性质。"你知道""你知道吗"就属于这种"说话者敏感的"、信息提供序列的预判资源，其中蕴含着说话者对听话者的认识预期（epistemic expectation），说话者通过陈述语句"你知道 + 句子"将听话者置于"应该知道"的认识地位，"你知道吗"是说话者认为听话者并不知晓将要（已经）表达的信息，但这一信息对于听话者来说是需要了解的，两种表达形式实际上都在执行告知行为（informing）。而"我不知道""不知道"则是说话者将自己定位于 K – 认识地位，通过这种外在的语言手段来邀请、促使听话者接续话题并进一步作出回应。以上是在话轮中探讨的"知道"典型结构的话语意义，下面要结合它们的序列位置来探讨立场表达功能及其实现机制。

5.2.1 "你知道吗"的情感共鸣功能

情感（emotion）在日常交往中的重要性已经得到了语言学、社会学、社会心理学、人类学和传播学等众多学科的广泛重视，立场的情感表达在社会互动中广泛存在，与互动语境相互塑造。表达情感的资源十分丰富，特别是非语言资源如笑声、哭声、面部表情等，在这里我们关注的是词汇、句法、韵律这些语言资源与立场表达中情感因素的互动。Hyland（2005a）指出，情感涉及广泛的个人和专业态度，包括情绪、观点和信念，这就意味着人们的情感表达跟自身的价值观念、职业背景、性格特点、生活环境等社会文化因素密切相关，说话者言谈中论及的人物、事物、事件都具有强烈的主观性特征，包括对事件讲述的角度、对所提及人物的看法与关系远近等。"你知道吗"在会话中就具有显著的诱发情感共鸣（resonance）的功能，帮助说话者寻求听话者在情感上的支持，从而实现说话者的言语交际意图。就言谈结果来看，不一定要达到立场的最终一致，有可能是说话者被听话者的立场说服。表16统计结果显示，"你知道吗"倾向出现于发起话轮序列，而较少出现于回应话轮序列。我们分别在两种序列环境下说明其立场表达功能。统计结果显示，"你知道吗"偏爱发起序列进程中的发起话轮，较少出现在回应话轮。序列位置的不同对同一语言形式的互动功能有不同的塑造。

表16 自然口语谈话中"你知道吗"的序列位置分布情况统计

位置类型	发起话轮	回应话轮	总计
数量（例）	27	5	32
占比（%）	84.38	15.62	100

5.2.1.1 发起话轮

位于发起话轮的"你知道吗"是说话者用来开启叙述的一种方式，能够有效引起听话者对于当前信息的注意，因此听话者总是给予回应。"你知道吗"开启的序列是话轮数量较多的故事讲述模式，讲述者的情绪随着故事讲述的进程不断变化，听话者捕捉到说话者的情绪后作出实时反馈，有时也可以在回应中影响听话者的情绪变动轨迹。请看下面的例子：

(74) #半月板置换手术#

01. →D：你知道吗？
02.　W：嗯，
03.　D：就是我们那儿有一个人哈…（1秒）
04.　　　她…（1秒）就是=…也是五十多岁吧，
05.　　　就做了这个…半月板的置换，
06.　　　然后好像是疼得好像是说疼得给疼傻了，
07.　W：[妈=呀！]
08.　D：[精神出现了] 问题。
09.　W：精神上哈。
10.　D：啊。

例（74）是D作为话题发起者和主要讲话者向W介绍"做了半月板置换手术后疼出精神疾病"的反常事件。说话者D在故事讲述开头先用"你知道吗"引出一种态势，表明自己要开始讲述新信息了，W显然理解这一信息，回应以肯定应答"嗯"，向D传达了"请你继续说，我现在做好听的准备了"的言外之意，实际上W给了D充分的时间让她在第3—6行完整表达出事件的重点，直到D在第6行输出"疼傻了"时，W抓住了这一关键信息，在D输出最后的补充信息"精神出现了问题"之前抢占话轮，在第7行用惊叹语"妈呀"来表达对于所听内容的惊讶态度，这也是D能够预料到或期待达到的情感共鸣效果。因此，整段对话的情感变化过程可以描述为说话者渲染紧张情绪→说话者强化凝重感觉→听话者宣泄惊讶态度，分别对应的语言手段是第1行的"你知道吗？"、第6行重复三次的"疼"、第7行语音延长的"妈呀"。"你知道吗"在话轮开启位置执行一种强有力的宣告（Declaration）言语行为。

(75) #下班前处理班级事务#

01.　X：就怕快批完作业的时候过来说…
02.　　　X老师，
03.　　　那个谁和谁在食堂门口打起来了，
04.　　　您快去看看吧…

05.　　　然后我就腾腾腾过去，
06.→　　太讨厌了我头下班儿你知道吗，
07.　W：哦＝
08.　X：我头下班儿他们说看＝
09.　　　这就是你不及时下班儿的后果，
10.　　　就逮着你了你又处理这些事儿，
11.　　　［我处理到－－］
12.　W：［他们几年级］来着？
13.　X：六年级，
14.　　　但是他俩没有打起来，
15.　　　基本上就是在那儿理论‥吵架。

例（75）中，X向W讲述自己作为班主任的工作状态。第1行的"就怕"后引述的内容是"自己刚批完作业准备下班时需要处理突发事件"，但实际上是已经发生的事情，所以"就怕"还原了说话者X当时不希望发生这种事情的担忧心理，第6行又使用了消极评价话语"太讨厌了"在情感上证实担心的事情最终还是发生了，在当下的叙述时刻X对"不能按时下班"的厌恶心理再次被调动出来并得到凸显，句尾的"你知道吗"突出"头下班儿"这一临界时间，引导着W去设身处地感受X当时的艰难处境。W接收并理解了X的情感共鸣需求，及时地在下一话轮输出语音延长的应答语"哦"，表明自己在认识上努力与X实现同步，但并未在情感上有明显的表达，因此第8行X重新发起话轮再次强调"我头下班儿"，这是对于事件持消极态度的关键因素，第9—10行继续通过引述同事的观点来支撑自己的立场，言说双方之外的第三人称视角更具客观性，因此说话者X将自己置于情感上受伤害的一方。第11—12行发生了话语重叠，这是由于听话者W误判了X的话轮结束位置而产生的。X在第11行本来想继续告诉W自己处理班级突发事件持续的时间，而W输出的特指疑问句要求X必须作出回答，因此X放弃了自己的当前话轮而让位于W的话轮，在第13行及时提供了W需要的信息。此时，谈话的焦点已经从"头下班儿要处理班级突发事件"变为"闹事儿学生的具体情况"，信息焦点的转变带来了说话者情绪上的改变，X在第14—15行的客观叙述中渐渐平息了下班时要处理班级事务的厌恶情绪。整个言谈过程中主要讲述者 X 的情感是动态变化的，虽然第 6 行的"你知道吗"并未成功激发 W 的情感共鸣，但是 W 对 X 的情感状态予以充分理解，在回应信息的过程中帮助 X 缓解了之前的消极情绪，从而为后面开启新的谈话做准备。

5.2.1.2 回应话轮

位于回应话轮的"你知道吗"帮助说话者对前边话轮所提疑问作出积极地回应，通常是为了推进故事讲述的继续开展，如例（76）。有时"你知道吗"出现在回应话轮可以帮助说话者为自己的立场提供新的依据，标记说话者希望得到认识、情感上的双重共鸣。如例（77）。

（76）#初中生不好管#

01.　W：是不是都是那种不好好学习的啊？
02.　　　学习 – –
03.　F：不，
04.　　　他俩 <@ 都 = 很好@ >
05.　W：是吗？
06.　F：他俩都 = 很好。
07.　X：我们 = 不‥不是说好好学习，
08.　　　就是他们现在‥就是十几岁正是冲动的时候，
09.　W：［嗯 =］
10.　F：［对 =］
11.　X：他们控制不住自己，
12.　　　［很 = 容易冲动］
13.→F：［那初中他们现在刚开始］<u>你知道吗</u>，
14.　　　［上初中就开始 – –］
15.　X：［对对对对］
16.　　　初中［等着比咱们］高了，
17.　W：　　［初中我觉得 – –］
18.　X：初中更管不了，
19.　W：初中更可怕，
20.　X：嗯 = 对。
21.　W：初中真的是青少年‥青春期。

例（76）的谈话背景是 F 向 W、X 二人描述学校的两个高年级学生，W 在第 1 行的发问是根据 F 之前所描述的学生表现推断而来的，请求 F 对自己的推断予以确认。F 在第 3—4 行先否认了 W 的推断，再从整体上肯定了两位学生，这种与行为不符的积极评价引发了 W 的质疑，F 在第 6 行再次进行确认后，X 作为知情人在第 7—8 行为 W 的疑问提供具体的解释，第 9 行 W 输出语音延长的肯定应答语"嗯"表明自己的疑问点在一定程度上得到了解答，并与第 10 行 F 对 X 的肯定回答形成话语重叠。从第 11—17 行连续发生了三次话语重叠，从话语内容来看，第 11 行 X 评价初中生"控制不住自己"，F 在第 13 行输出这种评价的支撑原因，提早产出话轮后与第 12 行的"很容易冲动"形成话语重叠，这里的"你知道吗"有三重作用：一是提醒听话者 W"初中他们现在刚开始"这一信息是 W 所不熟悉的；二是将本话轮在重叠的两个话轮中提升到显性位置；三是表达了 F 自己的激动情绪。但在第 15 行 X 急于表明自己的态度跟第 14 行 F 的话轮发生了重叠，X 输出连续的四个"对"是对 F 所做原因分析的强烈认同，进而在 16 行转为描述初中生在身高上的优势，此时 W 已经在 X、F 前边的交替论证中激活了自己关于初中生的知识，因此在第 17 行用"觉得"句来抢占话轮，为第 19 行、第 21 行的观点输出做铺垫，最终得出"初中生正处于青春期，老师不容易对其进行管教"的结论。在整段谈话中，一共发生了四次话语重叠，多次重叠本身就反映了说话者当前的高涨情绪。F 作为主要讲述者，她的情绪整体上最为稳定，充当诱发听话者情绪波动的角色，而 X 作为辅助讲述者，她的情绪体现为从平静到激动的变化，W 作为听话者，她的情感变化最为丰富，从疑惑不解到冷静思考再到强烈认同态度。在谈话进程中，第 13 行的"你知道吗"句在话语内容上根本解答了第 1 行 W 的疑问点，也是 W、X 情感态度转变的关键。

(77) #花钱多少#

01.　F：我就买点儿衣服，

02.　　　然后周末‥出来‥花点儿钱。

03.　X：你＝周末买点儿衣服是不怎么花钱＝？

04.　W：对，

05.　　　<@我不花钱我就买点儿衣服@ >

06.　　X：你一千块钱咋＝花出去的。
07.　　F：那…那要买的话‥那没办法啊，
08.　　　　只有那点儿开销了，
09.　　　　［其实－－］
10.　　X：［那叫一点儿］
11.→F：其实‥其实是一样的<u>你知道吗</u>，
12.　　　　就是＝省跟不省是一样的，
13.　　　　该买的还是得买。

例（77）中，三位好友在谈论"花钱多少"的问题，第 1 行 F 表示自己花钱不多，主要的日常开销都在买衣服、周末出游方面。X 在第 3 行整合了 F 提供的信息，用反问句的句法形式对 F 的观点进行否定，表达轻微指责态度。W 在第 4—5 行先肯定 X 的立场，再转换成第一人称视角以开玩笑的方式替 F 做自我总结，表达调侃态度。第 6 行 X 的询问是引导 F 反省花钱的速度，而 F 在第 7—8 行仍然坚持自己的立场，并不认为"花钱买衣服"是一笔大的开销，X 在第 10 行成功抢占话轮，继续反问 F，想要让 F 对她自己的日常开销有一个不同于先前评价的认识。F 在第 11 行用"其实"引出后面的话语为自己的立场辩驳，[①] 因此，当 F 面对 X、W 二人的共同情感压制时，"你知道吗"从情感上邀请听话者对前边的话语进行共情，同时提醒听话者注意前边的新知识，这种双重保障使得 F 在第 12—13 行顺利输出自己的观点。

上述用例分析表明，在自然发生的实际口语谈话中，会话参与者除了交流信息外，还有传达情感的交际意图，无疑而问的"你知道吗"具有诱发情感共鸣的立场表达功能。认识地位的不对等促使谈话中信息的流动，谈话者们为了彰显自我身份特征和价值观，调动词汇、句法、韵律等语言资源传达情感，社会交际的互动性特点在主观性与交互主观性的作用中得以实现。

[①] 田婷（2017）指出，"其实"标记有别于听话者预期的信息，并能进一步确立说话者在当前话题上的知识优势。

5.2.2 "你知道"的认识定位功能

说话者在叙述事件时总会先从某一个角度切入,比如事件的关键人物、高潮情节、显豁的情感态度等,角度的不同反映了说话者对于所报道事件的不同立场,"你知道"在会话的发起或回应部分标记说话者的认识立场,帮助听话者定位说话者当前的话题焦点。表 17 统计了"你知道"的序列位置分布情况。

表 17　自然口语谈话中"你知道"的序列位置分布情况统计

位置类型	发起话轮	回应话轮	总计
数量(例)	31	6	37
占比(%)	83.78	16.22	100

5.2.2.1　发起话轮

统计结果显示,"你知道"偏爱出现在发起序列话轮,从"你知道"后引导的宾语内容来看,有的是介绍所谈论事件的背景信息,有的是描述所谈论事件的主要情节,有的是提出所谈论事件的关键人物。在例(78)第 2 行中,"你知道"引导的介宾短语是说话者 X 选择"拿着很多食物的师妹"作为立场表达的切入点,即 X 想要将师门开会后所剩食物带回来分给室友,但又不好意思向师妹开口索要。例(79)第 1 行 X 用"你知道"引导的句子是故事讲述中常见的发起形式,向听话者提供了完整的人物、时间、起因等信息,该话轮投射的是后续内容的未完待续,第 11—12 行发生的话语重叠表明,W 认为前边话轮所提供的信息足以让她表达一定的立场,于是选择在此处接续话轮。

(78)　#开会后剩余的食物#
01.　　X:因为也挺多＝的,
02.→　　你知道‥刚才跟那个师妹,
03.　　　她拿着那个一大包,
04.　　　我好想说,
05.　　　<@你给我几个@>

06. W：<@@>

07. X：最终还是<@没说出口=@>

(79) #弟弟认错#

01. →X：你知道有一次他把‥就在寒假他把我给惹毛了，

02. 　　真的把我给气=得…（2秒）

03. 　　我弟弟就…他自己他也知道错了，

04. 　　姐=，

05. 　　我错了，

06. 　　你不生气了行吗？

07. 　　然后=…等到=…我都睡了嘛，

08. 　　他还到我房间‥他看看，

09. 　　姐=

10. 　　你还生气不=？

11. 　　［然后=］

12. W：［他还挺懂事儿的］我觉得。

13. X：嗯=

5.2.2.2 回应话轮

当"你知道"位于回应话轮时，通常是说话人针对前一说话者疑惑或感兴趣的点的进一步解释，前边话轮中有上一说话者明确的发问，当前说话者先就疑问之处作简单应答，再用"你知道"引导宾语对所谈对象从某一点展开讨论，"你知道"提示听话者继续接收相关新信息。如例（80）所示，针对 H 在第 1 行对"鱼骨头"的疑问，G 在第 3 行回应"可以直接吃"这一结果打消了 H 对"不剔鱼骨头"的担忧，进而在第 4 行用"你知道"引导从句，对"鱼骨头"的使用价值作进一步的解释，使 H 对"鱼骨头"形成更全面的认识。

(80) #鱼饼的做法#

01. H：那它那些鱼骨头…都是…不用剔的吗？

02. …（1秒）

03. G：就可以吃就酥了，

04. →　你知道我们那边儿就有卖鱼骨头的，

05. 　　就专门儿卖鱼骨头吃的，

06.　　　　而且还特别贵，
07.　H：［哦＝］
08.　G：［可好吃］
09.　　　　就特别酥。

有时，说话者对前一说话者的观点不认同，就会在回应话轮用"你知道"引导宾语来提醒听话者，需要从当前提供的这个角度重新认识所谈论的对象。如例（81）所示，X 向 W 讲述自己参加跑步比赛时跑下坡路用时很短的经历，第 2—4 行是 W 就跑步速度发表自己的看法，认为下坡不需要刻意快跑，第 5 行 X 先肯定后转折，用"你知道"引导名词性短语"那下坡"强调需要从具体路况判断跑步速度，从第 6 行开始，W 已经接受了 X 的立场，在第 8 行、第 10 行都叠加使用三个"对"表达强烈认同。X 在第 11 行最终输出了完整的立场内容。

（81）#跑下坡路#
01.　X：一千米嘛。
02.　W：哦＝
03.　　　我不图快，
04.　　　我就图跑跑跑跑下－－
05.→X：对但是你知道那下坡‥
06.　W：哦，
07.　X：冲‥你往下冲，
08.　W：对对对，
09.　X：你刹不住的那种快，
10.　W：对对对，
11.　X：就逼着你往前…

5.2.3　"（我）不知道"的立场回避功能

说话者在谈话过程中并不总是直截了当地表达出鲜明的立场，有时说话者将事情讲述出来并留下自己的疑问，目的是给听话者提供继续发表意见的机会和空间，"（我）不知道"在会话中就承担了这种立场回避功能。下面将结合其序列分布特征和具体示例加以分析。

表18　自然口语谈话中"（我）不知道"的序列位置分布情况统计

位置类型	发起话轮	回应话轮	总计
数量（例）	24	48	72
占比（%）	33.33	66.67	100

5.2.3.1　回应话轮

表18统计结果显示，"（我）不知道"出现在回应话轮的用例正好是其位于发起话轮用例的2倍，这与前边的"你知道吗""你知道"表现出相反的序列位置偏好。位于回应话轮的"（我）不知道"往往不带宾语，表明说话者此时由于主观或客观原因不愿意展示自我立场，整个会话序列也投射出立场回避后的消极情感态度。在例（82）中，D眼部做了一个小手术后，与室友讨论医疗费报销事宜。第1行W的特指问意在寻求听话者对报销额度的确认，第2行D接续话轮输出"不知道"表明自己对报销事宜的低知晓度。第3行X的肯定回应说明她对W在第1行提出的问题可及性更高，而此时D在第4行的"谁知道呢"表达对X所持观点的质疑，后面第5—7行、第10—11行讲述她刚刚经历到报销这件事的困难，因此并不相信能获得满意的报销额度，整个序列传达当事人D的反感情绪与怀疑态度。其中，第2行的"不知道"体现出D在表达这一立场时采取的刻意回避态度。

（82）#看病报销#

01.　W：诶能报多少啊？

02.→D：<u>不知道</u>。

03.　X：肯定得给报。

04.　D：谁知道呢，

05.　　　刚才我去报销还问了一下，

06.　　　我说您看我这能报吗？

07.　　　她问我‥你这不是美容吧？

08.　W：<@@>

09.　X：<@@>

10.　D：我说我的眼睛里长东西了，

11. 能美容什么呀？
12. X：<@@>
13. W：<@@>
14. X：美容也不是美一个呀！
15. W：<@ 对呀 @>

5.2.3.2 发起话轮

当"（我）不知道"位于发起话轮时，说话者作为主要讲述者选择在某一处戛然而止，减缓立场表达的速度，将话语权交给听话者，其中的原因可能是避免负面态度的继续扩张而威胁到听话者的面子，也可能是说话者由于缺乏对谈论对象的认识而产生了思路中断。在例（83）中，W、X 发表对跑步的不同体验和看法。W 认为跑步很无聊，并且在跑步前有紧张的心理反应。第 4—6 行、第 8—9 行都是 X 站在 W 的立场上帮助 W 解释不喜欢跑步的原因，在第 10 行 W 对此表示赞同，在第 12 行 W 升级了不喜欢跑步的严重性，但她立刻意识到"绝望"一词言过其实，威胁到作为跑步爱好者 X 的面子，因此在第 13 行用"我不知道"将自己置身事外，呈现出对自己前一话轮极度否定跑步的回避态度，并在第 14 行对自己的先前认识作出消极评价，所以 X 才能够在第 15 行接续话轮，向 W 诚恳地提出建议。

（83）#跑步很无聊#

01. W：诶呀我我…可是我提起跑步我老有点儿紧张，
02. 因为我觉得‥无聊，
03. 然后…
04. X：对=
05. 我一个师姐就说‥她不喜欢跑步，
06. 她‥觉得没意思，
07. W：哦=
08. X：它一直在重复嘛…
09. 绕圈儿。
10. W：对=
11. （（咂嘴））
12. 就感觉我跑着跑着好绝望的那种感觉，

13. → 　　我不知道‥
14. 　　　　好严重。
15. 　　X：你可以‥趁那个时间安静下来。
16. 　　W：嗯嗯＝

5.3　立场实现机制

5.3.1　"你知道"与信息关联

Sperber 和 Wilson 在 1986 年出版的 *Relevance: Communication and Cognition*（《关联性：交际与认知》）正式提出关联理论（relevance theory），笔者将交际概括成一个涉及信息意图和交际意图的明示—推理过程（ostensive-inferential process）。从说话者的角度来看，就是将交际意图明白地展示出来，这是一种明示过程；从听话者的角度来看，需要根据说话者的明示行为，结合语境假设，求得语境效果，获知说话者的交际意图，这是一种推理过程。关联理论将语境看成是互动过程中为了正确理解话语而存在于人们大脑中的一系列假设，目的是获得句子语义和语境之间的最佳关联效果。在日常自然口语谈话中，说话者开启一个话题通常是随意的，而不是精心设计好的，我们在来自室友、同学、朋友之间的自由聊天的语料中发现，"你知道"基本上用于开启新的谈话话题，具体指说话者首先提供相关的背景信息，再根据听话者的反馈展开讨论，在话题结束前介绍出关键信息。因此，"你知道"起到了信息关联（information relevance）的作用：将说话者要讲述故事的交际意图提供给听话者，听话者接收自己作为信息求取方的语境假设，这样就为立场表达这一行为提供了最具关联性的语言形式和话语内容。

5.3.1.1　序列首位置

（84）#用泡脚桶泡脚#

01. →X：你知道特别‥夸张的是我那天，
02. 　　　就是我们从自习室回来和 YY，
03. 　　　然后看到下面‥那两个掂了抬了一个那样的桶，
04. 　　W：嗯。
05. 　　X：［就相当于大的垃圾桶］那样的，

第 5 章　知识类认证义动词"知道"及其典型结构的立场表达　　115

06.　Q：［哦＝哦＝］
07.　X：就相当于…这＝么大，
08.　　　然后里面＝她们接了热水，
09.　　　还放了一个药包，
10.　　　然后＝YY就没‥没有‥没忍住，
11.　　　她就问你们干吗？…
12.　　　她们两个抬＝着…
13.　Q：哦＝
14.　X：进了电梯，
15.　　　她说，
16.　　　泡脚…
17.　　　我们俩‥我们还有‥KY我们都惊呆了，
18.　　　这样泡脚吗？
19.　W：<@@>
20.　X：她说，
21.　　　爽＝
22.　W：<@@>
23.　　　是＝

例（84）中，X 向 W、Q 二人讲述自己和同学们在电梯中遇到两个女生提着一桶泡脚水的经历。X 在正式讲述之前，在第 1 行输出"你知道＋句子"的结构，首先为听者提供了"特别夸张"这一主观评价，接着尽可能地还原当时的情境，在讲述中用"抬了一个那样的桶"（第 3 行）让听话者锁定谈话的目标对象，再用"相当于大的垃圾桶"让听话者对"那样的桶"（第 5 行）有一个外形上的直观认识，再描述"里面接了热水""放了一个药包"（第 8—9 行）让听话者对"那样的桶"的用途进行感知，最后通过还原当时的对话（第 10—12 行、第 14—16 行）使"两个女生提一桶泡脚水"这一核心事件向听话者 W、Q 浮现出来。整个谈话过程听话者 W、Q 的回应极少，只见于第 4 行、第 6 行、第 13 行、第 19 行、第 22—23 行，但都是肯定应答语，最终在"用水桶泡脚很爽"这一观点上达成了与说话者 X 相一致的立场。其中，"你知道"的信息关联功能具有重要作用：说话者 X 将"特别夸张"这一评价提供出来作为会话参与者的共有评价立场,这就默认了在条件有限的学校宿舍环境下"用水桶泡脚"具有反常理的特点,使听话者从一开始就站在说话者的角度来理解整个事件,更容易形成最终的一致立场。

5.3.1.2 序列中位置

(85) #鱼饼的做法#

01. H：诶你知道那个鱼饼是怎么做的吗?
02. G：鱼饼?
03. 　　就那一大块儿的那个?
04. H：嗯。
05. G：那个好像就是=晒干了压的。
06. H：哦=
07. G：嗯。
08. H：那它那些鱼骨头…都是…不用剔的吗?
09. 　　…
10. G：就可以吃就酥了,
11. →　你知道我们那边儿就有卖鱼骨头的,
12. 　　就专门儿卖鱼骨头吃的,
13. 　　而且还特别贵,
14. H：[哦=]
15. G：[可好吃]
16. 　　就特别酥。
17. …(1秒)
18. H：那不是炸的吗?
19. G：不是…
20. 　　它那个就是感觉像是烘干就是…((咂嘴))
21. 　　反正它不是炸的,
22. H：嗯。

例(85)中的"你知道"位于该段谈话的序列中间段位置,属于问答序列的回应话轮,而不是产生于故事讲述会话模式的发起位置。第1行H用疑问句发起一个新的话题"鱼饼的做法",想要从G那里求取相关信息。听话者G并未立即满足H的要求,而是对针对G的发问寻求确认，G 第 2—3 行的疑问表明"鱼饼"对她来说可及性并不高。H 在第 4 行的肯定应答语"嗯"表明她求取信息的坚定态度，因此 G 在第 5 行用"好像"引出后面的话语，既回答了 H 在第 1 行的疑问，又说明"晒干了压的"这种做法确信度较低。H 在第 8 行经过思考后对 G 提供的"鱼饼做法"产生了质疑，出现了新的疑问焦点"鱼骨头怎么处理"，第 10 行 G 从"可以吃"这一结果向 H 证明"鱼骨头不用剔"，第 11—13 行"你知道"引出"自己家乡有卖鱼骨头"的事实，填补 H 关于"鱼骨头可以单独卖，并且非常贵"的知识空白，将其作为双方共同的背景知识，H 在 14 行输出语音延长的"哦"表明她正在努力接收新的知识，并与 G 在第 15 行的补充信息发生了重叠。当 G 在第 16 行说完"特别酥"后有 1 秒的停顿，随后 H 又用反问句提出疑问，G 在第 19—21 行的回应语气更加确定，直接对 H 的质疑进行否定，在第 22 行话轮结束处实现了关于"鱼饼做法"的一致认知。"你知道"用于 G 向 H 提供"专门卖鱼骨头"这一事实作为最佳关联语境，从而引导 H 进行顺应语境的推导：鱼骨头既然可以单独拿出来卖而且很贵很好吃，那么在做鱼饼的时候就可以整体将鱼晒干，不剔除鱼骨头。

我们的语料显示，"你知道"都位于宾语之前，宾语有多种类型，包括指称短语、介词短语、主谓结构的小句、感叹句等，不同的宾语提供的关联性信息在信息量上有差别，而且在实际的话语产出过程中，说话者会及时对关联信息进行修复，以便从说话者所认为的最佳关联角度展开叙述。就宾语指涉的具体对象来说，有的是听话者已知的事物，可及性较高，要么近在眼前，要么是日常生活中容易接触到的，要么是可以通过说话者的描述联想出来的，例如"保温杯""图书馆""水桶"等；有的谈话对象对于听话者而言是完全不知道的事件，可及性很低，说话者需要以事件的某个角度或要素为切入点展开介绍，例如事件的主要人物及其特征、发生时间、发生条件、个人评价、背景预设等，这主要取决于说话者对事件的认知方式及其对听话者的接受度的预判。

5.3.2 "我不知道"与否定范围

否定范围（Negative scope）是指在一个带有否定语素的话语中被否定的内容。（Ono 和 Thompson，2017）"我不知道""不知道"都属于否定话语,其中的否定语素是"不",否定的对象一般指说话者自己,否定的方式表现为对说话者知识的否定,并且间接传达质疑或不确定态度,可称为立场表达过程中的模糊限制语(hedges、Hyland,2005a:178)。此外,通过下一话轮证明程序可以发现听话者是如何理解这种"自我否定"式表达的,当说话者表达"不确定""质疑"时,听话者有两种不同的反应,一是听话者在认识地位上具有优先性,会继续针对疑问点和认识盲区表明自己的观点,从而引导说话者继续加入立场表达的阵营当中;二是听话者关于当前所谈论的对象并不比说话者具有更高的认识地位,因此需要调动相关的知识背景,从新的角度继续展开立场表达。例如:

(86) #关于离婚的看法#

01. X: 那天我还听说了,
02. 　　就是…你=离婚也是不行的,
03. 　　你娶了已经离婚的=…
04. W: 嗯=
05. X: 也‥也是[有错的]
06. W: 　　　　[但是也有什么…条条件下]
07. 　　对吧?
08. 　　也有例外…(1秒)
09. →X: 那我不知道了。
10. W: 那比如说如果你另一方是因为=‥去世再娶,
11. 　　我觉得是可以。
12. X: 哦=
13. W: 他如果是因为做了不好的事或者是你就是过不下就想离,
14. 　　这个好像就是。
15. X: 嗯。

例(86)中,X 开启新的话题和话轮,告诉 W 自己听说的一种关于"离婚"的新观点,即离婚、娶离婚的人在道德上是受指责的。第 4 行 W 输出语音延长的"嗯"表明自己在接收信息和思考中,思考结束之后马上表达观点,于是就在第 6 行产生了与第 5 行 X 话语内容的重叠,重叠在语音上的干扰又引发了 W 话轮内部的停顿、重复。W 对 X 的观点进行质疑，认为"离婚的性质"并没有那么绝对，对此 X 在第 9 行给出的回应"那我不知道了"表明自己对 W 的观点持不确定的态度，其实对他人观点的"不确定"也是一种质疑，只不过程度较轻。说话者有关"离婚"的已有观点受到了挑战，于是在反预期的话语情境下选择暂时将自己抽离出立场表达的中心地带，以此来重新反思话题、等候听话者接续下一话轮。W 在第 10—11 行举出"配偶一方去世"这种特例来支撑自己的观点，同时也是帮助 X 重新思考"离婚"，第 12 行 X 输出语音延长的"哦"表示接受了 W 的论证。而在第 13 行 W 又在一定条件下肯定了 X 之前的观点，最终以 X 的肯定应答（第 15 行）结束了该话题的讨论。在整个言谈过程中，W 认为自己就"离婚"这一社会现象比 X 拥有更全面的知识，因此从一开始 X 开启这个话题时 W 就在找机会质疑 X 的观点，事实上 X 对离婚方面的知识的确是有所欠缺的。在第 9 行作出立场回避之后为 W 提供了论证的机会，整个立场表达过程中，X 的最初立场在会话协作中被否定。

(87) #可以出国的原因#

01. B：他去完冬奥可能＝会…出国交换…
02. W：他已经确定好啦？
03. B：好像是。
04. W：可以出去吗？
05. 　　哪国美国？
06. B：额＝北欧那边，
07. W：哦＝
08. B：可能是赫尔辛基？
09. W：赫尔辛基，
10. 　　好吧。
11. B：可能？
12. 　　嗯…（1 秒）
13. 　　那我们就很羡慕。
14. W：他是四年毕业对吧？
15. →B：我不知道他－－
16. W：那应该是申请上了留基委那个。

17. B：就是…团建的时候跟我们说的。
18. W：嗯＝

例（87）中，W、B在谈论二人共同的朋友"他"的出国计划。第4—5行W作为信息接收者对"他要出国"产生了质疑，因为谈话背景正处于世界范围内疫情比较严重的时期。第6—10行B解答了W的疑惑，第10行的"好吧"表达"勉强"语气，说明W虽然知道了"疫情防控期间能去北欧留学"这样的事实，但依然不愿意轻易放弃自己的立场，即"疫情防控期间不适合出国留学"。第11行B看出了W这种立场上的坚持，基于会话合作的礼貌原则输出"可能"一词来降低自己在第1行所传输信息的确信度，第12—13行则从前边话轮的客观告知行为转为个人情感的表达。从第14行开始，W接受了"他要去赫尔辛基留学"的事实，并且站在"他"的角度思考"留学"这件事，就"他的博士读几年"向B寻求确认，但是B关于这个问题也处于［K－］认识地位，甚至相对于同样是博士生的W来说，B作为社会工作人士对于这个问题的可及性更低，于是在第15行选择使用"我不知道"承认自己的认识劣势地位，实则否定了自己在谈话之初呈现的认识优先地位。W在第16行打断了B的话轮，从"出国留学的途径"这一新的角度来为"他"的出国提供政策上依据，在W完整表达该观点之后，B在第17行告知W第1行所述信息的来源是当事人亲口说的，虽然对话发生之时离"团建"已有一段时间，该信息仍然具有高确信度。最终谈话双方通过相互证明达成了关于"他出国留学"的一致立场。

5.3.3 "不知道"与立场偏离

Elise（2012）针对立场中的偏离（digression）做出针对性的研究，发现说话者在扩展的（多单元的）话轮中产生的立场偏离或插入，并不是为了得到接收者的回应而设计的，但是听话者可以识别出来，这种扩展的话轮在谈话中处于从属地位。*I Guess* 尤其可以表明与话语主线的偏离，并投射出一种基于在线"认识"或基于叙述者迄今为止的叙述的"进入意识"的立场。立场插入语通常都很简短，只有一个TCU，没有提供大量的需要接收者理解的新信息，但接收者仍需要将其作为行为的结果进行识别：在完成多单元的话轮或更长的故事或叙述时提供"正确的"

回答，表达适当的赞赏和接受，提供同意的评价等。从这个意义上说，即使参与者在这些点上没有公开参与联合站位，仅仅插入一个站位的社会影响也是相当可观的。我们的口语谈话语料中，无主语的否定表达式"不知道"相较于有主语的"我不知道"在语义上没有本质区别，都表达的是说话者的不确信、不坚定态度，但"不知道"后往往引出说话者对当前所述事物的另一侧面的认识、评价，后面不带宾语时更多起到占据话轮的作用，说话者游离于立场表达之外，两种情况都属于立场插入语的用法。例如：

（88）#水房停水#
01.　D：［那现在水来了吗？］
02.　X：［你刚去一＝楼接？］
03.　W：没来。
04.　D：那现在响的是什么呀？
05.　…（1秒）
06.→W：不知道啊，
07.　　　没水，
08.　　　好像没水，
09.　　　哦＝她们是水房那个水，
10.　　　热水箱里还有水。
11.　D：妈呀，
12.　　　大晚上的还停水是什么样的。

例（88）的聊天背景是谈话者所在的宿舍楼层停水了，影响到她们晚上睡觉前的洗漱。W刚从　层接水上来进入宿舍。X、D二人在第1、2行的问句反映出各自不同的关注点，D关注的是所在楼层是否来水，X关注的是W从哪里打到了水，此后的对话都发生在W和D之间。D在第一行的询问表明D的立场是"非常期待现在就来水"，W在第3行告知D"没来"，D听到宿舍外边类似流水的声音便再次追问，中间一秒钟的停顿表明W在确认D所说的"响的声音"是什么，第6行的回答证明W确认失败，并在第7行再次强调"现在没来水"的事实，第8行输出的"好像"是因为W也听到了同样的声响，对"没来水"产生了怀疑，促使W继续寻找声响的来源，第9—10行的"水房热水箱流水的声音"解答了这个疑问。第 11—12 行 D 表达了希望落空后的无奈、气愤。整个谈话过程中，W 能够捕捉到 D 的"期待现在来水"的立场，W 作为同样受到"停水"影响的人，在情理上也应该期待"现在就来水"，但 W 在别的楼层打水之后已经解决了当下的"洗漱困境"，因此并不具备与 D 同样的立场，在这种涉及言谈双方共同利益的背景之下，W 不便表达相异立场，即没有用直接否定期待的方式（基于此 W 可能在第 6 行输出"不是来水的声音"这样的句子）回答 D，而是输出"不知道"来表明自身立场的偏离，偏离之后转为对现状的描述，整个谈话过程并没有对"来水"这一事件展现出"期待"或"不期待"态度。

（89）#网购紫薯#

01.　Q：哦！
02.　　　我在网上买了紫薯，
03. →　<u>不知道好不好吃，</u>
04.　　　随便买的。
05. …（1 秒）
06.　X：嗯 =
07.　Q：我来看一眼。
08. …（9 秒）
09.　W：希望它好吃，
10.　　　不辜负我们的…（1 秒）
11.　X：期待。
12.　W：对。
13.　Q：<@@>

例（89）的谈话背景是三位室友讨论需要一起网购食物来为封校做准备。第 1 行 Q 用语气词"哦"开启话轮，一方面表达自己的高兴心情，另一方面是为了引起听话者的注意。第 2 行 Q 告知 W、X"已经网购了紫薯"这一事实，希望听话者也对这件事满怀期待，但并没有给听话者接续话轮的机会，而是在第 3 行自我挑选了一下话轮的话语权，"不知道"引导的选择问句宾语转移了说话者的"期待"立场，转而表达对"紫薯味道"的担心，第 4 行对这种担心的原因进行说明。第 5 行的 1 秒停顿是 Q 结束话轮后将话语权让渡给听话者的时间空档，X 接续了 Q 的话轮，在第6行输出语音延长的"嗯"既是对Q"网购紫薯"的赞同，又是对"担心紫薯味道"的思考，第7行是Q想再次确认手机上已经下单的"紫薯"，第8行的9秒长停顿是由于W、X选择暂停谈话，共同等候Q的确认行为完成。在Q的确认行为完成以后，在第9行W直接表达了与Q先前的一致立场，并在第10—12行与X共同完成了"期待"立场话轮的构建，第13行以Q的笑声结束了谈话，三人最终达成了关于"网购紫薯"的一致立场。在整段谈话中，第3—4行的话轮内容不属于核心信息，"不知道"句是对既定事实的补充，这种插入的信息是说话者不确定的，表面上看并不利于Q的立场表达，但正是这种立场的偏离给了听话者从说话者立场来认识所谈论事物的机会，是一种邀请听话者进行反馈的信号，更容易促成言谈互动顺利达成某种结果。

5.4 本章小结

本章基于对真实的自然口语谈话语料的统计数据，提取出知识类认证义动词的几个典型结构"不知道""我不知道""你知道""你知道吗"。研究发现，它们在序列环境及立场表达功能上形成了各自的偏好与特点，"不知道""我不知道"话轮内部位置分布规律一致，都偏爱话轮首、话轮中位置以及独立充当话轮，"你知道"偏爱话轮首位置，"你知道吗"偏爱话轮尾位置。"不知道""我不知道"具有立场回避功能，分别通过在序列中的立场偏离和否定范围来实现；"你知道"具有认识定位功能，在序列中通过信息关联建立最佳理解语境得以实现；"你知道吗"具有情感共鸣功能，在序列中通过主要讲述者的消极评价态度得以实现。以上研究对象和研究内容在言谈互动过程中呈现出否定形式和肯定形式的对立，其动因是言谈互动中的立场表达需求。

第6章

评价/体验类认证义动词"觉得"及其典型结构的立场表达

"觉得"在现代汉语中有多种名称,其中感知动词(徐晶凝,2012)、心理动词(刘丽静,2013;杨丽娜,2005)和认证义动词(方梅,2005)是认可度较高的三种定位。"觉得"具有两种基本用法。《现代汉语词典》(第7版,第713页)释义:"觉得"(1)产生某种感觉:游兴很浓,一点儿也不觉得疲倦;(2)认为(语气较不肯定):我觉得应该跟他商量一下。《现代汉语八百词》(2016年增订本,第324页)释义:"觉得"动词,(1)有某种感觉。必带动词、形容词、小句作宾语:觉得热;觉得难受;我觉得实在走不动了;病人觉得两腿发麻;他这样客气,我觉得很不好意思;可带个别名词作宾语,前面要有数量词:觉得一阵头晕(恶心)。(2)有某种意见。近于"认为",但语气较轻。必带动词短语或小句作宾语。我觉得应该去一趟;大家都觉得这个计划很全面;我想再找他商量一次,你觉得怎么样?唐筠雯(2018)对比了作为句子成分的"我觉得$_1$"和作为话语标记的"我觉得$_2$",发现"我觉得$_1$"可用"我感觉/我感到"替换、位置固定、充当名词的限定成分、管辖对象通常是形容词短语和小句,"我觉得$_2$"可删除、可以有语音停顿、位置灵活、管辖对象通常是小句、复句和语段。孟建安(1997)认为,是否可以充当名词的限定成分并不能作为划分"我觉得$_1$""我觉得$_2$"的标准,而是与"觉得句"的语义结构有关,即"觉得"修饰的名词是感受对象N_2。因此,应该结合具体的使用语境来考察"觉得"的两种义项及用法。

6.1 古今"觉得"语义对比

6.1.1 "觉得"语义的历时考察

我们将表示"某种感觉/感受"的"觉得"记为"觉得$_1$",属于体验类认证义动词;将表示"认为/有某种意见"的"觉得"记为"觉得$_2$",属于评价类认证义动词。为了全面了解"觉得"两种表义的使用情况,有必要考察其历时发展进程,笔者在 BCC 语料库古代汉语栏目中搜索、筛选出 500 条"觉得"句用例,对其主语、宾语和共现成分进行分布统计,结果见表 19。BCC 语料显示,"觉得"的两种用法在明末清初都已经出现,"觉得$_1$"是主要用法。本节通过考察古代汉语中的"觉得"用法分布情况来探究"觉得$_2$"的来源,从历时发展角度探究"觉得"表认证义及其意义内部差异的原因。

表 19　　　　古代汉语中"觉得"主语类型统计

类型	第一人称	第二人称	第三人称	零主语	总计
数量(例)	20	3	94	383	500
占比(%)	4	0.6	18.8	76.6	100

表 19 统计结果显示,在古代汉语中,"觉得"前不加主语是其小句的偏爱形式,其中又可分为典型零主语和非典型零主语,前者是指作者站在全知视角引出后续内容,而不具体指文中某一人物的身体、思想活动,例如:

(90)《朱子语类》云:熟读六十四卦,则觉得《系辞》之语,甚为精密,是《易》之括例。(《御纂周易折中》)

(91) 起初是声浪模糊,不甚清楚,及凝神细听,觉得一声声象着人语,约略可辨。第一声是大楚兴,第二声是陈胜王。(《蔡东藩前汉演义》)

非典型零主语是指"觉得"所在句子没有主语,与其前边句子共享一个主语,读者可以通过回溯前文找到"觉得"的主语(或施事),这些

主语大多为第三人称。例如:

(92) 衣云又默然半晌,当晚便在绮云寓中便饭。饭后又磋商了一黄昏,觉得一无善策。衣云叹息一回,踱转家里。(《人海潮》)

(93) 客人听这说话,十分有理,觉得一时心平,也不恼躁了。(《生绡剪》)

语料中"觉得"所在句子主语为第三人称包括人名、称谓、单/复数人称代词,例如:

(94) 说着,在床底拖出一只广东皮箱来,摸出一串钥匙,找一个开了箱盖,打下电灯,吩咐银珠照着。银珠觉得一股樟脑气,直钻鼻孔。(《人海潮》)

(95) 远远听得山泉潺潺的响,皇太极嘴里觉得万分枯渴,又想这匹马也乏了,须得给它吃一口水,养息养息精神,再想法觅路回去。(《清宫十三朝演义》)

(96) 他在轿中觉得不像每常往哥哥家去的路,问那轿夫,他都是说同了的,也不答应,只是抬着走。(《姑妄言》)

(97) 《玉历》一万本以景封十分高兴,就醒了过来,将观音大士所说的话告诉家人。家人都觉得不可思议,于是向虚空立愿。(《玉历宝钞》)

主语为第一、二、三人称代词时,后边可以搭配反身代词形成同位结构做"觉得"的主语。例如:

(98) 只依先生立志二字点化人,若其人果能辨得此志来,决意要知此学,已是大段明白了,朱、陆虽不辨,彼自能觉得。又尝见朋友中见有人议先生之言者,辄为动气。(《王阳明集》)

(99) 想着先年我小女在家里,长到三十多岁,多少有钱的富户要和我结亲,我自己觉得女儿像有些福气的,毕竟要嫁与个老爷。今日果然不错!(《儒林外史》)

(100) 鼻涕一把抓,好说没有人样,他自己也觉得不成人样。《人海潮》

"觉得"的主语为第一人称时,20例均为单数"我",而并未出现复数"我们","我"和"觉得"之间关系并不十分紧密,中间可插入其他成分,如例(101);"我觉得"只出现了3例,如例(102)。

(101) <u>我</u>当时也<u>觉得</u>不大吉利,但一时又想不出好名字来,便没说什么。(《留东外史》)

(102) 现下<u>我觉得</u>"黄耳"病名,似始于张石顽,症状则早见于巢元方,其间递嬗变易,有同有异,与俞氏所述,更有不同之处。(《重订通俗伤寒论》)

单从句子结构来看,古代汉语中"觉得"的主语类型以零形式和第三人称为主。从施事者来看,第三人称主语与"觉得"搭配是常见情况,这是因为我们的语料大都取自明末清初的文学作品,作者经常以全知视角的"第三人称+觉得"的表达方式来展开叙述。而第二人称与"觉得"的搭配情况极少,"你觉得"仅有1例,在作品中以问句的形式出现,整个语句具有对话性质。例如:

(103) 韵兰道:"今日诗社,我所以起了早来看你,<u>您觉得</u>怎样?"(《海上尘天影》)

笔者结合补事的语义指向①以及受事的性质,对"觉得"的两种基本义进行下位意义的划分后,统计出其使用频率,发现"觉得"在明末清初已经形成表"感觉""意见"两种语义,这是由"觉得"的施事、受事、补事共同决定的。详见表20:

表20　　古代汉语中"觉得"语义类型分布情况统计

类型	感觉		意见		总计
	生理	心理	肯定	否定	
数量(例)	188	166	41	105	500
	354		146		
百分比(%)	70.8		29.2		100

---

① 孟建安(1997)将"觉得"句分为 N_1+V+N_2+VP 和 N_2+N_1+V+VP 两种语义结构,其中 N_1 代表施事,V 代表动词"觉得", N_2 代表感受对象,VP 代表补事, N_2 位置相对灵活,而 VP 的语义指向也具有多样性,可以指向体词性成分、谓词性成分、大主语、小主语、施事、受事。本书基本赞同这种语义结构划分模式。

根据表 20 统计结果和语料分析可知，在古代汉语中"觉得"主要义项是表示"某种感觉"，按照"感觉"的感知方式将其分为生理感觉和心理感觉。生理感觉是指人物通过视觉、听觉、嗅觉、触觉以及整体感知等方式从环境中获得的生理体验，VP 多为描写状态的词、短语或句子，如上述例（91）、例（94）、例（95）；心理感觉是指人物由于客观环境的刺激而生发出各种各样的情绪，或者察觉、领悟到事件的变化后产生的内心波动，具体包括肉麻、紧张、难受、难堪、气恼、诧异、不自在、不好意思、不舒服、烦闷、无趣、眷恋、怨恨、疑惑、着急、快乐等表心理状态的词，如上述例（92）、例（93）。"觉得"表达意见是指人物对事情发展动态、某种常理、某个事物持有的认识，根据话语意图将其分为肯定意义和否定意义，肯定意义体现为对观点的强调或解释、对事态发展的正向说明、对指涉对象的积极评价，如上述例（90）、例（97）、例（99）；否定意义体现为对观点或事物的直接反对、对指涉对象的消极评价，如上述例（100）、例（101）。

"觉得"表达生理感觉的用法较容易从其句法环境中获得，最典型的表达式为"觉得 + 形容词/形容词性短语"或者"觉得 + 描述性小句"，且补事多指向施事或与施事是领属关系的受事（N_2），例如：

（104）到上房坐下，舒姨娘道："小姐逛了两天，怕乏了？"黛玉道："逛得高兴，觉得不乏。这园子好得很，亏琼兄弟布置的。"（《续红楼梦未竟稿二十回》）

（105）窗外忽然一阵冷风吹着身上，打一个寒噤，毛骨眼觉得一根一根竖起来。桌上的洋灯来被这阵风也吹得要明不灭。（《后官场现形记》）

"觉得"表心理感觉的形式与表达"生理感觉"类似，但其后的词语性质更明确，小句的语义内容更完整，因此也较容易通过句法环境判定其意义和用法。例如：

（106）杨魁望了一会儿，觉得不大耐烦，蹲身又上了屋。（《续济公传》）

（107）在没见五爷面的时候，心里打点了好多话，想在见面的时候，说出来请求指教；及至五爷来了，陡然间觉得一肚皮的话，不好从哪里说起。（《侠义英雄传》）

当"觉得"表达意见时,无论是肯定的还是否定的,补事的语义指向都不是施事,而是受事 N_2,此时单靠句法环境不足以推断出"觉得"的用法,通常需要结合上下文语境找出 N_2 并与补事进行语义搭配后方可明确"觉得"及其句子意思。例如:

(108)谁知所经过的饭店,我都觉得不好。(《张文祥刺马案》)

"不好"在古代汉语中既可以指身体不舒服,也可以指人物的主观评价,例(108)中后半句因为 N_2 的缺失以及补事"不好"的双重含义产生了歧义,而前半句是分化歧义的关键,"不好"是主语"我"对感受对象"饭店"的消极评价,因而排除"生理感受"义。

综上,古代汉语中的"觉得"可表示生理、心理产生的真实感觉,这种感觉往往是已然的;也可用于表达人物的观点和意见,且以否定义为主。从人类认知方式上看,"觉得"的两种语义具有内在联系:人作为社会实体与社会环境相互作用,对社会的感知通过身体与外界的接触来获得最直接的体验,由此形成了各种范畴的生理感觉并不同程度地投射(project)到心理空间,产生适应于语境的各种心理活动;而意见往往是整合(integrate)了生理、心理感觉后获得的更高层次的认识,从"生理感觉"到"心理感觉"再到"意见"是一个主观化的过程,三种语义之间的关系可用下面图 1 表示:

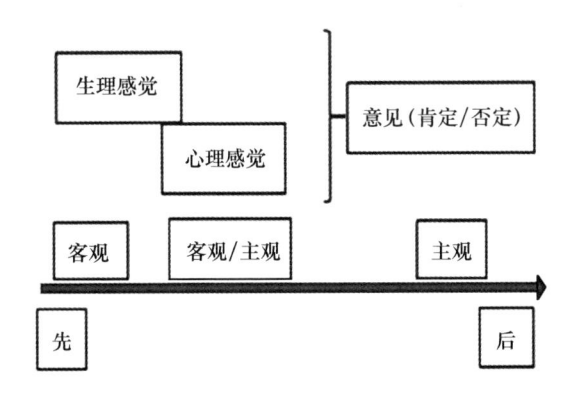

图 1 "觉得"语义类型关系

6.1.2 "觉得"在现代汉语会话中的语义考察

现代汉语口语中,"觉得"的表义类型较之古代汉语发生了显著改变,在我们录制、转写的 10 万字的日常口语谈话语料中,"觉得"共出现 342 次,其语义和用法分类情况如表 21 所示:

表 21   现代汉语自然口语会话中"觉得"语义类型分布情况统计

类型	感觉		观点		意义不明	总计
	生理	心理	评估	建议		
数量(例)	13	42	228	27	32	342
	55		255			
百分比(%)	16.08		74.56		9.36	100

"意见"表示"对事情的一定的看法或想法"以及"(对人、对事)认为不对因而不满意的想法"(《现代汉语词典》第 7 版,第 1556 页),"观点"表示"观察事物时所处的位置或采取的态度"(《现代汉语词典》第 7 版,第 478 页)。表 21 统计结果显示,约 75% 的"觉得"在现代汉语口语中表示主语对认识对象的评估和建议,主要用于引出言者话语的信息焦点,具有明显的言者主观印记(Lyons,1977:739),因此"观点"更能概括"觉得"的话语意义。

评估性话语内容多为描述性话语,是言者根据事实或常理对当前以及未来的情况作出的分析,是一种经过推理和判断的、具有信据力(argumentative strength)(Verhagen,2008)的话语,也包括言者基于个人喜好和情感所产出的评价性话语。例如:

(109) #对出国的看法#
01. →D:其实我觉得凡事有利也有弊吧,
02.   就没有出去的话也可能会想着就是说…
03.   在国内的话 <@是不是…更好地做一下梦呢@ >
04. …
05.   <@@ >

06. W：做一下…出国梦，
07.   那以后有机会的话肯定要出去的，
08.   对吧？
09. D：对＝
10.   就是你就是工作以后－－
11. W：还期待着呢。
12. D：嗯…（3秒）
13.   出去的人很多。
14. W：嗯。

(110) #工作环境#
01. B：<@@>
02.   SL已经被封闭起来了。
03. W：为啥呀？
04. B：好像他去冬奥基地了。
05. W：啊？
06. B：就整个就出不来了。
07. W：喔＝他好爽呀，
08. → 我觉得［他的工作环境］好爽啊！
09. B：   ［但他在里…（1秒）］
10.   哦，
11.   对。
12. W：就你看各种运动项目，
13. B：对对对。
14. W：运动员啊，
15.   冬奥会，
16.   哇＝

例（109）中，D和W二人在交流各自对"出国留学"的看法，第1—3行D用"觉得"句引出自己对"不出国"的看法，认为"不出国"可以一直对出国抱有期待，这是D根据自身出国经验和对身边人的看法总结而来的，并且用"凡事有利也有弊"这一常理加强了"觉得"句的信据力。例（110）中，W和B二人谈论SL目前的近况，冬奥会基地对两人来说都是陌生的环境,第 8 行"觉得"引出的"工作环境好爽啊"是 W 基于个人想象和新奇感而产生的主观评价,表达对 SL 工作环境的羡慕之情。

建议性话语是言者针对听者话语内容提出的具体的、可供参考的观点,建议的具体内容可以指向他人,也可以指向自己。例如:

(111) #怎么算吃饭的钱#

01. X:额=等一下啊,
02. 我再看一下,
03. 是吗?
04. 应该是一人九十三,
05. 然后…额=…(2 秒)
06. 可是我为啥给你四十给她五十呢?
07. F:((清嗓子))
08. 因为我掏了一百三呀。
09. X:哦=哦=
10. …(4 秒)
11. 哦=一百三减九十,
12. 是吗?
13. [是这个吗?]
14. →W:[所以说] 我<u>觉得</u>…你别这样算,
15. 你先别管我,
16. 你先把中午的钱‥一个人多少钱,
17. 然后――
18. X:一百三除以三,
19. 对吗?
20. [是这个意思吗?]
21. W:[嗯=嗯=]
22. F:啊那这样算肯定=加起来还是九十
23. 一百三除以三。

(112) #吃得太多#

01. W:啊,

02.　　　完了，
03.　　　今天吃太多明天又得‥跳。
04.　F：还行吧。
05.　W：我怕［我脸肿］。
06.　F：　　　［看我整天吃］
07.　X：啊它这一份儿好大。
08.‥（12秒）
09.→F：我<u>觉得</u>我得注意了。
10.　X：嗯＝
11.　W：啥？
12.　F：人家吃了一点儿就怕脸肿，
13.　　　你看我这脸已经肿成这样了我还在那儿‥肆无忌惮地吃。
14.　W：<＠＠>

例（111）中，W、F、X三人在谈论如何平分饭钱，第1—13行的对话显示，X和F对于算钱方法有争议，在第14行W向X提出"不要这样算"的建议，从而否定了X的处理方法。例（112）中，第1—4行的对话显示，W和F关于"今天吃得多"有不同看法，第5行W表达了对"吃太多"会造成"脸肿"的担忧，第6行F用事实对比证明W吃得不多；第8行12秒的沉默时间过后，F经过反思后在第9行提出了自我建议，即应该进一步控制食量，并在第12—13行作出了解释。

另外，在语料中约有10%的"觉得"没有明确的语义类型，用于言者因暂时无法输出理想的话语而抢先占据话轮，以此为后续话语输出争取时间，话轮中这一类的"觉得"具有对话进程中时间、空间上的优先性。例如：

（113）#储存物资#
01.　Q：哎呀，
02.　　　我<u>觉得</u>要囤了，
03.　　　要囤点东西。
04.　X：对，
05.→　　我<u>觉得</u>这＝‥
06.　　　我现在‥诶？

07.　　就仅剩下一点儿面包了,

08.　　<@没啥可吃的了@>

09.　Q：我也是,

10.　　我现在只有芝麻糊,

11.　　今天才买了‥买了两盒饼干。

12.　X：嗯＝

例（113）中,Q 和 X 在讨论"疫情封校"的影响,其中之一就是日常物资的匮乏。第 2 行 Q 用"觉得"句提出"需要囤食物"的建议,第 4 行 X 表示同意,第 5 行的"我觉得"后是语音延长的近指代词"这"和一个中停顿,表明 X 在输出完整的话轮时产生了障碍,随即在第 6—8 行重新调整话语内容,用"没啥可吃的了"这一客观情况来支持 Q 提出的建议,第 6 行 X 重新开启新的句子"我现在‥诶？"也证明了第 5 行的"觉得"句只是言者用于接续上一话轮"对"的一种话语策略,主要目的是为后续话语的输出争取时间。

6.2　现代汉语口语会话中"觉得"的序列环境

投射使下一个说话者能够预测当前话轮的可能完成点,从而预测开始自己话轮的正确时机。我们统计了"觉得"的话轮内位置和序列位置分布情况,以此考察其在对话中的投射性特点。如表 22 所示：

表22　　　　　　　　"觉得"的序列位置分布情况统计

位置类型	话轮内位置				序列位置	
	宾语前	插入成分	话轮尾部	独立话轮	发起话轮	回应话轮
数量（例）	162	160	15	5	269	73
占比（%）	47.37	46.78	4.39	1.46	78.65	21.35
	100				100	
总计（例）	342				342	

Walker（2012）指出，在早投射的语言中，话轮单元内的保持暂停（holding pause）是为了计划和延续谈话，投射了说话者将继续说话。乐耀（2016b）发现，汉语 TCU 在构建话轮中有延宕、停顿两种基本韵律类型，带有停顿韵律特征的 TCU 是汉语会话的最佳投射单位。关于汉语是早投射语言还是迟投射语言目前尚未有定论，但我们的语料显示，"觉得"后较容易发生停顿，其宾语可以在下一话轮或多个话轮后再出现，"觉得"作为主要谓语投射的是话轮的未完待续。

自然口语谈话是由会话参与者你一言我一语的话轮交替组成的，我们录制的自然语料有长有短，不能简单地以出现在话轮首发位置和回应位置来划分"觉得"的序列位置，因此本书的发起话轮指的是重新引入新的言谈对象的话轮，且上一话轮不需要听者作出回应。根据话轮转换规则，在当前说话者没有指定下一说话者时，话轮的承接可以是说话者也可以是听话者。

前边表 22 统计结果显示，"觉得"倾向出现于发起话轮，多为言者对自己先前所讲内容的接续，主要的谈话模式是故事讲述（story telling），如例（112）。而回应话轮指的是，听者针对上一话轮内容所作的回应，上一话轮一般有明确的邀请回应标记，典型的表达方式是疑问句，形成"问—答"毗邻对。如例（114）的第 10—12 行：

（114）#评奖学金的方式#

01. X：而且我们＝评奖学金还会有学生参与，
02. 　　就是＝给学生投票，
03. 　　你‥就是谁的＜XX＞‥就是除了老师之外有学生。
04. D：你们还有这个呀？
05. X：嗯…（1 秒）
06. 　　我们上次还投票选学生就是作为学生代表去参与…
07. 　　平时在一边，
08. 　　就是不能－－
09. D：嗯？诶诶？
10. 　　那是不是这样的话是不是有的学生真的不太一样啊？
11. …（1 秒）
12. →X：我觉得可能是，

13.　　　　反正…我就觉得我们那儿还真的挺…挺民主化的,
14.　　　　各种…（1秒）各种那个…

例（114）中，X 在向 D 解释她所在单位评定奖学金的流程，D 在第 9—10 行对"学生代表参与评定"表示疑问，并用"是不是"问句求取 X 对"有学生代表参与评定会影响结果"这一疑问点的确认。第 12 行的"觉得"句是 X 对 D 的肯定回应，在第 13 行 X 继续承接下一话轮，用"觉得"句发起对其所在单位评定奖学金的方式的评价性表达，用以支撑第 12 行的回应内容。

6.2.1　话轮内部位置特征

言者输出一个完整的句调算作一个话轮，可分为单一 TCU 话轮和多 TCU 话轮，而汉语的 TCU 可分为多种类型（Tao, 1996），"觉得"在句中做主要谓语，"觉得"后可带一个或多个小句，口语会话中话轮单位和句法单位并不是一一对应的关系，因此在互动语言学的研究范式下，在一个话轮中"觉得"的后续成分不超过一个句子，"觉得"在话轮中的位置根据其与后续宾语成分的关系来划分，如表 22 统计结果所示，有位于宾语前、句中插入成分和话轮末端三种位置，每一种位置都包括不同形式的"觉得"表达式，下面分别举例讨论。

6.2.1.1　宾语前

"觉得"在宾语前是典型位置，这符合汉语"主谓宾"语序习惯，但其具体表达形式多种多样，动词"觉得"前可加副词、连词、能愿动词、指示代词、时间短语、语气词、否定词、疑问副词、判断词、动态标记、动词等成分，这些成分有时会共同出现于同一话轮中，如"就觉得""会觉得""忽然间觉得""我倒是觉得""我以前老觉得""哦我觉得""我怎么觉得""我是觉得""我开始觉得""我在觉得"等。当"觉得"位于宾语之前时，宾语可以是长句（如例（115）），可以是小句（如例（116）），也可以是短语（如例（117）、例（118））。例如：

（115）#生活的变动#
01.→B：因为她会<u>觉得</u>…过了三十＝多岁可能就…不太适合再变动了嘛，
02.　　W：对[对对]。

03. B：［而且］有了孩子之后。
04. W：嗯。

(116) #什么时候请吃饭#
01. F：你就‥下次你就不想请了<@我跟你说@>，
02. 　　你不想请大的了。
03. X：下次‥下次行吗?
04. 　　要不然我拿脑子记着这个钱我有心理负担，
05.→　 我总<u>觉得</u>我欠着别人钱呢。

(117) #人的福气#
01. D：我总结了一下，
02.→　 我<u>觉得</u>…一个人哈，
03. 　　他有…几份儿福气，
04. 　　一份儿是…你父母给的，
05. W：嗯=
06. D：一份儿是…你将来婆家，
07. 　　一份儿是你的子女给你的福气，
08. W：嗯。

(118) #不追星的原因#
01. M：但是我我现在已经感到=‥都都都成熟了，
02. B：<@成熟了@>
03. Y：<@@>
04. W：我还幼稚着。
05. Y：不会被异性骗了吗?
06. M：不是，
07. 　　是=‥是那个啥，
08. Z：已经没有再追=idol的=
09. M：是因为凡间的事太多了，
10. Y：<@@>
11.→M：<u>觉得</u>很累，
12. B：<@仙子的事情‥顾不上了@>
13. M：真的，

14.　　　太烦了。
15.　W：嗯，
16.　　　是。

例（115）中，第 1 行的话轮结构可描述为"连词 + 主语 + 能愿动词 + 觉得 + 长句"，其中"觉得"的宾语是主语"她"关于"生活变动"的观点。例（116）中，第 5 行的话轮结构可描述为"主语 + 副词 + 觉得 + 小句"，"觉得"的从属小句语义指向说话者"我"的心理感觉。例（117）的话轮结构可描述为"主语 + 觉得 + 短语"，在该话轮中，"觉得"的宾语是名词短语"一个人"，实际上"觉得"的完整宾语是跨话轮的，从第 2 行开始，在第 7 行结束。例（118）中，第 11 行的话轮结构可描述为"觉得 + 短语"，语义指向说话者的生理感觉。

6.2.1.2　插入语

位于句中插入成分的"觉得"结构一般可以省略，省去后不影响其前后语句的意义表达，"觉得"后续句往往缺省主语，需要回溯到前面话轮加以印证，"觉得"结构主要起到充当话轮构建单位的作用，甚至有些"觉得"结构与前后话语在命题意义上没有任何关系。当多个从属小句出现时，作为插入成分的"觉得"具有话语衔接功能。例如：

（119）#一年花多少钱#

01.　X：然后去年一年花的比较少，
02.→　　　今年一年＝我觉得花的又多了，
03.　　　因为每周得出来＝［嗨一下］
04.　W：　　　　　　　　［那你们＝］一年的话能挣十几万吧…
05.　　　是吧？
06.　X：能＝挣。

（120）#提升学历的广告#

01.　X：我还记得＝…L 老师发过那个朋友圈儿你记得吗？
02.　　　就――
03.　W：哦＝
04.　　　就博士后那个，
05.　　　［提升学历］那个。
06.　X：［＜@提升学历@＞］

07.　　　＜@@＞

08.→　　＜@我觉得太搞笑了@＞…（2秒）

09.　W：对方＝怎么着＜@也没想到@＞

10.　X：嗯＝

（121）#练英语发音的方法#

01.　F：我说…我现在这英语学习…都是＝ji··都是录音，

02.　X：嗯＝

03.　F：机器电脑吧，

04.　W：对对。

05.　F：我说您··我说您<u>觉得</u>…这个··她真的去找一个人··人对话，

06.→　　您<u>觉得</u>这··对于这个现实的环境来说您<u>觉得</u>··您<u>觉得</u>现实吗？

例（119）第2行的"我觉得"可以放在话轮之首，即"我觉得今年一年花的又多了"，省去"我觉得"后的句子与原句句意并无差别。例（120）中，说话者X在第6行提早输出了"觉得"的宾语，第7行笑声过后在第8行对"博士后提升学历"作出评价"太搞笑了"，此处的"我觉得"属于插入成分。例（121）中F向X、W二人讲述自己和学生家长关于英语学习方法的争论，第5行F引述了当时与家长的谈话内容，家长认为学英语应该找真人一对一辅导，F认为这种方法可操作性不强，于是用反问的方式质疑家长的观点。其中第5行的"觉得"属于宾语前的第一个动词，第6行话轮开头部分重新使用"您觉得"接续上一话轮未完成的内容，整个话轮中的3个"您觉得"属于宾语从句中的插入成分，缓解了由于宾语过长而导致的说话者信息输出的压力。

6.2.1.3　话轮末端

位于话轮末端的"觉得"分两种情况：一种是"觉得"在话轮尾部出现，语调呈下降趋势，预示当前话轮的结束，如例（122）；另一种是说话者还没来得及输出"觉得"的宾语就被听话者打断，形成宾语空缺，如例（123）。

（122）#女生要有事业#

01.　W：可是你不觉得现在的女生＝就是一定要有自己的事业吗？

02.　D：嗯＝

03.　　　那当然呀！

04. →W：我妈也觉得，

05. 　　 所以我妈现在‥还在工作。

（123）#考研前的状态#

01. 　G：对‥她做每一件事情都很专注地去做。

02. 　W：是＝

03. 　Z：但她面对考研比你更痛苦。

04. →G：她只是心理上觉得＝‥

05. 　Z：对对，

06. 　　 心里面的。

07. 　W：但是‥她＝她真的是投入进去之后确实是‥

08. 　　 她跟我说她做了那个语法知识的框架。

09. 　G：嗯。

例（122）中，第 1 行 W 用反问句的形式提出"女生要有自己的事业"的观点，其中"觉得"位于从属宾语句之前。第 4 行"我妈也觉得"是 W 对第 2—3 行 D 所表达的一致观点的进一步回应，"觉得"在话轮尾部以降调的形式标识话轮的结束，第 5 行说话者继续用总结语承接了下一话轮，此类位置的"觉得"常见于应答话轮。例（123）中，第 4 行 G 认为"她"准备考研过程中的痛苦主要在心理压力上，在输出话语时由于表达受阻而在"觉得"后出现了语音延长与短停顿，给下一发话人提供了接续话轮的机会，而 Z 接收了这一投射，对 G 作出了及时的回应，再次强调"心里面的"压力。

6.2.1.4　独立话轮

语料中还有 5 例"觉得"单独构成一个话轮，且都是"我觉得"这一主谓结构，主要用于引导言者观点或回应上一话轮。例如：

（124）#工作人士的状态#

01. 　W：是啊‥

02. 　　 啊＝我就觉得工作的人他们都很稳‥

03. 　B：因为他们＝‥＜@就恢复工作了啊@＞

04. →　 我觉得‥（1 秒）

05. 　W：我觉得有一部分是因为家＝庭的原因，

06. 　　 我觉得很稳，

07.　　B：嗯。

（125）#父亲是否主动认错#

01.　　W：诶，
02.　　　　那你爸爸是＝‥就比较在家容易认C‥就会认错吗？
03.　　　　［就平时］
04.　　X：［我爸爸］…不＝
05.　　W：不会啊？
06.　　X：他轻易不，
07.→　　我觉得。

例（124）中，第2行W用"觉得"句表达了"工作人士的状态很稳定"的自我观点，第3行B为这个观点提供了原因，同时在第4行想继续表达自己的观点，但由于输出困难使得"我觉得"单独形成一个话轮，W在等待了1秒钟后接续B的话轮，继续分享自己所持观点的原因，第7行B用肯定应答语"嗯"结束了该话题。例（125）中，第4行X试图回应W在第2行提出的问题"爸爸在家是否会主动认错"，并且与W在第3行的补充信息发生了重叠，影响了"不"的顺利输出，第5行W请求确认，X在第6行给出了明确答复，并在第7行特意补充"我觉得"。试比较，如果在第6行X输出的是"我觉得他轻易不"，虽然与会话原句表达相同的命题意义，但作为独立话轮的"我觉得"不仅可以投射话轮的结束，还具有重要的话语功能，体现为立场表达及其实现机制，下文将对此作进一步探讨。

6.2.2　会话模式与序列语境

"我"与"觉得"结合后形成可独立使用的"我觉得"是"觉得"作为谓语动词进一步去范畴化的结果，方梅（2018）已经详细论证了这种去范畴化的句法环境条件，本书重点讨论对话语境条件对"觉得"去范畴化的影响。

B. Malinnows-ki（1923）将语境分为情景语境和文化语境。情景语境指说话时言语行为发生的实际环境，文化语境指在人与人的交际中，语言属于某个民族的社会文化背景。人们用言语进行互动时总带有一定的交际意图，并带有所在语言团体的交际习惯。"我觉得"是现代汉语口语谈话中的规约化表达形式，触发因素是会话语境中不断浮现的立场表达需求。立场是说话者根据自己的知识状态、个人信仰、身份、社会文化规范等因素，对各种物体、人、概念、想法等所采取的态度。（Iwasaki、Foong，2015）因此，人与人的言语互动在某种程度上说是一种立场交换行为，并通过不同的会话交际模式得以体现。笔者对自然口语谈话语料分析后发现，"觉得"在言谈进程中主要呈现出两类表达立场的会话模式——"铺排情节+总结要点""提出观点+解释论证"：在人们表达观点的过程中，要么先对事情展开详细描述，为接下来的话语焦点提供充足的证据；要么先亮明观点，进而在后续话轮中加以解释。两种会话模式分别对应了"演绎—归纳""归纳—演绎"两种话语逻辑方式，都是为了使输出的话语更有说服力。

6.2.2.1 铺排情节+总结要点

当说话者在讲述故事的时候，总是尽可能地还原事件情景中的诸多要素，包括事件的原因、事理的脉络、人物的体验、事物的特性，这些要素都使得结论更自然地出现在后续话轮中。一般情况下，说话者"铺排情节"结束后会马上作出总结，用"觉得"突出主要观点，然后听话者对此进行反馈，这种会话模式可以表述为"说话者叙述+说话者总结（觉得）+听话者反馈"。例如：

（126）#跑步者的强迫症#

01. X：所以…我们老师那次发到群里有一个=跑步者的强迫症，
02. Q：嗯=
03. X：我就看我中了几条儿，
04. ［如果是你··］规定的…
05. Q：［哦你说=］
06. X：嗯=今天想跑几米，
07. 结果只差…一米没到，
08. 那也不行，
09. 就必须得达到那个=…完成目标，
10. 再一个就是你跑步常用的装备，
11. → 你··少一样都<u>觉得</u><@跑不了@>
12. Q：嗯=

13.　X：阻止不了‥嗯＝就‥阻挡了。

例（126）中，X 在向 Q 介绍什么是"跑步者强迫症"，从第 6 行开始，X 分别从"跑步的长度需达标""跑步的常用设备需齐全"两个方面进行解释，第 11 行"少一样都觉得跑不了"在语义上是对第 10 行"跑步常用的设备"的承接，但在整个会话进程中，也是对第 6—10 行罗列事项的一个总结，即"跑步者强迫症"的主要特点是"不能缺少装备和目标"。听话者 Q 用语音延长的"嗯"作为反馈，表达对 X 观点的强烈认同感。X 在第 13 行的话并不是对 Q 的回应，而是对第 11 行"跑不了"的另一种表达，再次强调跑步者需要具备的条件，这仍属于观点的总结。

实际的口语谈话是由不同说话者你一言我一语组成的对话，在故事讲述中通常有一个主要讲述者，但听话者需要实时地作出回应。因此，"总结要点"不总是说话者的自我叙述任务，也可以是听话者根据事件场景中各要素推论出说话者的观点，其输出的话语既是对说话者话语内容的总结，又承接了前边话轮的转换，同时观照了说话者的叙述身份，进而引发说话者对总结语的反馈，这种会话模式可表述为"说话者叙述＋听话者总结（觉得）＋说话者反馈"，例如：

（127）#"她（小姨）"的家庭生活#
01.　D：然后她那个大儿子…（2 秒）
02.　　　就找保姆看的哈，
03.　W：哦＝
04.　D：小儿子…也结婚啦，
05.　　　然后小儿子是找了一个独生女…
06.　　　然后相当于是＝入赘到那个独生女家了，
07.　　　就直接跟着那个女生过去了，
08.　　　然后…人家也不用她做什么。
09.　…（3 秒）
10.　→W：觉得她也是…（1 秒）有＝（（咂嘴））
11.　　　反正是怎么说，
12.　　　凡事有利有弊吧。
13.　D：嗯，
14.　　　对呀，

15. 但是你想尤其是‥像我们这种…家庭子女比较多的这种,
16. 父母帮着这个看看孩子,
17. 帮着那个看看孩子。

例（127）中，第 1—8 行主要是 D 叙述"她（小姨）"的家庭生活现状。由于篇幅原因，此处省去了 D 介绍"她（小姨）"小时候被送去别人家寄养的背景。此处 D 先说明了"她（小姨）"大儿子的生活水平较高，孙子不用她亲自照顾，又说明了小儿子因为入赘也不用"她（小姨）"操持家事。第 9 行的 3 秒长停顿表明 D 叙述的结束和 W 对谈话内容的思考，第 10—11 行体现出 W 的推论过程，结论就是第 12 行的"凡事有利有弊"，即虽然"她（小姨）"离开了自己的原生家庭，但现在过得很幸福，第 10 行"觉得她也是"后面的 1 秒停顿和"有"的语音延长以及咂嘴的动作表明 W 未想出理想的推论，因此第 11 行用"反正是怎么说"提醒 D 这一言语输出的困难，暗示要进一步修正。在第 12 行 W 成功输出总结性的观点后，D 表示肯定和赞同，并用自己的家庭状况为这一结论提供事实支撑。

6.2.2.2 提出观点/感觉 + 解释论证

说话者在开启新的话轮时就明确提出自己关于当前话题的观点，后续话轮都是对核心观点的解释和补充，听话者一般在说话者讲述过程中穿插回应，也可以在讲述结束后予以回应。这种话语模式可以概括为"说话者提出观点/感觉（觉得）+ 听话者应答 + 说话者解释论证"。例如：

(128) #状态变好的原因#
01. →B：那我觉得我状态变好就是‥我 h 我[在家] 开始上班了。
02.　W：　　　　　　　　　　　　　　[工作]
03.　　　 哦 =
04.　B：对。
05.　W：是。
06.　B：有一个明确的…（2 秒）
07.　　　 对,
08.　　　 有一个明确的那个 = 上班的时间。
09.　W：嗯 =

10.   B：中间休息的时间，
11.   下班的时间，
12.   就是…
13.   W：人还得规律=哈。
14.   B：对就是人还是需要<@一个外界的力量帮助@>
15.   W：哦=
16.   是的=

例（128）中，B 向 W 介绍自己在疫情防控期间的个人状态变化，在第 1 行用"觉得"引出主要观点"状态变好是因为开始在家工作了"，B 在"就是"后产生了短停顿和"我"的重新输出，在该话语修复的附近发生了话语重叠，第 2 行 W 领会到了 B 想要表达的意思并帮助 W 完成了表达。第 3—5 行是会话双方用肯定应答语"哦""对""是"进行观点确认的协商式对话。从第 6 行开始，B 就"在家开始工作后状态变好"这一观点展开具体原因的解释，即有规律的作息时间（第 6、8、10、11 行）和工作压力的推动（第 14 行）。W 作为听话者在第 9 行、第 13 行、第 15—16 行都即时地予以回应，表明对说话者所陈述原因的理解和赞同。

以上对"觉得"会话模式的两种分类是围绕某一确定话题来进行语段切分的。在实际的谈话中，话题与话题之间往往具有关联性，一个话题可以引发与之相关的子话题或者新的话题，因此"觉得"在表达言者观点时"提出观点/感觉""总结要点"的衔接功能交替出现在谈话进程中。例如：

（129）#读书的体会#

01.→B：啊我<u>觉得</u>《婚姻的意义》…嗯…（2 秒）
02.   W：怎么？
03.   B：就是有一点=
04.   W：有点怎么？
05.   B：有一点=复杂。
06.   W：嗯=
07.   B：对。
08.→W：我越往后看就越=<u>觉得</u>他写得深刻。
09.   B：对，

10.　　　［对就需要慢慢读］
11.　W：［我有一种看…］论文的感觉，
12.　B：嗯。
13.　W：因为它那种注释＜@还要翻到后边去看@＞
14.　B：就是‥可以慢慢读。
15.　W：嗯＝…
16.　　　［我真的是每天读－－］
17.　B：［我忘记我当时读的感触是什么了］…
18.→　　但我觉得挺好的。
19.　W：是＝

　　例（129）中，W 和 B 二人在分享读《婚姻的意义》这本书的过程和体会。B 首先在第 1 行用"觉得"句开启对这本书的整体评价的话轮，直到第 5 行才输出"觉得"句的补语"有一点复杂"，B 的这一观点是在 W 的协助下逐渐浮现出来的，W 在第 2、4 行的"怎么？""有点怎么？"是为了配合 B 观点的延时出现而产生的追问，在第 6—7 行，二人对这一观点达成了一致认识。从第 8 行开始 W 转为主要讲述者，用"觉得作者写得深刻"这一真实体验表达对"这本书有点复杂"的支持，同时用"需要翻看注释"这一事实加以证明。第 9—16 行 B 和 W 分别从"慢慢读"的读书的方式（第 10 行）和"看论文的感觉"（第 11 行）"每天读"（第 16 行）为 W 的观点提供例证，在第 17—18 行，B 通过语义转折的方式突出"我觉得挺好"这一最终评价，这是对前边话语和观点的总结。该段对话中，前两个"我觉得"用于"提出观点"，后一个"我觉得"用于总结要点。

6.3　"我觉得"的立场表达功能

　　这里要重申 Biber 和 Finegan（1989：124）对立场的定义："对于信息命题内容的态度、感觉、判断或承诺的词汇或语法表达。"上文对"觉得"的语义分类及分析表明，"觉得"可以表示某种感觉、表达某种观点、展示某些态度情感、引出某种建议，这种元语言的意义与立场概念高度契合，也即，当说话者在对话中使用认证义动词"觉得"时，就自然而然地在进行立场表达,这些"觉得"句在使用过程中浮现出典型的立场表达式,其中,"我"做"觉得"主语的表达方式经常出现在"提出观点/感觉+解释论证"的会话模式中,特别是中间没有插入成分的"我觉得"作为一种话语标记[①]不仅可以标记言者的观点输出,还可以用来占据话轮,其高频率的出现已经成为现代汉语口语交际的重要互动要素,帮助说话者推进话语进程,提醒听话者快速进入谈话角色。下面结合"觉得"在会话语境中的主语分布特征来讨论"我觉得"这种规约化表达式的形成和在会话中浮现的立场表达功能。统计结果请见表23:

表23　　　　　　现代汉语口语"觉得"主语类型统计

类型	第一人称	第二人称		第三人称			零主语	总计
	我	你/您	你们	她/他	他们	社会称谓		342
数量(例)	225	22	2	19	4	12	58	
占比(%)	65.79	6.43	0.58	5.56	1.17	3.51	16.96	100
		7.01		10.24				

注:由于现代汉语口语语料的特殊性,"人称代词+反身代词+觉得"的主语取"人称代词"。

---

① 董秀芳(2007)根据 Schiffrin(1987)、Fraser(1996;1999)、Traugott 和 Dasher(2002)等研究,将话语标记定义为序列上划分言语单位的依附性成分,也称话语联系语(discourse connectives)。它标志说话人与话语单位之间的序列关系的观点,或者阐明话语单位与交际情境之间的连贯关系。话语标记也可以表明说话人所说的话的立场和态度,或者对听话人在话语情境中的角色的立场或态度。自然口语会话中的"我觉得"显然符合这一界定。

对比表 19 古代汉语"觉得"的主语类型分布特征，表 23 显示现代汉语口语中"觉得"的主语分布发生了很大变化，由偏好无主语形式到偏好单数第一人称代词"我"，但零主语形式占比明显高于第二、第三人称主语。"我"做主语时有两种情况：一种是"我"和"觉得"之间可以插入其他成分，主要有"我怎么觉得""我倒是觉得""我老觉得""我就觉得""我真的（是）觉得""我现在真的觉得""我也觉得""我也这么觉得""我还是觉得""我为什么觉得""我都觉得""我总觉得""我吃着觉得""我是觉得""我现在觉得""我以前老觉得""我之前就觉得""我越往后看越觉得""我在觉得""我真觉得""我开始觉得""我忽然间觉得""我少数觉得"；一种是"我觉得"作为一个整体出现在话轮中，其位置较前者自由，可出现在话轮首、话轮中、话轮尾，语料中共有 186 例。二者都可以用来表达言者立场，区别在于"我觉得"可以省去，且基本上不影响句意的完整性，而"我 + 其他成分 + 觉得"与后续语句的语义、句法联系较为紧密。

6.3.1 立场缓和与认识标新

"我觉得"是"觉得"在口语谈话中最常见的表达式，为全面讨论，我们分别考察"我觉得""我 + 其他成分 + 觉得"结构的立场表达功能。根据会话语境和言者交际意图，我们总结出"我觉得"（包括"我觉得 + 语气词"）"我 + 其他成分 + 觉得"的触发语境是"说话者想要针对某事提出自己的观点"，在言谈互动中具有"认识标新""立场缓和"功能，"认识标新"是从"认识"层面出发，是说话者对话语内容采取的立场，所述内容多为客观描述、事理演说；"立场缓和"是从"态度、情感"层面出发，体现说话者对听话者身份的观照，所述内容多为主观性的评价。在口语中"我觉得"的高频出现反映了立场风格对话语语体的重要塑造作用。请看下面的例子：

（130）#大男子主义的地域特征#
01.　　D：你们那边儿那些男的大男子主义吗？
02.→W：我觉得HN‥HN 我‥反正我们那片儿男生是，
03.　　　这是我之前就想＝为什么我‥我不要找 HN 男朋友的原因，
04.　　D：我也是，

05. 我之前就想着一定要走出家乡，
06. W：哦＝
07. 你们那边儿还好吧＝
08. 我怎么觉得西北还好…（1秒）
09. D：但是男的他不干家务呀…（3秒）
10. W：额＝

上述例（130）中，D首先用问句发起话轮，开启一个新话题——大男子主义。第1行D寻求的信息是"你们那边儿"即W家乡的情况，W对于该命题相对于D有绝对的知晓权，但第2行W的回答并未显示出对该命题绝对的确信，将地域范围从HN缩小到"我们那片儿"，使肯定回答更具客观性，"反正"具有强调突出的意味，并在第3行通过明确个人主观意愿的方式加强了该观点的可信度。W在第2—3行的回应属于经验式的追溯，该经验可能是基于W的亲身经历，也可能来自他人经历的听闻和感受，因此在命题意义上不具备客观性。第2行的"我觉得"后续句所述信息既是W对D疑问焦点的具体回答，也标明了该信息对于D来说是未知的新信息。而在第8行中，"我怎么觉得"句是W对第4—5行D评价自己家乡"大男子主义"的质疑，这种寻求确认的反问形式更加委婉。其后续内容"西北还好"这一信息是W的主观推测，D比W更具有发言权，于是在第9行用"男的不干家务"这一现象推翻了W的推测和质疑。其实，这两种情况的"觉得"都具有"认识标新"的立场表达功能，区别在于第2行的"我觉得"句是说话者提醒听话者新信息即将出现，且对于听话者来说填补了先前关于所述话题的认识空白；而第8行的"我怎么觉得"句标识的是，说话者自己的感知、推理对于D来说是未曾预料到的。除此之外，"我为什么觉得""我忽然间觉得"等也具有类似的功能，此处不予赘述。

（131）#领导对待员工的态度#
01. B：因为疫情就…非常突发嘛，
02. 基本上我知道的所有公众号都撤掉了备稿，
03. 开始改新稿儿…
04. W：哦＝
05. B：但我就完全不想改新稿儿，

06.　W：哦＝
07.　B：我就是一种…<@这一切跟我没关系@>
08.　　　<@我放假了@>
09.　　　<@谁也别理我@>
10.　　　<@然后＝@>
11.　　　我领导Q我我都…（1秒）
12.　　　但是我领导就是不会强加＝
13.→W：<u>我觉得</u>你领导还挺好的,
14.　　　感觉。
15.　B：对,
16.　　　因为‥因为…我才是这个工作室的负责人,
17.　W：<@哦＝@>
18.　B：领导是＝…不止负责这个工作室,
19.　　　他还负责其他业务,
20.　W：哦＝
21.　B：所以他给建议但是工作室怎么样还是我说了算。
22.　W：嗯＝

上述例（131）中，B向W讲述疫情的暴发给自己工作内容带来的影响，并进一步延伸到自己跟领导的相处模式，即W在第12行陈述的"不会强加"，W根据B在第7—9行的自我工作状态的描述，在第13行作出评价性的反馈"领导挺好的"，并在第14行补充"感觉"，突出评价的主观性。B在第15行先回应肯定应答语"对"，而从第16行开始，包括第18、19、21行提供的信息都不是对"领导挺好的"这一评价的支持，而是向W提供"不会强加"的原因是"领导负责多个工作室""我（B）是该工作室的负责人"等客观事实，其中暗含着B对"领导挺好的"不赞同观点。因此，虽然"我觉得"的有无不影响句子的命题意义，但从"下一话轮证明程序"的反馈可知，它可以使说话者的观点更容易被听话者理解，形成暂时的、表面的立场一致，创建出"立场缓和"平台，延缓了听话者不一致观点表达的速度，这种先肯定后否定的表达方式有助于推动言语互动的良性开展，也使得听话者有可能表达其真实的观点和态度。

6.3.2 立场表达实现机制

"我觉得"与"我+其他成分+觉得"相比,其中"觉得"已经失去相当一部分的谓语功能,而在意义和用法上更多凸显出话语标记的特点,并通过整个结构的强承诺性实现立场的表达,下面重点解释"我觉得"的这种立场表达特征在说话者、话语内容、听话者三方面的作用。

6.3.2.1 说话者角度

首先,基于说话者角度考察"我觉得"的强承诺性。具体表现为说话者对所述内容高度负责,无论是对客观事件的描述、对事理的推论还是就人或事物发表评价,都是说话者从自我立场站位(stance position)出发的,是说话者向听话者明示主观性的手段,"我觉得"的元话语意义可表述为"接下来(或以上)的话语内容是根据我的经验、判断、价值观得来的,我对其负责,也希望你知道"。正是因为这个原因,"我觉得"较多产生于发起话轮。[①] 位于发起话轮时,"我觉得"前边可以加上副词"其实"、连词"但是""可是"等,这些词都不同程度地表达转折义。"我觉得"后也可跟语气词"哈""吧""啊"。

处于发起话轮的"我觉得"表明说话者首先掌握话语权,是话题的提出者和主要推进者。根据听话者的反馈可知,当说话者表达否定话语时,"我觉得"使得否定的权力归到说话者自己身上,使否定评价具有主观性,减轻了否定性话语内容本身对听话者面子造成的冲击、威胁,听话者更容易站在说话者的立场上去思考相关问题,话语形式上反映出相应的附和话、赞同语,即使对方仍要表达相左观点或感受,也会在语言形式的编码过程中使用迂回表达的方式。例如:

(132) #评奖学金遇到的问题#

01.   X:就是…
02.   我们是评奖学金无论是什么时候都是‥都得要一份成绩单呢,
03.   我们学院之前还有一个卡片‥是讲座的卡片,
04.   就是=…这都是评奖学金必备的解决材料…(1秒)

---

① 我们的语料显示,在173例"我觉得"句中,位于发起话轮的有118例。

05.　D：不知道。

06.　…（14 秒）

07.→　　但是我觉得挺奇怪，

08.　　　就是怎么能不评一两个对不对？

09.　X：嗯 =

10.　D：就是‥不是这个人就是那个人，

11.　　　总要给人评一个呢呀。

12.　X：对呀，

13.　　　我觉得‥他‥肯定给名额了吧，

14.　　　但是 =

15.　D：弄不清。

例（132）的背景是 D 在申请奖学金的过程中遇到了某个问题而没有得到自己预期的结果。在第 1—4 行，X 向 D 解释她所在学院评定奖学金的必备材料以供参考，在第 5 行 D 的回应"不知道"至少有两层含义：一是对 X 所述的评定程序不了解，二是 X 所提供的信息并没有解决 D 的疑惑。第 6 行 D 沉默、思考了较长时间后，在第 7 行重新发起话题，"但是"在这里有"追究"的意味，后面用"我觉得"引出负面评价"挺奇怪"，随后用反问进一步说明奇怪之处，X 在第 9 行回应语音延长的肯定应答语"嗯"，表明她正在努力理解并尝试接受 D 的主观感受和评价。在第 10—11 行，D 根据情理来推论应该有的评选结果，直至第 12 行 X 在此观点上与 D 达成一致，并且在第 13 行作出同类的推理，第 14 行的"但是"和第 15 行"弄不清"表明双方在以 D 为话题主推者的协商讨论中达到一种相对平等的认识地位（stance status），虽然 D 的问题并未得到实际的解决，但却实现了与 X 的一致立场。

（133）#宿舍管理员的态度#

01.　W：这种情况我肯定要说呀，

02.→　　因为我觉得她这个要求是特 = 别不合理的，

03.　　　就是…（1 秒）你就是干这个工作的…

04.　　　对吧，

05.　　　你就是给学生开门儿…（1 秒）

06.　D：但是说实话…（1 秒）

07.　　　　那个=…就是…（1秒）
08.　　　　北京的这个楼妈，
09.　　　　她还是…还是一个=服务为主的。
10.　　W：对对对，
11.　　　　他们态度都还挺好，
12.　　　　就是那一个，
13.　　　　真的但是会…碰上个别的那种。

例（133）的背景是 W 向 D 诉说自己因聚餐晚归被宿舍管理员（楼妈）教育的经历。在第 1 行 W 所说的"这种情况"指的是楼妈不让她以后晚上出去聚餐的要求，第 2—5 行解释自己会反抗这一要求的原因，首先引出主观评价"不合理"，其次重申楼妈的工作内容这一客观事实加强理据。第 6—9 行 D 的回应整体上反映出对 W 所做所想的不赞同态度，但其呈现方式是迂回、渐进的，表现为"示诚"类话语标记"说实话"的使用、① 话轮内和话轮间的长停顿、用对"北京楼妈"的整体好印象遮盖当前的不理想状况。因此，第 10 行 W 一连输出三个"对"，既表明赞同 D 的观点，同时又为自己之前的言行开脱。

（134）#选择留在本校读博的原因#
01.　　X：然后我就考到北语…
02.　　　　考到北语就觉得=…嗯=
03.　　　　好像下一步应该进军北大或者什么[更好的学校，]
04.　　W：　　　　　　　　　　　　　　　　[嗯=]
05.　　X：我就想考博的时候再考[一个更好的学校，]
06.　　W：　　　　　　　　　　[嗯=刘刘刘。]
07.→X：但是入了师门之后我觉得张老师太好了，
08.　　　　我舍不得走，
09.　　　　[我就要跟着张老师。]
10.　　W：[咱们学校老师真的都挺好的，]
11.　　X：[真的。]

---

① 王天佑（2019）指出，话语标记"说实话""老实说"都属于"示诚"类话语标记，主要用于说话者主动向听话者标示自己的坦诚态度。

12.　W：［我也 - -］
13.　　　我也是。

例（134）不同于以上两例之处的是，第7行的"我觉得"在这里是明显的插入成分，在话轮中起到标识其后核心话语内容的作用，目的是凸显导师是X考研择校的关键因素，从而表达高度肯定义。第9—10行二人话语产生重叠，原因是W想及时对X在第7—8行的观点作出回应。正是由于"我觉得"的强承诺性使得第7行的话语只属于X的认识范围，而当W想要表达与X同样的经历和感受时（第12—13行），需要先将双方所在学校的整体师资情况作为肯定对象（第10行），再由此过渡到自己的具体情况。

回应话轮的"我觉得"表明说话者对前边话轮所提问题作出反馈，或根据前边话轮所描述的情状作出推论、评价，其间的强承诺性体现为说话者对当前话题的关注和跟进。例如：

(135) #泡脚的时间#
01.　Q：可能我每天洗脚的时间太短了，
02.　　　你们‥像你们一样‥
03.　　　你看你俩，
04.　　　<@@>
05.　　　<@你看你俩@>
06.　W：咋啦？
07.→Q：<@就是每次洗脚‥我觉得最少半个小时@>
08.　W：对啊，
09.　　　要不然怎么叫泡脚，
10.　　　泡脚泡出‥泡出汗。

上述例（135）中，第7行Q回应的是W在第6行的追问，即W想知道Q在第2—5行话语的语义所指到底是什么。第7行的"我觉得"属于插入成分，省去后句意不变，话轮中短停顿的前半部分属于客观事实，而"我觉得"及其后续成分属于Q的主观估量成分，且由于估量的对象是与Q之外的其他人，估量方式是通过平时的观察和感受，因此，"我觉得"的强承诺性就起到标识主观性判断的作用。W在第8行的应答语"对啊"一方面是对Q这种强承诺性判断的肯定，另一方面是对命题意的肯定，即"泡脚应该时间长、泡出汗"。

6.3.2.2 话语内容

其次是基于话语内容的考察。前文已经提到，"觉得"的两种主要语义类型就是表达人的生理、心理感受，传达人物的评估、建议等观点。语料显示，"觉得"句所涉及的话语内容涵盖生活道理、个人信念、事件原因、情况描述、对自我或他人的判断等，话轮中通常出现副词"最""很""挺""太""超""都""真的""特别""一直""当然"，还有能愿动词"不能""可能""确实""应该""肯定""一定""都会"，以及判断句"是"字句、比较句、祈使句、强调句等。当会话参与者互相输出这些带有强烈个人印记的主观性认识时，实则发生着不同立场的碰撞，在这个过程中"我觉得"的加入能够平衡因观点、感受的不同所带来的潜在的话语冲突。例如：

（136）#高校的疫情管控工作#

01. B：那你去上海进人家高校啊。
02. W：嗯 =
03. 　　 他们要绿码就可以了。
04. B：对啊，
05. 　　 但你回北京就会要求很多。
06. W：嗯 =
07. →B：<u>我觉得就是北京的高校卡得严</u>。
08. W：是 =‥
09. → 　　 但是‥<u>我觉得上海人家应该也 = 也做得比较好</u>，
10. 　　 上海毕竟也挺…（1秒）[国际大都市。]
11. B：　　　　　　　　　　　　　　　　　[可能吧。]

上述例（136）中，W 告知 B 去上海某高校参会只需要"绿码"就可以进入校园，而回北京需要做核酸检测，B 通过事实的对比在第 7 行用"我觉得"引出后边的强调句，突出"北京高校卡得严"这一潜在的评判结果。但关于上海、北京的疫情管控工作 W 是亲历者，从第 9—10 行的回应内容来看，W 并不赞同这一观点，但还是在第 8 行先输出语言延长且后有停顿的"是"，其后用转折连词"但是"亮明自己的态度。从话轮内部来看，第 7 行如果是单独的强调句就会显得 B 过于武断，"我觉得"

使这种断言言语行为自动变为个人立场，根据会话合作原则，W 先对 B 进行礼貌性的肯定，再用"我觉得"引出自己的立场：北京高校卡得严是事实，但从情理上讲上海也不放松，因为上海是国际大都市。第 9 行话轮中"应该"有"理所当然"之义。从第 11 行该话题结束处可知，B 和 W 并未达成最终的一致立场，但因为二人都使用了"我觉得"来交换立场，整个互动过程就显得平缓、和谐。

6.3.2.3 听话者角度

最后是基于听话者的考察。"我觉得"所处的会话序列主要位于发起话轮，听话者总会对说话者进行回应，且倾向于肯定、积极回应，以"哦""嗯""是""对"最多，如上述例（136）。位于回应话轮的"我觉得"后常发生话轮转换，较少标示序列的完结。无论位于发起话轮还是回应话轮，都表现出"铺排情节+总结要点""提出观点/感觉+解释论证"两种会话模式，这反映出"我觉得"的强承诺性触发了话轮转换机制，即在立场表达中投射的是话语未完待续，并邀请听话者对当前话语内容给出回应。例如：

（137）#对丽江的印象#

01.　　B：我们去了丽江然后=⋯

02.→　　我觉得应该是个⋯（1 秒）貌美如画的地方，

03.　　W：哦=

04.　　B：结果它比北京还干还冷。

05.　　W：［啊？］

06.　　M：［嗯？］

07.　　Y：［嗯？］

08.　　W：为什么呀？

09.　　B：一月份，

10.　　Y：哦=

11.　　B：非常干燥。

12.　　Y：哦=

例（137）的背景是好友们在饭间谈论各自的旅行经历。B 曾经出差到了云南丽江，在到达之前对丽江的预期是"貌美如画"，W 在第 3 行的反馈是语音延长的"哦"，表明她正在接受 B 对云南的预期。从后续话轮来看，只有 B 真实地经历过丽江的冬天，且当时的天气是又干又冷的，这同时打破了 W、M、Y 三人对丽江的预期，于是 B 进一步从季节方面解答了三人的疑惑。

（138）#身体出问题的原因#
01. X：我左肾有囊肿，
02. 　　我这两年我干啥了。
03. W：你有‥那你有没有问问医生这主要原因是什么？
04. → 　　可以调理<u>我觉得</u>。
05. X：是，
06. 　　就是压力大然后劳累，
07. 　　然后作息‥
08. 　　对，
09. 　　就是基本上这些，
10. 　　精神紧张。

例（138）中，关于 X 提到的体检查出的身体健康问题，W 在第 3 行的回应首先表达了对 X 的关心，希望她可以找到病因，随后给出建议"调理"。在第 4 行话轮中，"我觉得"后置，标明话轮的结束和话轮的转换。X 在第 5 行对 W 的建议予以肯定回应，并在后续话轮由果及因地告知 W 身体出问题的主要原因。位于话轮末尾的"我觉得"通过标记说话者的自我话语权来凸显"言者—听者"对立的会话身份，对听话者的提醒功能也就更加显著。

6.4　本章小结

上文对现代汉语评价/体验类认证义动词"觉得"及其固化结构"我觉得"的考察涉及语义、形式、功能等方面。通过古今语义类型对比发现，古代汉语中的"觉得"句通常表达某人具有某种感觉，现代汉语中的"觉得"句通常表达某人持有某种观点，这种变化主要是由汉语口语会话特征（包括话轮转换特征、会话模式、言语意图、语用原则等）决定的。"我"作为"觉得"的偏爱主语与之形成的"我觉得"话语标记在立场表达中具有强承诺性，体现为一种在客观事实与主观评价之间求取平衡的作用，具体指立场缓和、认识标新功能，这不同于 Susan Hunston（2007）对英语 *I think* 所作的结论——最常用来索引负面评价立场。另外，本书基于语料库的分析有助于量化、识别立场标记语，这是对以功能为导向、基于用法来探索语言形式的塑造以及语言资源如何实现交际功能这一研究领域的积极探索。

第 7 章

言说类认证义动词"说"及其典型结构的立场表达

"说"最基本的功能是作为引语标记,同时,也有学者认为"说"已经语法化为标句词。喻薇(2018)在其博士论文中梳理了"说"的四条语法化路径,有两条路径都发展出了标句词的用法。方梅(2018:83)区分了虚化的"说"的五种主要类型,其中一类是与"我"或"你"组合,构成话语—语用标记,用作组织言谈,例如"我说,都几点了,你还在床上躺着。""你说这事我该怎么办!"这涉及词汇化问题以及互动交际对虚化的影响。我们的语料显示,"说"类认证义动词在口语谈话中频频出现,形成了多种固化结构,其意义和用法早已超越了实词的用法而逐渐虚化为一种元话语形式。本章将从立场表达需求出发,用互动的眼光和会话分析的方法来全面考察"说"及其典型结构的塑造和功能。

7.1 元话语"我说""你说"

Hyland(2005b:14)对元话语(metadiscourse)进行了系统研究,指出在所有的口语和写作中,无论是专业的、学术的还是个人的,都包括关于文本生产者、想象的接收者和不断演变的文本本身的表达,这些表达提供了有关参与者、正在构建的话语类型和语境的信息,这些表达式统称为元话语(metadiscourse):文章中明确组织话语的方面,或作者对其内容或读者的立场。按照此定义,在人类语言中总有一些话语是为了更好地组织语言而存在的,元话语是人们语言中普遍存在的一种现象,是人与人之间表达差异、构建互动的重要方式，凸显了语言的互动性特征。在我们录制的10万字的自然口语谈话语料中，"你说""我说"在很多情况下都属于言谈互动者组织话轮的元话语资源，帮助传达说话者或显性或隐性的立场，其中"说"的动词义已经虚化。统计发现，语料中作为元话语出现在对话中的"我说""你说"结构及其变体形式分别有70例、49例，二者具体分布情况见表24、表25：

表24　自然口语谈话中"我说"及其变体形式的元话语用法分布情况统计

结构类型	我说	我＋其他成分＋说	我说呢	总计
数量（例）	25	44	1	70
占比（％）	35.71	62.86	1.43	100

表24中，25例"我说"有两种元话语用法：一是作为话语—语用标记，共有20例；二是用于说话者回指自己前边的话语内容，共有5例。44例"我＋其他成分＋说"变式指的是典型结构"我跟你说"（共16例）和"我就说"（共22例）。另外，还有"我本来说""我就给你说""我正想跟你说""我不是跟你说""我今天不是说""我不跟你说了嘛"这6种形式，各有1例。"我说呢"虽然只有1例，但具有重要的元话语表达功能。

表25　自然口语谈话中"你说"及其变体形式的元话语用法分布情况统计

结构类型	你说	你说＋其他成分	你＋其他成分＋说	总计
数量（例）	32	8	9	49
占比（％）	65.31	16.32	18.37	100

表25中，32例"你说"也有两种元话语用法：一是作为话语—语用标记，共有25例；二是用于说话者回指听话者在前边话轮的话语内容，共有7例。"你说＋其他成分"变式在语料中具体指"你说不过去"（1例）"你说这个"（1例）、"你说得我"（2例）、"你说的"（2例）、"你

说的是"（1例）、"你说的就是"（1例）。"你+其他成分+说"变式在语料中具体指"你刚刚不是说"（1例）、"你不是说"（3例）、"你就说"（5例），其中"你就说"较为典型。本章重点考察"我说""我跟你说""我就说""你说""你就说"这五种"说"类话语—语用标记的互动性和在线生成性，探究其与会话序列环境的互动关系和立场表达功能。

7.2 "我说""你说"的语境敏感特征

7.2.1 "我说"及其变式的话轮组织结构

本节的考察对象之一"我说"是指"说"的［+言语］义淡化、［+观点］义凸显的元话语用法。在不同的语境中，"我说"及其变式的元话语用法显示出内部的差异。

7.2.1.1 "我说"的话轮内部环境

首先对20例"我说"所在话轮的内部组织结构进行观察和统计，包括话轮内部的位置、同一话轮内的共现成分的考察。见表26、表27：

表26　　　　　　"我说"的话轮内部位置分布情况统计

位置类型	话轮首	话轮中	话轮尾	总计
数量（例）	17	1	2	20
占比（%）	85	5	10	100

表27　　　　　同一话轮内部"我说"的宾语句语气类型统计

共现句子成分	感叹句	疑问句	祈使句	陈述句	总计
数量（例）	5	7	5	3	20
占比（%）	25	35	25	15	100

表26统计结果显示，"我说"在话轮内部的偏爱位置是话轮首位置，当其出现在话轮一开始的位置时，其共现成分指的就是后续的宾语句，句子的形式较为复杂，语气类型特征明显。由表27统计结果可知，"我

"说"后续宾语句的句子语气分布较为广泛，涵盖了陈述、疑问、祈使、感叹四种基本的语气类型。位于话轮中的 1 例"我说"是由于说话者在话语输出时发动了自我修复，如例（139）所示，第 3 行说话者 W 将"我还"修复为"我说+宾语从句"的形式。

（139）#图书馆熄灯时间#

01. W：因为我想就一下它的暖气，
02. 　　然后我一直坐‥坐到十点多开始打铃的时候还坐在那儿，
03. →　我还‥我说再等两分钟我再收拾东西，
04. 　　有一个人来就－－
05. 　　他可能不知道我在后面，
06. 　　直接把灯给灭了，
07. S：啊。

还有 2 例位于话轮尾的"我说"产生于同一话轮中，且属于话轮尾部的叠连形式，如例（140）所示，F 在第 1 行话轮末尾重复出现了两次"我说"，前一个"我说"后有语音延长和 1 秒的长停顿，表明说话者 F 输出后续话语有困难，因此需要再一次输出"我说"来引出自己的观点，但是"还"被听话者 W 截断，在第 2 行 W 推论出 F 的意思，帮助 F 表达了完整的观点，在第 3—4 行 F 对此表示强烈认同。

（140）#预科学生和小学生的对比#

01. →F：然后现在跟小学生接触久了我说=‥（1 秒）我说还－－
02. 　W：最起码<@是个成人@>
03. 　F：对对对！
04. 　　他最起码是个成人。

宾语从句为感叹句的 5 例"我说"都位于话轮首位置，宾语感叹句的具体表达形式有"天呐""哇""我的天""简直了"；宾语从句为疑问语气的 7 例"我说"也都位于话轮首位置，宾语疑问句主要通过"啥""咋""怎么""有没""难道"来体现；宾语从句为祈使句的 5 例"我说"有 1 例位于话轮中（上述例（139）），其余 4 例都位于话轮首位置，宾语祈使句主要通过动词居于句首和"别""甭""先不""还要""让"体现；宾语从句为陈述句的 3 例"我说"有 2 例位于话轮尾部（如例（140）），有 1 例位于话轮首，陈述句具体指说话者叙述已发生的事或向说话者陈明某种实际情况。下面结合语境和具体用例讨论"我说+小句"的不同话语意义。

在语料中,"我说"后引导疑问句的数量最多,这些疑问句都表达了说话者对相关人、事产生的真正疑惑以及在疑惑得到解答后的恍悟心理。"我说"出现在这些疑问句前边,用于表明说话者在认识状态上从[K-]向[K+]的转变。说话者的疑惑可以具体指当前情境中会话参与者的行为使说话者感到不解,也可以指说话者向听话者叙述先前发生的经历中遇到的疑惑之处,因此说话者认识和情感上的转变分为即时的、已然的两种。如例(141)就属于后者,第7—9行讲述了反常的客观现象诱发X的[K-]认识状态的浮现,且最终疑惑得到解决的动态变化过程。

(141) #学校东、西浴室的差别#
01. W：那边也不错呢…（1秒）
02. 　　那边水比我们这儿水更大，
03. 　　水龙头更好。
04. X：对，
05. 　　我那次第一次去那边，
06. W：嗯嗯。
07. X：我看到<@男生从那里边出来我有点儿慌@>
08. →　　<@我说这咋回事儿@>
09. 　　原来我才知道咱们这边没有男生。
10. W：原来是多么方便的一件事儿，
11. 　　是吧。
12. X：对=

"我说"后引导感叹句的用例较为典型,这些感叹句反映出说话者对自己或他人、事物的评价,在不同的语境中表达不同的言者情感,在语料中具体指"惊喜""惊讶""赞叹""厌烦"这几种情绪,而且都是说话者叙述之前的经历或所见所闻的感情流露,"我说"后边的"天呐""哇""我的天""简直了"并不一定都是说话者在事发当时真正说出来的话,而是在当前谈话中为了凸显自己的某种情感态度特别调用的话语资源,因此"说"在这种语境下不具备现实性,除了引介后边的话语内容之外,其更重要的话语意义是虚化为表达说话者主观评价的标记。如例（142），F 在 1—2 行客观呈现"他"对某英语学习软件的看法，AI（人工智能）一词的出现引发了 F 对"他"的不满情绪，第 3 行的"我说"标示后边的感叹词"天呐"代表着 F 自己的情感立场。

(142) #英语学习软件#

01. F：然后他说‥这说着说着就‥这个机器怎么样，
02. 后来就说到 AI 你知道吗，
03.→ 我说天＝呐，
04. 还给我扯 AI，
05. AI 有这么低级吗？
06. 我心里在想啊。
07. W：哦＝他真的是闲＝真闲＝
08. 还讲 AI！

"我说"后引导祈使句的用例共有 5 例，这些祈使句是说话者对自己或他方提出的要求、建议、打算等。从内容来看，所涉及的事件可以是私人的，也可以是有广泛受众的公开事件；从时间来看，所涉及的事件可以是已经发生的，也可以是尚未发生的。对于已然事件，说话者使用"我说＋祈使句"较多表达的是对某种行为的否定，即用祈使句的方式表达对某事某人的劝说，但这种祈使句不具备现实性，不会对当事人产生行为约束力；对于未然事件，说话者使用"我说＋祈使句"较多表达自己对当下、未来某件事的肯定或否定意愿，即希望或担心某件事情发生，对于个人事件具有较强的行为约束力，很可能会产生某种实际的影响，对于公众事件不具备行为约束力，只是一种对未来情况的预估。如例（143）中，第 1—3 行是 F 解答了某位学生的疑问后家长作出的回复，第 4 行的"我说"后引导的祈使语气是 F 的心理真实想法，而第 7 行的"我说"后引导的"不客气"才是实际的回应。因此，这里的"我说＋祈使句"呈现的是说话者的一种担忧情绪。后文例（169）中的"我说＋祈使句"则是一种对听话者具有影响力的实际建议。

(143) #与家长的沟通#

01. F：谢谢老师，
02. 打扰您了，
03. 有不会的‥回头再‥再再就在＜XXX＞

04. → 我说你可‥别‥甭问了,
05.   我就回了一个‥后来我就回了一个,
06.   我不回也不合适,
07.   [我说不客气。]
08. W:[那…他‥他] 这种情况‥他需要请家教呀!

语料中有 2 例"我说"都出现在陈述句之后,如例(140)所示,陈述的是说话者在得出结论之前的事实条件。"我说"后引导陈述句的用例其实只有 1 例,如例(144)所示,第 4 行并不是 S 与 WQ 的真实对话,因此"我说"不是引语标记。在"我说+陈述句"该话轮产生之前,S 在第 3 行有一个消极评价,对 WQ 的做法表现出调侃的态度,第 4 行"我说"引导的陈述句是 S 为了强调"推迟三天"属于正常现象的事实,从而来为自己在第 3 行的评价提供依据。整段对话都是 S 向处于事件之外的第三方 W 表达自己的立场。

(144) #例假推迟要看医生#

01. W: WQ 差一点就要去看医生了。
02. S: 嗯=
03.   我就逗死了,
04. → 我说这就才推了三天你看医生。
05. W: <@@>
06. S: 想笑死我。

7.2.1.2 "我跟你说"的话轮内部环境

已有研究都关注到了"我跟你说"作为话语标记的用法。(陈丽君,2010;干敏,2012;张晶,2014;徐坤,2018)其中,陈丽君(2010)认为,在自然口语谈话中,言谈主语"我"和动词"说"结合的主谓短语"我说"容易发生从动作义到情态义的变化,"我给你说"同样也经历了一个从"动作义"到"情态义"的主观性增强的虚化过程。说话者通过"我给你说"表达命令、警告、关心、确信、疑惑等语气或情态来构建人际意义,"我给你说"也可作为召唤语、争夺语、保持语使话轮连贯,从而实现语篇功能。干敏(2012)考察了不同话轮位置上的话语标记"我跟你说"的功能,位于话轮首、话轮中时主要施行告知功能,根据其后不同的话语内容具体可分为强调、告诫、命令、表态、重申五类；位于话轮尾时用于提醒听话者注意前边的话语信息。张龙（2011）区分了做句法成分的"我跟你说$_1$"与独立使用的"我跟你说$_2$"，后者具体指内部成分不能被替换，其后不能跟宾语、补语和时体标记，被删除后并不影响句义表达的用法，主要起到加强语气和吸引受话人注意力的作用。"我跟你说$_2$"由"我跟你说$_1$"演化而来：随着"我跟你说$_1$"后跟成分从事物宾语到事件宾语的转变，语义焦点也由动词"说"变为做宾语的"事件"，"事件宾语"逐渐变成独立的核心成分，"我跟你说$_1$"逐渐从核心成分变成了外围成分，外围成分"我跟你说"就是"我跟你说$_2$"。

本研究的自然口语谈话语料中的"我跟你说"就属于话语标记的用法，作为一个整体的语言形式被说话者用作构建话轮的重要资源。结合上述陈丽君（2010）和张龙（2012）对"我给/跟你说"发生虚化的动因研究可知，"我跟你说"具有发展成为现代汉语口语常用的互动资源的重要条件，具体有：1）其后宾语的范围不断扩大；2）说话者展示自我情态、构建人际意义的主观性表达需要；3）保持谈话连贯的语篇功能。这些特点都体现了说话者对听话者是否能够理解其话语的重视，以及在谈话中努力将听话者纳入立场表达范围之中。下面我们对语料中 14 例话语标记"我跟你说"的话轮内部环境作进一步考察。统计结果见表 28：

表28　　"我跟你说"的话轮内部位置分布情况统计

位置类型	话轮首	话轮中	话轮尾	独立话轮	总计
数量（例）	8	3	2	1	14
占比（%）	57.14	21.43	14.29	7.14	100

表 28 统计结果显示，"我跟你说"在自然口语谈话中的典型话轮位置是话轮首，这与干敏（2012）、徐坤（2018）得出的话轮中是典型位置的统计结果不一致，这与研究者们所选取的考察语料有关：两位作者的研究语料都主要来自 CCL 语料库，对"我跟你说"的话轮位置分析都是放在小说原文的篇章布局中进行的，而本研究的对话语体都是按照会话分析的转写体例，以一个完整语调单位作为一个话轮来布局的，因此得

第 7 章 言说类认证义动词"说"及其典型结构的立场表达

到的位置分布规律更符合互动语言学的基本原则。

"我跟你说"位于话轮首时,其后跟宾语都为小句,从语气类型来看,小句宾语主要是陈述句,共 4 例,还有 1 例疑问句、1 例祈使句、2 例否定句。陈述句宾语是说话者关于自身状况、事情发展的描述、断言;疑问句宾语具体指知识类认证义动词的典型结构"你知道吗",由此构成的单纯话语标记"我跟你说你知道吗"话轮,话轮尾的"你知道吗"用于提醒听话者注意即将出现的信息是未知但应该知道的信息,凸显了话轮首"我跟你说"的宣告行为;祈使句宾语由"你们一定要+谓宾短语"构成,表达说话者强烈的建议行为;否定句宾语具体指"主语+不爱+谓宾短语""不是+主谓短语"两种句子结构,表达说话者对个人偏好、所谈及对象的否定评价。

位于话轮中的 3 例"我跟你说"使用情况不尽相同,1 例是"语气词+我跟你说+形容词短语"结构,具体内容是"哎呀我跟你说真的",其中"哎呀"突出说话者的激动情绪,"真的"强调说话者对前边话轮内容的强烈肯定态度。其余 2 例是"不完整话语+我跟你说+主谓宾小句",详见例(145)、例(146):

(145) #有一个年轻的姨奶奶#
01. W:你知道年轻的时候更夸张…(1 秒)
02. → 我‥我不是还有我跟你说我还有个特别小的<@姨奶奶嘛@>
03. X:嗯 =
04. W:<@就比我妈大两岁比我爸小两岁@>
05. X:嗯。

(146) #电影情节#
01. W:太‥太不真实,
02. → 把他‥就觉得‥就是说我跟你说把他妻子带走了嘛,
03. X:嗯,
04. W:就好像说他妻子都不重视他了。

上述例(145)、例(146)中的"我跟你说"去掉后,话轮内容的命题意义不受影响。例(145)第 2 行,说话者 W 在应该输出"有"的宾语的位置上选择插入话语标记"我跟你说",然后再在其后重新输出完整的"主谓宾"结构的句子,原因是 W 在该话轮所提供的信息是在之前的某个时间已经告诉过听话者 X，此处的"我跟你说"是提醒 X 回忆这一信息并将其调用出来，成为接下来谈话的共有背景信息，而 X 在第 3 行的回应也证明她对 W 所发出提醒的接收和认同。例（146）是 W 在向 X 推荐一部电影，第 2 行是 W 对电影主人公与其妻子具体状况的介绍，W 首先输出的"把他"承接的是前边话轮所讲述的情节内容，"就觉得""就是说"是 W 形容男主人公主观认识情态的元话语，在宾语出现之前插入"我跟你说"是基于两个方面的考虑：一是说话者输出宾语有困难；二是说话者提醒听话者 X 结合前边话轮的讲述内容来理解接下来的情节。包括第 4 行的"就好像说"这一元话语的使用都表明主要讲述者在即时产生的对话中不断选择、调整故事讲述角度和方式的互动策略。

位于话轮尾的 2 例"我跟你说"，它们的话轮共现成分差异明显，1 例话轮构成简单，话轮构建单位都没有实际的命题意义，具体指"哎呀我跟你说"，实际上与话轮中位置的"哎呀我跟你说真的"用法相同；另外 1 例详见例（147）：

（147）#下次请吃饭#

01.　　X：不行下次我还记着这个钱，

02.→F：你就‥下次你就不想请了<@我跟你说@>，

03.　　　你不想请大的了。

例（147）第 2 行中，F 在输出了完整的话语内容后又在话轮尾部追加了"我跟你说"，该话语标记本身用于提醒听话者 X 注意前边的断言内容，由于该断言行为是 F 发出的对 X 将来行为的否定判断，因此"我跟你说"伴随着笑声可以缓解否定断言所造成的面子威胁。

"我跟你说"单独作为一个话轮时，标示着说话者即将进入话轮构建的会话任务当中这一互动意义，如例（148）所示，说话者 F 在第 3 行输出的"我跟你说"与前后话轮没有任何话语意义上的联系，是完全孤立的话轮构建单位，"说"的语音延长及其后的 1 秒停顿时间表明 F 临时放弃了输出后续宾语的话语意图，主动将话语权转交给下一发话者。

（148）#想念学校食堂#
01.　　W：不就食堂那些吃过来吃过去。
02.　…（1秒）
03.→F：我跟你说=…（1秒）
04.　　X：其实我还挺想念北语食堂的，
05.　　　　因为我们现在食堂不如北语。
06.　　W：是吗？
07.　　X：嗯。

由此观之，无论话语标记"我跟你说"产生于话轮内的何种位置，都执行的是说话者的告知言语行为。根据不同的会话语境，"告知"又可分为即时、已然两种类别，即时的告知行为是说话者向听话者宣告新信息即将出现，已然的告知行为所表述的内容发生在当前谈话之前，话轮首、话轮尾、独立话轮位置的"我跟你说"都属于该类情况，如例（145）中的"我跟你说"可以说成"我跟你说过"。因此，位于话轮首的"我跟你说"是典型位置上的话语标记用法，而位于话轮中的"我跟你说"是作为插入语来帮助听话者回忆之前的谈话信息，"说"的意义更接近其本义。

7.2.1.3 "我就说"的话轮内部环境

在语料中的"我就说"共出现了22次，包含了引语标记、回指解释、话语标记三种用法。其中，作为引语标记的11例"我就说"在前后话轮中有"人称代词/社会称谓+说"等引述结构与之对应，而回指解释的2例"我就说"是听话者对前边话轮所指对象的确认，都不属于典型的元话语的用法，此处不作讨论。本节重点讨论作为话语—语用标记的9例"我就说"。何汝贤（2017）将"我就说"看作一种整体表达恍悟义的构式，具体指说话者对某事曾抱有疑惑，而后经过某件事情、自我观察或他人告知，突然明白了个中原委。无论是将其看作话语—语用标记还是构式，"我就说"的元话语意义都不是各构成成分的简单相加，而是在会话语境中逐渐获得的。下面对"我就说"在自然口语谈话中的话轮内部分布特征进行考察。

表29　　　　　"我就说"的话轮内部位置分布情况统计

位置类型	话轮首	话轮中	话轮尾	独立话轮	总计
数量（例）	2	4	2	1	9
占比（%）	22.22	44.45	22.22	11.11	100

表29统计结果显示，"我就说"更倾向分布于话轮中位置，也可出现在话轮首、话轮尾或独立作为一个话轮。位于话轮中的"我就说"具有明显的插入语特征，"说"的"言说"义几乎完全消失，可以换成"感觉""想""觉得"等表示人物心理活动的词语。其中2例"我就说"前边有连词"然后""后来"，后边的句子分别表述的是他人的观点、他人在将来可能产生的某种行为，如例（149）中的"我就说"可以换成"我就想"，整个话轮表达的是F对以后自己与某位学生家长的相处模式的思虑。例（150）中，S向W分享自己最近看的一本书的内容，第1—3行和第5行话轮中的"他"指的都是那本书，也可理解为书的作者，但实际上并未产生作者与读者的对话，所以第5行的"我就说"不是S对作者的回应，而是向W表达自己观点的话语—语用标记。

（149）#老师如何回复家长#

01.→F：后来我就说…这以后他要是再‥再麻烦，

02.　　 我‥这‥他‥我要是不理他，

03.　　 他又该说‥啊=老师=这个…不理…不辅导学生了。

04.　 W：（（叹气））

（150）#不要一直忧虑#

01.　 S：他后后边还有一句话，

02.　　 咱们平常说的是不要忧虑这些是吧，

03.　　 他说‥不要挂在心=上。

04.　 W：哦=

05.→S：然后我就说他连心上都不让挂，

06.　　 <@@>

07.　 W：就是说别老为这个费心费神=

还有1例位于话轮中的"我就说"，其前边是说话者因表达失误而造成的冗余输出，在话语意义上仍属于话轮首的用法。剩余 1 例位于话轮中的"我就说"如例（151）所示，第 3 行"…的时候"结构作为说话者核心观点的前提条件出现在话轮构建的开始位置，其后的"我就说"后跟的"语气词 + 评价性短语"实际上是 Z 自己内心的想法而非之前对"她"所说的话，"我就说"可换为"我觉得"。

（151）#考研择校#

01. Z：［她蛮适合＝］学术的。
02. G：［应该被＝］
03. 　　　应该按她目前的想法［她会去－］
04. →Z：　　　　　　　　　［所以她那么纠结］的时候我就说诶＝
　　　　　　　　　　　　　　很特别，
05. 　　　她为什么会纠结。

位于话轮首的两例"我就说"后边跟的是主谓结构的小句，整个话轮描述的是说话者在具体情境下的某种想法和感受，"我就说"可以省去，也可以用"我觉得"替换。

位于话轮尾的 2 例"我就说"都是由于口语谈话互动中的话轮构建受阻而造成后续宾语暂未输出，其中 1 例是由于说话者改变输出方式，要在下一话轮发起修复，另 1 例是说话者的当前话轮与听话者的下一话轮发生重叠，说话者只能在听话者的话轮后重新输出宾语，如例（152）所示，第 2 行的"所以 + 我就说"是对前边讨论内容的总结性标记语，说话者真正要表达的是第 4—5 行的个人观点。例如：

（152）#适合教几年级#

01. 　W：初中真的是青少年‥青春期，
02. →F：所以［我就说＝］
03. 　X：　　　［对对对］
04. 　F：我真的不适合教初中，
05. 　　　也不适合教高中。

独立作为一个话轮的"我就说"的元话语性质最为明显，传达的是说话者某种先见、预期得到事实证明后的释然态度，如例（153）所示，吃饭期间 S 不小心将饭撒到了衣服上，S 在第 5 行输出的语气词"诶"和第 6—7 行输出的"看吧""我就说"都属于元话语，宣泄了一种强烈的无奈、调侃情绪，其中，第 7 行的"我就说"也可以说成"我就说吧"，与第 6 行的"看吧"形成语气一致的情态表达式。实际上整个谈话中 S 并未明确表达"饭会撒到衣服上"的预期，而"看吧""我就说"表达的是一种合预期信息①，即"S 早就料到这种情况会发生"，这里可将其看作交际策略中的一种自我调侃手段。

（153）#饭撒到了衣服上#

01． S：啊＝…（2 秒）

02． W：不要扒拉，

03．　　 弄纸把它‥搞掉＝

04．　　 诶＝

05． S：诶＝…（1 秒）

06．　　 看吧＝

07．→　　我就说－－

08． W：好像没拿纸，

09．　　 哎呀。

7.2.1.4　其他变式

除上述讨论的元话语基式"我说"和两种较为典型的变式"我跟你说""我就说"之外，语料中还出现了"我整天说""我本来说""我就给你说""我正想跟你说""我不是跟你说""我不跟你说了嘛"这几种。其中"我整天说""我本来说"在形式上是基式"我说"的变体，但"说"的话语意义并不完全等同，"我整天说""我本来说"结构中的重音分别在副词"整天""本来"上，"说"后的宾语表达的是说话者的预期，可替换为"我整天想着""我本来想着"。如例（154）、例（155）所示，例（154）第 1 行"要省"是所言预期，"但是"后引导的事实是反预期。例（155）第 2 行"我本来说"后边的小句以及第 3—5 行呈现

---

① 郑娟曼（2018）考察了会话序列中的习语构式"我说呢""我说嘛""我说吧"，认为它们都是通过预期重设的方式来表达合预期信息的。与"我说吧"关联的必须是直接"说"出来的所言预期，与"我说呢"关联的是说话者"认为"的所含预期，"我说嘛"则兼具"我说呢""我说吧"的功能，它所关联的预期既可以是直接表达出来的所言预期，也可以是通过语用推理所得的所含预期。本书此处的例（153）"看吧，我就说"关联的是说话者头脑中的想法，即所含预期。

的是说话者 X 对下班前这段时间安排的所含预期,第 7—10 行是 X 向 W 叙述事实的反预期情况。

(154) #省钱的打算失败了#
01. →F：我整天说要省但是现在花钱我都不看它。
02. …(1 秒)
03. X：为啥啊?
04. 　　你这不越花越少吗你还不看它,
05. 　　没有给自己提出警示。
06. F：没有。

(155) #下班前的安排#
01. X：这一次你联系我的时候不是四点多嘛,
02. →　然后我本来说五点多打算看吧,
03. 　　我说我先不回,
04. 　　我回去了,
05. 　　我批完作业然后回去慢悠悠儿地跟你们说。
06. W：嗯＝
07. X：就怕快批完作业的时候过来说…
08. 　　X 老师,
09. 　　那个谁和谁在食堂门口打起来了,
10. 　　您快去看看吧…

结合语料展示的谈话语境可知,"我就给你说""我正想跟你说""我不是跟你说""我不跟你说了嘛"都可看作"我跟你说"的变式,都表达的是说话者的所言预期,即已经在前边话轮或者近期的其他谈话中出现的话语内容,执行的是说话者对听话者的显性告知行为,表明当前话语内容是听话者必须知道的。另外,还有 1 例变式"我说呢"单独作为一个话轮出现在谈话中,如例(156):

(156) #从医院回来得很晚#
01. 　D：所有的人都需要在那儿排队。
02. →X：我说呢,
03. 　　我本来睡觉之前还想问问你,
04. 　　怎么还没回来。

05.　　D：一直要在那儿要等着，
06.　　　　一直要在那儿坐着。
07.　　X：嗯 =

现有研究对"我说呢"的研究涉及语义、功能两方面：张龙（2012）指出单独使用的"我说呢"具有［＋醒悟］［＋区别］语义特征；张先亮、倪妙静（2015）将"我说呢"定义为表恍悟义的构式，考察了中置式"存疑＋我说呢＋释疑"或"释疑＋我说呢＋存疑"、前置式"我说呢＋存疑＋释疑"、后置式"存疑＋释疑＋我说呢"三种语义框架模式，探究出话轮转换、话题起始、维持会话连贯三种功能。上述例（156）第2行的"我说呢"就表达说话者 X 的疑惑得到解释后的恍悟义，同时具有维持会话连贯的应答功能。

7.2.2 "你说"及其变式的话轮组织结构

在自然口语谈话语料中作为话语—语用标记的 33 例"你说"及其变式具体指"你说"（25 例）、"你就说"（5 例）、"你说不过去"（1 例）、"你说得我"（2 例），其中"你说""你就说"是更为典型的元话语，第二人称代词"你"指代或包含听话者，"说"的［＋言说］义并未完全消失，不同的会话语境赋予其新的语义内涵，下面结合具体示例重点考察"你说""你就说"的话轮组织结构。

7.2.2.1 "你说"的话轮内部环境

管志斌（2011）将句法位置灵活、格式独立、后可加语气词"呢"的"你说"界定为话语标记，其中"你"经由专指性的第二人称代词虚化为不定指的受话角色，"说"的基本词汇义也大部分虚化，整个格式对其所在句子的语义（概念义和真值义）不产生影响。本书的 25 例"你说"就属于这种话语标记的用法。但是"你说"作为元话语出现在口语谈话中时，"你"指的就是在场的听话者，而"说"有两种语义：一种是［＋言说］本义，一种是［＋观点］主观义，在话轮构建中起到引出说话者观点、邀请听话者思考与评论的话语功能，这与其在话轮内的位置有关。

表 30 统计结果显示，"你说"在话轮中偏爱话轮首位置，话轮中位置次之，话轮尾位置偶尔出现。"你说"位于话轮首位置时，其后边的成

分较为复杂，常见的有疑问句、反问句和陈述句。

表30　　　　　　　"你说"的话轮内部位置分布情况统计

位置类型	话轮首	话轮中	话轮尾	总计
数量（例）	18	6	1	25
占比（%）	72	24	4	100

"你说"后接疑问句的用例最多，共有9例，涵盖了选择问、特指问、是非问、正反问、反问五种基本的疑问类型。其中，选择问宾语有1例，整个话轮具体指"你说去还是不去？"其中"你"指的是在某一条件下需要做出选择的任何人，包括听话者在内。特指问宾语有3例，通过疑问代词"干嘛""有多…""为什么"体现，"你说+特指问"的话轮结构表达说话者对听话者的提问或告知。是非问宾语有2例，通过"是不是"结构体现，具体指"你说他是不是那什么""你说他这人是不是有毛病"，"你说+是非问"的话轮结构表达说话者寻求听话者对"是不是"后续成分的确认。正反问宾语有1例，具体指"你说你家长你有完嘛？"这种简略式，完整的句法表达应该是"你说你家长你有完没完？"，说话者的目的是向"家长"对某种行为是否结束寻求确认，"你说+正反问"的话轮结构表达说话者对谈话涉及对象"家长"相关行为的无奈。反问句宾语有2例，整个句子没有疑问焦点，通过肯定形式表达否定或通过否定形式表达肯定，具体指"你说这能怪我吗？""你说让她回家就不学习就不布置作业？""你说+反问句"的话轮结构表达说话者对所谈情况的强烈不满。

"你说"后接陈述句共有7例，整个话轮是说话者向听话者告知关于当前谈论对象的某种事实或状况，较少含有说话者的个人态度。如例（157），"你说"后引导的是"发票"这一具体事物，由W、X、D三人后来的谈话可知（由于篇幅原因此处省略），W提供的谈话对象"发票"具有一定的特殊性，不在校医院的报销范围内。还有1例"你说"后只跟了人称代词"我"，是由于话轮重复而造成的输出中断产生的，说话者在后续话轮又输出了完整的宾语内容。剩余1例"你说"后跟的是"VP就VP"构式，具体指"你说离婚就离婚"，表达的是对所谈论事件的让步态度。

(157) #发票报销#

01. W：那你‥你做核酸＝就是＝…也报销吗？
02. D：不知道给报不报。
03. …（2秒）
04. X：应该给报。
05. W：诶＝
06. → 你说我‥我这个发票…（1秒）我都没报，
07. 因为我＜@@＞懒得去校医院，
09. 我不喜欢去医院，
10. 看看我那个发票上面的。

位于话轮中的6例"你说"与话轮首的"你说"结构较为一致，只不过前边多了一个指示词"那"，或者是对在话轮中修复之后句首"你说"结构的重复，或者是位于其他修复结构之后出现。你说在话轮中可以帮助说话者加强其疑问点或观点的明确度。如例（158）、例（159）所示：

(158) #学校头衔#

01. W：＜@@＞
02. 哎呀＝…（1秒）
03. → 真的‥你‥你说将来如果我们学校评上，
04. 那些毕业的学生还算吗？
05. …（1秒）
06. X：我觉得＝算，
07. W：哦＝
08. X：嗯＝

(159) #课后作业#

01. F：所以我们现在就做卷子…
02. 那些就讲了‥不到三个单元，
03. 然后就在那儿做那些卷子，
04. 都很简单…
05. → 那你说平时＝‥卷子又‥又不让拿回家，

06. W：嗯=

位于话轮尾的 1 例"你说"如例（160）所示，W 在第 7 行对 D 前边话轮描述的医生的工作状态有一个感叹式的总结，且这一总结符合一般常理，第 7 行话轮尾的"你说"去掉后句子的意义不发生改变，"你说"在后面更像一个共情标记，第 8 行回应的"嗯呐"是一个在认识、情感上双重肯定的应答语，与 W 在第 7 行的总结语完成了共情的互动。

（160）#医生的工作状态#

01. D：而且一个礼拜他要做好几台手术呢。
02. X：哦=
03. 　　所以呀，
04. 　　［他们也是－－］
05. W：［所以医生的身］…
06. 　　对，
07. →　　所以医生的身体也不是铁打的呀<u>你说</u>。
08. X：嗯呐。

由此可知，"你说＋小句"是"说"在口语谈话中构建话轮的主要模式之一，构成的话轮具有两层互动含义，一层是小句宾语表述了完整、具体的谈话内容，说话者向听话者传达所谈论对象的具体情状及自己对当前谈话内容的情感态度；另一层是"你说"表达说话者对听话者的邀请，有询问听话者意见的意味。

7.2.2.2 "你就说"的话轮内部位置

廖红艳（2012）指出"你就说"单用时句尾可加语气词"吧"形成"你就说吧"或"你就说…吧"结构，第二人称代词"你"也虚化成不定指的受话人角色，在句子中充当形式上的主语，"说"的基本词汇意义虚化。黄轶明（2016）通过对语料的分析发现，"你就说"在使用过程中具备了新的使用特点：意义虚化、结构凝固、线性位置灵活以及句法形式去范畴化，具有明示话题、无疑而问的语篇功能和提请注意、观照对象、增强互动的语用功能。本研究语料中的 5 例"你就说"中有 1 例是说话者向听话者确认引语内容，不属于典型的元话语用法，其余 4 例的"你就说"属于话语标记的用法，可以出现在话轮首（2 例）和话轮尾（1 例），也可独立成为一个话轮（1 例）。这仅有的 4 例用法呈现出"你

"就说"这种话语标记在不同的话语场景中不同的话语意义。首先,"你就说"用于话轮首位是说话者引出新话题的一种方式,也可以帮助说话者引出对前边话轮内容的推论。例(161)是说话者 F 发起了一个新的话题"在单位食堂吃饭",第 1 行的"你就说"后引出的信息焦点是"和学生们一起"这种吃饭的形式。例(162)第 5 行是 W 根据 F 前边话轮描述的学生课堂上的某些不正常表现推论出的观点。

(161)#单位食堂#

01. →F:你就说现在中午就是跟他们一起吃饭,
02. 稍微比我们学校好了点儿,
03. 但是…一直是那几样,
04. 那就是大概吧啊,
05. X:嗯。
06. F:就那些菜。

(162)#学生的课堂表现#

01. F:有那种‥不正常的偶尔有时候有呀,
02. W:啥不正常?
03. F:但是那‥一开始,
04. 他肯定老师会制止的,
05. →W:你就说‥他没有太大自控能力是吧?
06. F:对=

单独作为一个话轮出现在谈话中的用例如例(163)所示,W 在听完 D 在前边话轮叙述的报销工作人员的不耐烦态度后,在第 5 行承接话轮发表了自己的看法,第 6 行的"你就说"若出现在第 5 行的开始位置则是一种引语用法,但 W 将其作为元话语用于单独的话轮构建,仅表明 W 想要强调、回指有利于自己观点的话语,这一单独 TCU 话轮传达了 W 对 D 所述事件的反对态度。

(163)#工作人员的态度#

01. D:然后他们还说…
02. 你知道我现在有多忙吗?
03. 我天天都来报销核酸,
04. 有多少工作量啊。

05. W：但是你不就干的这个活儿嘛，
06. → 　　你就说＝
07. D：（（叹气））

位于话轮尾的1例"你就说"如例（164）所示，第4行是说话者在为自己的讲述提供进一步分析依据时产生的引介观点的元话语，通过占据话轮的方式积极地参与到 X 叙述的事件当中，连词"而且"是 D 接续前边话语内容的标记，在话语内容上是对 X 观点的强化和补充。

（164）#评奖学金的程序#
01. X：我觉得肯定应该都会给名额的，
02. 　　但是你们老师不知道他是怎么想的呀，
03. 　　就是＝
04. →D：而且你就说…
05. 　　而且你想刚才他们弄这个事儿除了我不在你知道吗
06. X：嗯＝

以上例（161）—（164）不同语境、话轮内部位置的"你就说"可以分别替换为"你比如说""你的意思是""还有""你想想"，例（161）、例（163）、例（164）的"你就说"可归为一类，都表达"顺着前边谈论的内容咱们一起再从下面这一点考虑"的元话语意义，副词"就"表示说话者对话题焦点的重视和强调。而例（162）的"你就说"是一种谈话进程中的总结语，意义更加实在，传递当前说话者对前一说话者话语内容以及讲话身份的关注，"就"表示说话者对所谈论话题的主观估测和含蓄态度，话轮末尾的"是吧"则是寻求听话者对此种推论内容的确认，"你就说"可替换为"你的意思是"。

7.3 "我说""你说"的立场表达功能

通过对"我说""你说"及其变式的话轮内部环境的考察，我们对自然口语谈话中"单数第一/第二人称代词＋说"的使用概貌有了较为全面的了解："我说"及其变式结构整体上表达说话者向听话者告知某种情况、观点或感受的元话语意义，"你说"及其变式结构整体上表达说话者邀请听话者进入对当前话题的讨论、评价之中的元话语意义。这种人称代词与言说动词联合的元话语结构是会话中的主观性表达,代表了说话者对谈论话题的某种价值取向,具有重要的立场表达功能,下面将结合其所在的会话序列加以考察。

7.3.1 "我说"及其变式的立场表达功能
7.3.1.1 "我说"的立场发现功能

Elise(2007)考察了不同序列位置上 I guess 的立场表达角色,发现其在引发序列行为中表"发现立场",在回应行为中表"放弃或修正立场",在扩展话轮中表"插入立场"。"我说"与美式英语的 I guess 有类似的功能,我们对其所在的会话序列位置分布情况作出统计,如表31所示:

表31　　　　　　　　"我说"的序列位置分布情况统计

位置类型	发起话轮	回应话轮	总计
数量(例)	18	2	20
占比(%)	90	10	100

表31统计结果显示,20例"我说"在自然口语谈话的会话序列中都位于发起话轮,只有2例位于回应话轮。位于发起话轮的"我说"所在的序列环境都是说话者自己产出的多个连续话轮,在故事讲述过程中涉及的言者态度可通过立场发现这一功能来表达,即"我"的主体身份在说话者所述故事的关键信息之处浮现出来,用言说动词"说"将立场内容表达为显性信息。2例位于回应话轮的"我说"都是从说话者自身认识地位出发表达对他人所述话题的跟进和理解。根据"我说"所在序列的不同话语内容,可分为"消极表述""积极表述""中性表述"三种话语类型,分别凸显说话者的自我劣势、自我认同和意外认识这三种立场。

1. 凸显自我劣势

"我说"位于发起话轮时,18例中有11例可划分为消极表述序列,"我说"所在话轮的呈现方式有两种:一种是对所述故事的消极评价或不好的结果先于"我说"出现,一种是"我说"先于消极评价或不好的结果出现。在这两种序列结构下,"我说+句子"的话轮集中凸显说话者在整个事件中的劣势地位,① 造成这种立场站位的因素有客观事实和主观人为两种情况,根据事件对自身所产生影响的大小,说话者对自我劣势立场表现出不同程度的情感宣泄。情感缓和的自我劣势立场多通过对事实或想法的陈述表达出来,可称为无标记的劣势立场呈现;而情感充沛的自我劣势立场主要通过对事实或观点的感叹、疑问等方式表达出来,可称为有标记的劣势立场呈现。请看下面几例:

(165) #图书馆熄灯#
01.　W：我昨天晚上…(1秒)可搞笑了,
02.　　　我坐在=四层那个最里边儿…那个地方,
03.　　　[就是－－]
04.　K：[图书馆吗?]
05.　W：嗯,
06.　　　因为我想就一下它的暖气,
07.　　　然后我一直坐··坐到十点多开始打铃的时候还坐在那儿,
08.→　　我还··<u>我说再等两分钟我再收拾东西</u>,
09.　　　有一个人来就－－
10.　　　他可能不知道我在后面,
11.　　　直接把灯给灭了,
12.　S：啊,
13.　W：把我吓－－…(1秒)
14.　　　也没有很吓人,
15.　　　就是…在那儿…一个人好可怜。

例(165)中,W 是故事讲述者,讲述的是前一天晚上图书馆熄灯时自己的不愉快经历。W 在第 1—2 行提供了事件的切入点"座位位置",由于没有提供更大的语境,K 在第 4 行发起了寻求确认的话轮,与第 3 行 W 的继续解释话语"就是"发生了重叠。第 5 行 W 快速予以确认后继续

---

① 这里"说话者"的劣势具体指说话者自身在所述事件中是利益受损方,或者指说话者被迫接受某种不好的结果。

展开叙述,直到第 9 行引入了故事发展的第三方,"一个人"指的是图书馆管理员,他的行为对说话者 W 产生了消极影响(第 11 行、第 13—15 行)。第 8 行"我说"引导的陈述句表明了 W 在图书馆熄灯之前的内心活动及由此产生的实际行为,因此说话者 W 的"多等两分钟再收拾东西离开座位"与图书管理员的"提前十分钟熄灯"两种行为形成了一组对立的立场,W 在第 13—15 行的消极评价以及 S 在第 12 行的惊讶态度是 W 所处劣势立场的构成要素,而第 8 行的"我说+陈述句"是 W 向听话者宣告了这种劣势立场,但 W 的情感是平静、和缓的。

(166) #体检结果#

01. X:我现在=真的就是保命…
02.   前几天‥前几天去体检[你知道吗,]
03. W: [哦=]
04. X:我‥左肾有一个囊肿…
05. W:哦=
06. X:给我照超声波照出来的,
07. → 我说天呐=我就简直了,
08.   我就觉得[浑身不舒服]。
09. W: [哦=]
10.   囊肿=是‥就=是不是比较常见啊这样。
11. X:就是算是一个良性的,
12. W:哦=
13. X:然后其实你不在乎它也没什么事儿,
14. W:哦=哦哦
15. X:如果你想‥切除的话,
16. W:[也可以。]
17. X:[等它慢慢长大了]也可以切除,
18. W:哦哦。

例(166)中,故事讲述者 X 向 W 分享了自己前段时间的体检结果,第 4 行 X 直接向 W 告知了其中一项不好的结果,这属于客观事实造成的影响。在该段谈话中,听话者 W 的回应次数明显较多,共占据了 8 个话轮,其中有 6 个话轮都是由肯定应答语"哦"构成的,另外还发生了三次话语重叠（第2—3行、第8—9行、第16—17行），这些都表明W在倾听X的不愉快经历时给予了对方最大的关注度。X在第4行、第6行明确了体检结果及其可信度后，第7行输出"我说＋感叹句"来凸显体检结果给自己的情绪带来的冲击，从而显示自己对当前事实无能为力的劣势立场。第8行继续表达生理、心理上的不良反应。W在第10行是从积极方面寻求X的确认，第11—18行的对话内容逐渐朝积极一面发展，故事讲述者X的情绪也渐趋平缓。

"我说"可以接连出现在前后两个相邻话轮中，说话者能够从更全面的角度来强调自己处境的不易，为自己的难堪处境提供更充分的证据，从而得到听话者更为明确的肯定反馈。如例（167）中，作为新手教师的F在与家长的交流中出现了一些问题，第1—3行是F告诉W自己如何回应学生家长对作业辅导的要求，第5—6行F叙述事件的后续进展，家长的频繁联系已经影响到了自己的正常生活和工作，第7—8行连续输出的两个"我说＋疑问句"话轮强调、凸显了F在与那位家长的沟通中处于劣势地位，且这种劣势立场很有可能持续更长的时间。W在第9行的笑声实际上是对F表达宽慰，F在第10行转而直接表达自己对那位家长的消极评价，并在第11行得到了W的支持。

（167）#家长频繁找老师#

01. F：后来我就给他发啦…（1秒）
02. 　　我就给他直接就‥就直接把那两个词切－－
03. 　　我就读慢点儿给他发了。
04. W：嗯＝
05. F：然后呢后来…（2秒）
06. 　　我就觉得你…隔了一天你就又‥跟我联系，
07. → 　我说还有完没完了，
08. → 　我说这以后我‥难道是被他缠上了要？
09. W：＜＠＠＞
10. F：他好可怕呀！
11. W：对呀！

2. 凸显自我认同

处于发起话轮的"我说"较少用于积极表述，语料中仅有3例，其中有 2 例是"我说+语气词"的话轮构建方式,表达感叹语气;1 例是"我说+使役动词"的话轮构建方式,表达祈使语气。感叹句表达说话者对谈及事物、人物的赞美与喜爱,"我说"凸显的是谈及对象的积极影响给说话者带来的价值认同。祈使句表达说话者对自己或他人行为的话语约束力,表现为现实或非现实情态。"我说+语气词"属于显性的积极表述,如例(168)所示,故事讲述者 X 向 W 分享自己高考填报志愿的经历,第 1—2 行、第 4—6 行分别从个人意愿和客观条件来阐明自己选大学所学专业的理由,第 7 行用"我说+语气词"表达自己的惊喜,第 8 行再引出惊喜产生的原因,第 9 行得到了 W 的接收型反馈,第 10 行继续表达对"可以报考自己心怡专业"的喜悦。整个对话中,第 7 行的"我说"凸显的是说话者受到事实的积极影响而处于满足状态下的自我认同立场。

(168) #高考填报志愿#

01. X:我要教‥外国学生汉语,
02. 　　这只是我的一个想法…
03. W:嗯=
04. X:然后等到上了高三,
05. 　　那不是有‥别的学校就开始来=发…宣传…册嘛,
06. 　　然后我一看里面有一个专业就是对外汉语,
07.→　<u>我说哇</u>=
08. 　　竟然有这个专业,
09. W:哦=
10. X:我特别高兴,
11. 　　然后就…当时就报志愿的时候就查=…(1 秒)
12. 　　结果就说这个北语是最好嘛,
13. 　　我就要考北语,
14. 　　但是肯定－－
15. W:那你真的很清晰耶=

祈使语气的"我说+使役动词"结构属于隐性的积极表述,说话者并不外显自己对所谈及对象的情感态度,而是向听话者宣告一种实际行动来表示自己对相关人物、事件的重视,如例(169)所示:在这段对话中，第 1—8 行 B 向 M、Y 介绍自己的工作情况，Z 是 B 的丈夫，在第 9 行，Z 由新媒体工作为切入点插入了新的话题，在第 10 行引入了"T 的同学"这一新的谈话对象，目的是告诉 B 自己的打算，即第 12 行"我说"后引导的祈使句。"我说"在此处并不是转述 B 与 T 的同学认识时的对话，而是 B 在认识 T 的同学后到目前为止一直有的想法和打算，这很有可能会对 B 的人际关系产生直接的影响；虽然 Z 当时忘记将 T 的同学介绍给 B，但 B 在第 15—16 行的回应表明她对丈夫所做安排是接受的态度。该段对话表达的积极评价并不明显，主要通过第 6—7 行的肯定应答和单独强调、第 11 行的"也"、第 17 行的"很期待"反映出 B、Z 对"新媒体"工作的肯定，以及对同行之间需要交流沟通这一潜在价值观的认同，"我说"凸显了这种认同立场。

(169) #新媒体工作#

01.　B：我之前在上海读研然后＝…来北京大概＝六年，
02.　　　然后现在在网易［工作］
03.　M：　　　　　　　　　［对］
04.　　　她在网易［上班］
05.　Y：　　　　　［哦＝］
06.　B：对，
07.　　　新媒体。
08.　M：哦＝
09.　Z：啊在今天‥我昨天其实有认识一个就是－－
10.　　　她是要‥就是 T 的同学＝
11.　　　她也是做新媒体的，
12.→　<u>我说还要让她跟你认识</u>…
13.　　　结果忘了，
14.　　　<@@>
15.　B：下次吧，
16.　　　可能会［再见到她的］
17.　Z：　　　［她很期待哦］

3. 凸显意外认识

语料中还有 4 例"我说"所处的序列并不体现说话者对所谈论对象

的积极或消极评价，而仅仅将某种经历或想法客观地反映出来，从而引发听话者的思考，"我说"将说话者先前存在的疑惑之处提出来，"我说+问句"表达疑惑得到解决后的释然态度。如例（170）所示，W 在该段对话中的疑问源自她所看到的 S 在午餐中比平时多加了一个鸡蛋的事实，对此，W 并未首先提出疑问，而是通过第 1—4 行的对话确认 S 早餐有没有吃鸡蛋，得到否定回答后在第 5 行输出了"我说+特指问"，由此向 S 表明自己心里的真正疑惑，"我说"凸显的是对这种疑惑的先前认识以及疑惑得到解释后的恍悟认识状态。在该段对话中，W 已经对反常事实作出了推理，第 1—4 行与 S 的对话印证了她的推理，但这并非事实的全貌，通过第 7—8 行 S 的回答可知，午餐多加一个鸡蛋有另外的原因。

（170）#午餐吃了鸡蛋#

01.　W：你早上吃早餐了吗？
02.　S：吃了个花卷。
03.　W：光吃了个花卷儿？
04.　S：嗯。
05.→W：我说‥看你今天中午怎么还要了个鸡蛋。
06.　　　…
07.　S：我感觉我好久没吃鸡蛋了…
08.　　　我感觉脑子<@不够用@>。

语料中的 4 例中性表述都是针对当前谈话中出现的事物的即时讨论，说话者对当前事实产生疑惑源于对一般常理的违背或自我认知系统受到了挑战，例（170）属于违背了 W 认为的"鸡蛋一般在早餐吃"这一常识而产生的说话者的疑惑。例（171）则属于新鲜事物的出现对说话者已有的认识系统产生挑战，由此发出某种程度的疑惑：第 1—3 行 X 向 W 介绍新朋友 G 的名字，第 5 行 W 发出寻求确认的行为后，G 在第 6—8 行对自己的姓名逐一作出解释，W 在第 9 行随即表示了解，X 在第 10 行联系 W 所学专业幽默地评价 G 的名字，在第 11 行的"哦"表达 W 对 X 评价的赞同，随后第 12 行的"我说+疑问语气词"是 W 接续 G 介绍完姓名后的回应部分，引出自己听到 G 这一新奇的名字后的想法，第 13 行是 W 对 G 在第 6—8 行所作解释的强调和总结。"我说"凸显的是说话者 W 在接收到新的命名方式时在认识上产生的意外和转变。

(171) #新朋友的名字#

01. X：古＝
02. 　　英汉，
03. 　　你们名字都很特别。
04. …（1秒）
05. W：英语和汉语的英？
06. G：古代的古，
07. 　　英语的英，
08. 　　汉语的汉。
09. W：哦＝
10. X：很符合＜@你的专业@＞
11. W：哦＝
12. →　我说诶？
13. 　　＜@古代汉语英语和汉语都有了@＞
14. X：＜@@＞

通过上文对具体会话的分析发现，"我说"凸显言者立场的方式具体通过告知（例(165)）、提议（例(169)）、发问（例(167)、例(170)、例(171)）、评价（例(166)、例(168)）等言语行为得以实现。从说话者的交际意图来看，凸显劣势立场是为了寻求同情、安慰以及支持，凸显自我认同是为了寻求鼓励，凸显意外认识是为了寻求理解，三种立场表达模式都是为了引起听话者对当前谈话的高度关注。在以上各例中，听话者的回应都顺应了说话者的各种立场表达姿态，及时满足了说话者寻求立场一致的互动需求。

7.3.1.2 "我跟你说"的立场劝说功能

前文已经指明，14例"我跟你说"所在话轮主要用于执行告知言语行为，语料显示，"我跟你说"后边引导的句子类型较为丰富，结合其所在的序列语境可以分为不同的言语行为类型，从序列进程来看，既可以出现于发起话轮，也可以出现于回应话轮。表32、表33分别统计了"我跟你说"的序列分布情况和所在序列执行的言语行为类型分布情况：

表32　　　　　　　"我跟你说"的序列位置分布情况统计

位置类型	发起话轮	回应话轮	总计
数量（例）	10	4	14
占比（%）	71.43	28.57	100

表33　　　　"我跟你说"所在序列的言语行为类型分布情况统计

行为类型	告知	评价	提议	总计
数量（例）	5	7	2	14
占比（%）	35.71	50	14.29	100

结合表32、表33统计结果可知，"我跟你说"较多处于会话序列的发起话轮，整个序列主要执行说话者的评价、告知行为。提议行为通常由隐藏在序列中的评价行为引发。"我跟你说"处于回应话轮时是说话者针对前一说话者明确发出的疑问作出正式的解答。

评价用于表达说话者或作者对他或她所谈论的实体或命题的态度或立场、观点或感受，表达言者或作者的观点，它反映了那个人及其社区的价值体系；它构建和维持说话者、作者和听者、读者之间的关系；它组织会话。（Conrad和Biber，2000）"我跟你说"所在的评价序列主要体现为说话者对事物价值的估量，这些评价结果都是从个人体验中得来的，目的是使听话者就所谈及对象与自己形成一致评价，"我跟你说"表明说话者为听话者提供的间接经验是值得相信的。如例（172）所示，在S与W的饭间闲聊中，S首先开启话轮，引入"食堂新出的一款点心"这一新的谈话对象（第1—2行），这引起了W的关注和请求确认行为（第3行）。第5—6行S在话轮中使用先抑后扬的话语策略，用自身喜好衬托出这款点心的美味，第7—8行补充这款点心"量大"的特点。当W接收到完整的评价行为后，在第11行发出询问，想要尝试一下这款点心，这表明S的评价对W的意愿和行为产生了直接影响。

（172）#食堂的点心#

01.　S：哦＝我喜欢吃那个…（1秒）

02.　　　黑米外边夹 yu‥夹花生仁儿的那个,
03.　W：哦＝真的＝?
04.　S：嗯＝
05.→　　我跟你说我不爱吃甜的东西‥
06.　　　但那个我真的觉得很好吃‥(2秒)
07.　　　那个就是‥算是一半儿的主食了,
08.　　　如果两个人一人一半儿[还刚刚好。]
09.　W：　　　　　　　　　　　　[嗯＝]
10.　S：一个人吃有点儿点儿多。
11.　W：下午还有吗?
12.　S：不知道啊。

告知是"我跟你说"所在话轮本身执行的言语行为,是整个告知会话序列的构成成分,交际动因有两种:一种是说话者作为故事讲述者为听话者提供关键的新信息,一种是会话参与者对同一事物的认识深度、广度不同,因此说话者用"我跟你说"标记自我认识的权威性,同时引导听话者跟随自己的思路继续展开后续谈话。在例(173)中,D 向两位室友讲述上午的一小段经历,第 1 行的"我跟你说"处于发起序列的首个话轮,开启话题,告知新信息,引导听话者与自己站在同一认识地位中来还原当时的场景。

(173) #室友出门后#
01.→D：我跟你说今天你俩走了以后嘛,
02.　X：哦,
03.　D：然后老师给我发信息说,
04.　　　丹丹,
05.　　　我十点钟＜@会到学校@＞
06.　W：哦＝
07.　D：＜@@＞
08.　　　我那时候脸都没洗。

再如下面例(174)中,F 和 X 的职业都是小学教师,二人向 W 讲述她们的工作压力造成的亚健康状态。第 1—3 行话轮由 F 和 X 共同完成,表明老师身心压力大的原因。第 5—6 行发生了话语重叠,F 在第 6

行连续使用了"我跟你说+你知道吗"两种元话语，使其在下一话轮获得了话语权并发起一个新的话题，F用告知言语行为向W提供了"全国老师平均寿命50多岁"这一确切的数据，从比W更权威的角度引导W思考前边话轮表达的客观事实，W在第8行的反馈也印证了"我跟你说"这一立场劝说标记成功地引导了听话者的立场走向。

(174) #教师职业很辛苦#

01. F：我们那个班主任老师就‥［她说――］
02. X：　　　　　　　　　　［但是主要真的是］很难不动感情，
03. 　　老师很难不动感情，
04. W：哦=
05. X：因为［有的时候‥对！］
06.→F：　　［我跟你说‥你知道吗？］
07. 　　全国=老师的平均寿命是五=十多岁，
08. W：<@你你‥不‥你这样吓死了都=@>
09. F：但是――
10. X：吓的是咱俩‥好吗？
11. F：就是吓的是我俩，
12. 　　但是平=均年龄。

提议是说话者通过"我跟你说"劝说听话者对所谈论对象形成与自己一致认识，提议言语行为本身就包含着说话者对某事物的价值取向，并且从会话参与者的共同利益出发为听话者提供可选择的具体行动。在例（175）中，D向室友W、X推荐一款身体乳，D发起话轮的方式比较独特，在第1行先输出了形容词短语"真的"，利用它的高确信度来引起听话者的注意，随后在第2行用"我跟你说+祈使句"的话轮构建方式表达强烈的建议行为，W、X在第4—5行同时发出的笑声是对D提议行为的欣然接受，D因此能够在后边的话轮继续介绍该款身体乳的详细信息。

(175) #推荐身体乳#

01. 　D：真的，
02.→　　我跟你说你们一定要买这个身体乳，
03. 　　它有这种你知道吗，

04.　　W：［＜@@＞］
05.　　X：［＜@@＞］
06.　　D：这种盒儿的，
07.　　X：＜@好@＞
08.　　　…（1秒）
09.　　D：就是有这种盒儿的看见吗？…（1秒）
10.　　　就这种盒儿的。
11.　　X：哦＝

上述示例分析表明，会话序列所传达的评价、告知、提议言语行为都是主要讲话者不自觉地设计好的话轮推进模式，其中蕴含着说话者想要通过提供自我经历、感受、认识等引导听话者对所谈对象有更多的了解，从而使听话者产生与说话者一致的想法、意愿或行为。"我跟你说"凸显了这种言语意图，具有立场劝说的互动功能。

7.3.1.3 "我就说"的立场修补功能

语料中9例元话语用法的"我就说"在会话中具有表达说话者观点、表达合预期两种话语意义，前者发生在说话者继续追加当前话题相关信息的序列环境中，通常位于主要讲述者的发起话轮；后者产生于说话者对当前所谈论话题得到全面认识后的序列环境中，通常位于回应话轮，表34统计了"我就说"在口语谈话序列中的具体分布情况，统计结果显示，"我就说"较多出现于发起话轮，用于说话者在故事讲述中发表自我观点。

表34　　"我就说"的序列位置分布情况统计

序列位置	发起话轮	回应话轮	总计
数量（例）	7	2	9
占比（%）	77.78	22.22	100

在例（176）中，主要讲话者W发起"新图书馆将要投入使用"的话题，第1行是W对自己能否赶得上使用新图书馆的担忧，在第2行、第4行陈述事实，表达对"读博期间没能在图书馆学习"的遗憾。第5—

6行补充自己关于未来使用图书馆的具体预期,从而引出第7行对图书馆的最终评价和调侃,听话者X在理解了W这一立场的基础上将谈论对象扩展到普遍存在的一种现象(第8—10行、第12—14行)来支持W的立场。

(176) #能否赶得上使用新图书馆#
01.　　W:　我说=别等我们毕业了都没来得及,
02.　　　　 我博士三年都没进过去学习,
03.　　F:　唉!
04.　　W:　一直在修,
05.→　　　　然后我就说,
06.　　　　 <@那就只能说让我们去拍个毕业照@>
07.　　　　[摆设石锤!]
08.　　X:　[一般情况下都是这样的,]
09.　　　　 啥好东西‥自己用不着,
10.　　　　 然后一毕业[啥都 - -]
11.　　W:　　　　　　[对=]
12.　　X:　啥都齐的,
13.　　　　 就是这样,
14.　　　　 我们大学也这样。
15.　　F:　我们大学也是。
16.　　W:　<@我们大学也是@>

由于说话者没能在前边话轮明确地表达自己对谈论对象的立场,就需要在后续话轮予以补充或修正,以便使听话者从说话者提供的视角来拓展相关认识。2例处于回应话轮的"我就说"都是说话者根据当前谈话进程作出的及时反馈,前边可以加连词表示语义、逻辑上的承接,"我就说"要求说话者找到最恰当的时机插入话轮从而抢夺话语权。在例(177)中,F、X二人向W讲述自己管理不同年级学生的经验,当前谈话对象已经由小学生过渡到初中生,第1—6行F、X、W的对话表明,三人具有对初中生的一致认识,即"处于青春期的初中生比较难管"。第7行、第9—10行中,F根据前边话轮讨论出的客观事实和自身的条件得出"自己不适合教初、高中生"的结论,"所以我就说"加强了谈话的连贯性，接续了之前话轮中 F 所谈论的面对小学生的情况，在话语意义上补充了前边话轮由于缺乏对比项（小学生 VS 初、高中生）而未完全表达出来的观点，说话者 F 的立场是在与 W、X 的话轮转换、推进中得以明确的，"我就说"可以将言者观点适时地亮明出来，以达成对前边不明确立场的修补目的。

（177）#不适合教初、高中生#

01. F：初中［等着比咱们］高了，
02. W：　　［初中我觉得－－］
03. X：初中更管不了，
04. W：初中更可怕，
05. X：嗯＝对。
06. W：初中真的是青少年‥青春期，
07. →F：所以［我就说＝］
08. X：　　［对对对］
09. F：我真的不适合教初中，
10. 　　也不适合教高中，
11. 　　高中＜＠太高＝太猛＠＞
12. 　　我是‥站在他们面前不行，
13. X：真的，
14. 　　是这样。

7.3.2 "你说"及其变式的立场表达功能

本章考察的"你说"及其变式在自然口语谈话中都用作话语标记，其中"说"表达非现实情态的言说义，即当说话者输出"你说＋句子"的时候，"你"所指的听话者尚未对当前的新话题发表说辞，"你说"的意思与"你想"或"你觉得"类似，是言者提醒听者一起思考相关话题的元话语手段。因此需要通过进一步观察说话者与听话者的互动关系来探究"你说"及其变式在言谈会话中的立场表达功能。

7.3.2.1 "你说"的立场提供功能

前文已经讨论了位于话轮首位置的"你说"（18 例）后跟宾语从句有选择问句、是非问句、特指问句、正反问句、反问句这五种疑问类型，以及陈述句和个别特殊句式。位于话轮中位置的"你说"（6 例）前边共现成分有 3 例都是指示代词"那"，可理解为"这样的话"，表示语义逻辑上与前边话轮的承接，有 1 例"你说"前边共现成分是语气词"哦"，有 1 例"你说"前边共现成分是形容词"真的"，还有 1 例"你说"前边共现成分是"你说＋句子"。总之，位于话轮中位置的"你说"后仍可跟完整的宾语从句来表达说话者的不同语气。剩余 1 例位于话轮末尾的"你说"前边是完整的表否定义的句子。我们对"你说＋句子"的序列中的位置分布和所在序列的话语意义类型作出统计，得到表 35、表 36 的结果。

表 35　　"你说"所在话轮的序列位置分布情况统计

位置类型	发起话轮	回应话轮	总计
数量（例）	19	6	25
占比（%）	76	24	100

表 36　　"你说"话轮所在序列的言语意图分布情况统计

言语意图	否定	选择	占比
数量（例）	19	6	25
占比（%）	76	24	100

表 35、表 36 统计结果显示，"你说"所在话轮经常出现在序列位置的发起话轮，较少位于回应话轮，所在序列用来传递会话参与者的否定意图，较少传递选择意图。带有明显否定意图的谈话主要指说话者针对谈话提及对象的某种做法进行否定，以此来引起听话者对这种做法及说话者所表现出的态度的思考，目的是邀请听话者提供具体的评价。如例（178）所示：X 向 W 讲述自己的一个朋友多次结婚的事情，X 首先讲述了"她"再次离婚的原因（第 1 行），再解释"她"为何会到处宣扬离婚的原因（第 3 行、第 5 行）；第 7 行"你说"后引导的"VP 就 VP"句子表示让步，后续话轮继续介绍事情进展，在第 11—13 行呈现最终的结

第7章 言说类认证义动词"说"及其典型结构的立场表达 195

局是闪离后又闪婚。在故事讲述中，X 对"她"闪离闪婚的否定态度通过"你离婚就离婚呗（第 7 行）""就这种（第 9 行）""她又结婚了（第 13 行）""天呐（第 14 行）"等隐性评价的连续输出体现出来。其中，"你说"所在话轮起到承上启下的过渡作用，为听话者 W 提供了"她离婚""她结婚"这两段先后发生的故事情节以及对该事件的不理解、诧异等否定态度，据此，听话者 W 在第 15—16 行最终作出总结性观点"女孩子有好的教养非常重要"。

(178) #离婚的原因#

01. X：她就…她就到处宣泄他这个二夫…（1 秒）<@哪儿都不行@>
02. W：天呐 =
03. X：她是‥她可能就是因为没上过学嘛，
04. W：［嗯 =］
05. X：［她就 =］…可能也…也不太懂这个，
06. 　　她就…（2 秒）跟谁都说，
07.→ 　你说你离婚就离婚呗，
08. 　　她可能就是想说这离婚不怪我，
09. 　　就这种，
10. 　　她就说这个…（2 秒）
11. 　　然后就闪离了，
12. 　　等到 =…（2 秒）嗯 = 对，
13. 　　现在 = 就上一次我在家的时候她又结婚了，
14. 　　［我说天呐这个－－］
15. W：［你不说我都］不知道女孩子有…有好的这种…教养啊什么，
16. 　　就是多‥多宝贵…
17. X：嗯 =

当谈话内容涉及社会常理时，如例（178）所示，会话参与者较容易对言谈对象采取一致立场，而当所谈内容表达个人主观推论时，说话者提供的否定观点又可能被听话者否定，从而产生分歧立场。在例（179）中，W 告诉室友自己现在越来越喜欢吃零食，第 1—3 行的言外之意指向 X 经常在宿舍买零食的事实，X 领会到了这层含义后在第 4 行用反问句对 W 进行反驳。整段对话 W、X 对零食的态度都是否定的，都认为吃零食不好，但就 W 养成吃零食习惯的原因持不同意见。正是由于 W 没有明确提出自己的立场，第 4 行 X 的"你说"就具备了提供明确的个人立场的作用，W 在第 6 行先对 X 的立场进行反驳，在第 7—8 行再作出调整与让步，放弃二人对立立场，将矛头指向客观事实。

（179）#喜欢吃零食的原因#

01. W：我以前是没有的，
02. 现在是被培养成了这种感觉，
03. 你看这一堆…好吃的<@@>
04. →X：你说这能怪我吗？
05. W：<@@>
06. <@这不怪你怪谁@>
07. 怪疫情，
08. 把我们封住了…

"你说"所在序列为选择意图是指，当前所谈论人、事的立场结果是开放性的，说话者先就关键方面作出陈述、提出疑问，用以引发听话者的思考，形成立场空位。就立场结果来看，会话参与者可以将立场空位搁置，就此结束话题，也可以对提供的选择作进一步的讨论，直至明确的立场结果出现。在例（180）中，D 和 W 就"疫情防控期间是否需要出国留学"展开讨论，此处 D 就可能会遇到的情况进行分析，但并未明确提出自我观点，第 7 行的"你说 + 选择问句"与前边第 1—4 行所谈内容一起向 W 提供一种思考当前话题的方式，W 在第 8 行用笑声结束了当前谈话，形成立场空位，表明当前谈论的话题是很难说清楚的。在例（181）中，X 通过讲述自己师妹找工作的经历表明学校拥有某头衔的重要性，第 6 行 W 用"你说"引导"将来学校评上某头衔"这一假设条件，并在第 7 行为 X 提供了该条件为真时发生某事的可能性，以供 X 根据条件和可能出现的结果作出自己的判断。

（180）#疫情防控期间出国的问题#

01. D：他现在要去的话，
02. 就是有一些学生他可以不用去，
03. 但是…比如说那些即将毕业的学生，
04. 他的论文‥要跟导师当面对谈的这种情况，

05.　W：哦=…（2秒）
06.　　　就是。
07.→D：你说去还是不去。
08.　W：<@@>

（181）#学校评某头衔#
01.　X：<@我师妹说@>
02.　　　老师你别找了，
03.　　　<@我们学校不在这里@>
04.　W：<@@>
05.　　　哎呀=…（1秒）
06.→　　真的‥你‥你说将来如果我们学校评上，
07.　　　那些毕业的学生还算吗？
08.　　　…（1秒）
09.　X：我觉得=算，
10.　W：哦=
11.　X：嗯=

7.3.2.2 "你就说"的立场聚焦功能

"你就说"元话语用法只有4例，其中3例都处于序列环境的发起话轮，是发话者为了详尽地讲明事情发展及其缘由，选择某一点切入，从具体细节引发听者的思考和再认识，整个序列蕴含着说话者的质疑、否定态度。回应话轮的1例"你就说"是当前说话者对前一话轮的叙述进行总结。两种序列位置的"你就说"都能够将谈话内容由宽泛的讲述聚焦到具体的某一价值取向上面。例（182）中，第5行的"你就说+陈述句"位于发起话轮，在F向X、W二人表达对大学食堂的怀念以及对现在单位食堂的不满意后（第1—2行），第5行的"你就说"是F提醒听话者话题将在此发生转变，由前边的主观感受和评价聚焦到对"和学生一起吃饭""饭菜种类不多"事实的描述上，从而形成对所谈对象更清晰的认识。例（183）中，"你就说+疑问句"位于回应话轮，F在描述了自己班级学生的课堂表现后，W发起了寻求确认的话语（第1行），F在第3行加入了新信息"不正常"后，W继续追问（第4行）；在第5—6行F从老师的角度出发，告诉W对行为不正常的学生会采取一定措施；

W 最终明白了 F 的意思，在第 7 行输出了对前边所有话轮的总结性话轮"你就说+评论语句"，其中"你就说"既表明 W 对 F 所述内容的理解，又表明 W 掌握了该段话题进程的落脚点。

（182）#大学食堂和单位食堂的对比#
01. F：其实我还挺想念北语食堂的，
02. 　　因为我们现在食堂不如北语。
03. W：是吗？
04. X：嗯。

（为节省篇幅，此处省去确认是否是公有制单位的 7 个话轮。）

05. →F：<u>你就说</u>现在中午就是跟他们一起吃饭，
06. 　　稍微比我们学校好了点儿，
07. 　　但是…一直是那几样，
08. 　　那就是大概吧啊，
09. X：嗯。
10. F：就那些菜。

（183）#小学生的自制力#
01. W：还有学生在课上大喊大叫？
02. …
03. F：有那种‥不正常的偶尔有时候有呀，
04. W：啥不正常？
05. F：但是那‥一开始，
06. 　　他肯定老师会制止的，
07. →W：<u>你就说</u>‥他没有太大自控能力是吧？
08. F：对 =

7.4　本章小结

"说"类认证义动词与第一、第二人称代词构成的"我说""你说"结构在自然口语谈话中高频出现，在我们统计出来的 70 例元话语用法的"我说"及其变体中，有 50 例属于立场表达元话语；49 例元话语用法的"你说"及其变体中，有 33 例属于立场表达元话语。本章分别考察了

"我说""我跟你说""我就说""你说""你就说"所在话轮与自然口语谈话语境的互动关系，结合其所在序列的言语行为和言语意图考察了它们的立场表达功能。

根据统计数据和实例分析发现，"我说"常位于话轮首位置，根据后续小句表达陈述、疑问、祈使、感叹四种不同语气类型，其元话语意义可概括为"表示主观想法、打算"，在感叹句中虚化程度更高，"我说+句子"所在话轮通常作为会话序列中的发起话轮，在消极表述中凸显说话者的劣势立场，在积极表述中凸显说话者的自我认同立场，在中性表述中凸显说话者获取意外认识的立场。"我跟你说"属于典型的话语标记用法，主要用于话轮首位置，也可用于在话轮中、话轮尾和独立充当话轮，执行说话者郑重的告知言语行为，而其所在序列可以执行会话参与者的告知、评价、提议言语行为，"我跟你说"在其中起到立场劝说的作用。"我就说"主要出现在话轮中位置，也可出现在话轮首、话轮尾位置或独立充当话轮，用于引述说话者观点或表达说话者的合预期，在会话参与者讨论人、物、事件的会话序列中起到立场修补的作用。

"你说"常位于话轮首位置，较少位于话轮中、话轮尾位置，其后续小句有疑问句、陈述句、反问句、特殊句式、人称代词几类，"你说+小句"既可以表达说话者邀请听话者发表意见，又可以表达说话者对所谈论对象的主观情感态度，主要位于发起话轮，所在序列反映会话参与者的否定言语意图，较少出现在回应话轮，所在序列也可表达会话参与者的选择言语意图，"你说"主要起到立场提供作用。"你就说"可出现在话轮首、话轮尾位置或独立作为一个话轮，在语境中浮现出引出新话题或主观态度的话语意义，所在序列都蕴含着会话参与者的质疑、否定态度，"你就说"具有将当前谈话转换到某一角度再展开立场表达的立场聚焦功能。

第8章

认证义动词与立场表达的互动关系

本书的主要研究目的是考察现代汉语认证义动词如何实现立场表达这一社会互动功能,"以为""知道""觉得""说"作为言谈会话中的常见动词,本身就具有明显的言者视角,既可以与其他语言资源一起构建话轮,又可以与不同的人称代词结合,形成了各自的典型结构,在立场表达中起到不同的功用。本章将从这四类认证义动词及其典型结构的共性、个性方面探讨其与立场表达的互动关系。

8.1 人称代词在立场表达中的作用

8.1.1 第一人称代词"我"的约束性

乐耀(2020:115)对现代汉语传信语中人称使用情况作出统计、分析后发现,第一人称主语句所使用的传信语大部分表示感官亲历、确认性和证据推断,这些表示信息来源和获取方式的成分可以帮助说话者增加信息的可靠性。本书的研究对象主要是第一人称代词"我"与认证义动词搭配的高频使用形式"我以为""我觉得""(我)不知道""我说",语义上分别表示认识、经验/观点、知晓程度、内心想法,语用意义分别为反预期、主观评价、不确信/缺乏知识、郑重告知。因此,第一人称代词"我"所述信息都来源于说话者的自我经历和主观判断,"我"与认证义动词的结合是为了给输出的信息划定范围,即说话者对自己的言行负责,可将其视为一种说话者对所传达话语信息的自我约束力,实

际上并不是为了增加信息的可靠性,反而是为了凸显信息的主观性,这可以通过下一话轮证明程序体现出来。请看例(184):

(184) #换发型#
01.　W：很 fashion！
02.　　　今天老师有没有‥[同门有没有说]？
03.　X：　　　　　　　　[没竟然没有一个人说我]。
04.　W：哦,
05.　　　大家--
06.　　　你们都太学术了。
07.→X：我觉得她们可能对我都没啥印象<@@>。
08.　W：不不不,太<XXX>。
09.　　　哎呀,
10.→　　我觉得好看=,
11.　　　他剪得好看。
12.　X：是吗？
13.　W：嗯。

例(184)中,第7行"我觉得"后引导说话者的主观推论,第10行的"我觉得"引导说话者的主观评价。第7行X的意思是"因为同门之前对自己的外貌印象不深刻,所以即使换了发型也没人察觉出来",X比W更了解自己同门的情况,但W在第8行的回复是对X观点的强烈反对,认为X的分析不合理;第10—11行W又继续强调自己对X新发型和理发师技术的肯定与赞扬,W相较于X及其同门对X的新发型观察得更仔细,有更直接的感官体验,但在第12行X仍表现出不相信的态度。因此,即使说话者相较于听话者处于优势认识地位,即使在即时发生的面对面的谈话中,这种具有强烈主观性的话语依然有可能得到听话者的否定和质疑。

我们统计了"我"做"觉得""以为""知道""说"主语时所在谈话序列的立场互动结果分布情况,可分为趋同立场和相异立场两种,表37统计结果显示,大体而言,四种认证义动词与"我"构成的典型结构都更常表达趋同立场;仔细区分,第一人称代词"我"与认证义动词"觉得""说"构成的主谓结构倾向于在言谈互动中表达趋同立场，而"我+（其他成分）+以为""我不知道"结构表达相异立场亦是常态。

表37　　"我"+认证义动词结构所在会话的立场结果统计

结构 \ 结果	趋同立场（例/%）		相异立场（例/%）		总计（例/%）	
"我+（其他成分）+以为"	10	62.5	6	37.5	16	100
"我+（其他成分）+（不）知道"	40	57.97	29	42.03	69	100
"我+（其他成分）+觉得"	160	71.11	65	28.89	225	100
"我+（其他成分）+说"	35	70	15	30	50	100
总计（例/%）	239	68.09	112	31.91	351	100

8.1.1.1　立场趋同序列

所谓趋同立场就是，在当前话题结束时，会话参与者形成了关于谈论对象的较为一致的认识。以上认证义动词典型结构所处序列一开始是主要说话者的单一立场占优势，当听话者通过接收信息逐渐参与谈话中时也就形成了自己的立场，这样，会话参与者之间不断协商后双方/多方立场趋于相同。

1. "我以为"结构

"我+（其他成分）+以为"常出现在发起话轮，表达说话者对自我先前认识、行为的否定，反映了言者先前认识与事实情况之间的信息差，并伴随着对这种信息差产生原因的解释，由于"我+（其他成分）+以为"在口语对话中的解释力较强，听话者一般都能领会到说话者的话语意图，因此回应内容大多是"哦""嗯"等肯定应答语，或者是笑声、叹气等多模态资源，或者是提取信息式的部分肯定，或者是顺着事实往下追问，这些回应方式反映出听话者不同程度的参与度。其中，语音延长的"哦""嗯"表达的是听话者对说话者所述内容的接收、所表达立场的思考，而笑声、叹气则是听话者更自然的生理反应，表明其在情感上对当前话题有更深的介入。提取信息式的部分肯定是听话者通过重复说话者前边话轮中的某一语言成分对其加以肯定,如例(185)第9行中,W对S在第8行输出的"嘴疼吃不下饭"的猜想予以肯定。听话者更高参与度的表现就是直接站在说话者的原有立场上进行后续推论,这种省略了思考和肯定程序的趋同立场表达方式有助于会话双方共同完成立场的构建,体现出极强的言谈互动性。再如例(186)所示,第1—2行、第4—6行、第8行都是X讲述在自习室偶遇W的朋友这一已然事件,W在第3行、第7行、第9行都使用了语音延长的肯定应答语"哦"回应X,表明自己在努力跟进讲述内容。结合谈话背景可知,X与W的朋友本不熟悉,因为偶遇而展开的谈话增加了二人的了解,在整段讲述内容中,X表达的是惊喜、乐意的情感态度,第10行表明,W完全接收了X前边的讲述内容,并理解这一立场,所以作出推论并向X寻求确认。第11行X的肯定回应也引发了W对整个事件的惊喜、满足情感态度,二人立场达成一致。

(185) #吃饭慢的原因#

01. W:我今天已经故=意放慢速度了,
02. 　　不是故意,
03. 　　就是我吃不快今天。
04. S:为啥?
05. W:我不知道,
06. 　　最近胃口不太好。
07. …(2秒)
08. →S:我还以为你想说你嘴疼了还是怎么着。
09. W:嘴也疼。
10. S:嗯…(1秒)
11. 　　适合吃流食。

(186) #偶遇朋友#

01.→X:因为我以为她一般=就和你们在··教一呢,
02.　　[她说…]
03. W:[哦=]
04. X:那个=…她说这就是我的位置,
05. 　　然后··她说我一般都在这儿,

06.　　　只是她有时候回家或出去⋯
07.　W：哦 =
08.　X：不常来那里，
09.　W：哦哦 =
10.　　　然后你们‥走‥一起回来的?
11.　X：嗯。
12.　W：哇!

2. "我觉得"结构

"我 +（其他成分）+ 觉得"位于发起话轮时，说话者处于优势的认识地位，说话者告知听话者自己对所经历之事的观点或感受，听话者在听到新信息时及时作出回应以表明自己的参与，常用的回应语有"嗯""哦""对""是"，这些肯定应答语通常会伴随着语音的延长、形式上的叠连以及笑声等语言、非语言互动资源，以表明自己在努力接收、积极思考、认真参与，随着当前谈话的进一步开展，听话者对说话者所持立场有越来越多的了解。除此之外，听话者也会在回应话轮对说话者所述事实进行总结、提出建议、发出感叹、作出评价，这属于更高程度的参与。例（187）中，第5行的"觉得"句展现了说话者B的主要立场，即"作为女生，更喜欢有人陪伴自己一起学习、生活"，从而与第1—2行的"尚博士喜欢独处"作对比。第7行是听话者W针对B的观点所作的推论，从客观现象当中总结出一种具有普遍意义的规律："男女性别差异造成了各自不同的生活方式"，这样，W不仅表现出与B相同的立场，也在积极寻找该立场产生的原因，为双方谈话找到了理论依据。

（187）#男生女生的生活方式#
01.　B：因为尚博士每次都想 = 自己嘛，
02.　　　就是他很享受他自己 =
03.　W：[嗯 =]
04.　B：怎么怎么样，
05.→　　但<u>我</u>就<u>觉得</u>好像有一个人跟我一起会好一点。
06.　W：是 =
07.　　　男生女生不太一样?
08.　　⋯（1秒）

09.　B：可能。

位于回应话轮的"我 +（其他成分）+ 觉得"常以"我也觉得""我也这么觉得"等"主语 + 也 + 觉得"句式来表达趋同立场，这属于有标记的用法，所以可将这种与副词共现的结构视为趋同立场标记语。此外，听话者也常在说话者讲述暂停时承接话轮，对其所述事件、现象进行实时总结，如例（188）所示，听话者 X 在 W 讲述完自己与初中班主任的微信聊天内容后，在第 9 行先用笑声表明对其立场的理解，第 10 行、第 13 行转而对老师的记忆力作出肯定评价，这是从 W 第 1—8 行所述内容中提炼出来的整体印象；第 14 行 W 进行补充肯定，在第 15 行 X 的肯定应答后，二人对当前话题形成了一致的立场。

（188）#与初中班主任老师的微信聊天#
01.　W：我就说时间很快嘛，
02.　　　然后她‥她的那句话就让我很想哭，
03.　　　她说＝嗯‥感‥就是…
04.　　　想起初中那时候还‥嗯＝‥记得‥昨天，
05.　　　就好像是在昨天，
06.　　　你还是那个…（1秒）额＝‥勤奋踏实乖巧懂事的小女孩儿，
07.　　　小姑娘，
08.　　　她一说这个我就好想哭…（2秒）
09.　X：＜@@＞…（1秒）
10.→　　我觉得这老师的记忆虽然带那么多学生…
11.　　　［还是 − −］
12.　W：［哦＝］
13.　X：挺深刻的。
14.　W：她每一届每一届她都能分清。
15.　X：对＝

在下面例（189）中，寻求确认的 W 在第 2 行、第 4 行展示了所持发票的抬头信息，在第 6 行提出对发票报销的怀疑。X 在第 7 行对第 2 行的"财政部"这一关键信息予以强调和肯定，X 所作回应是基于对所谈论对象的个人经验得来的，这对没有经验的 W 来说具有较高的参考价值，因此 W 很快认同了 X 的分析。在这段对话中，X 的信息（第 7—8 行）对

W 来说是新信息，也是 W 所需要的信息，因此 W 对 X 的立场是无条件地、被动地接受，从而达成谈话的趋同立场。

（189）#发票能否报销#

01. W：但是‥你看，
02. 　　 我这儿写的是河南省财政部。
03. D：我看看。
04. W：这个…章儿。
05. 　　 （（清嗓子））
06. 　　 应该报不了吧？
07. →X：我觉得好像财政部监制，
08. 　　 有这［几个字就行。］
09. W：　　　　［哦＝］

3. "我不知道"结构

相较于其他认证义动词典型结构，带有否定副词"不"的"我不知道"在口语谈话中基本上不表达趋同立场。当会话参与者的其中一方用"我不知道"表达"低确信度""低知晓度"时，若要实现最终的一致立场结果，另一会话参与者就需要承认当前说话者的认识地位。根据听话者对所谈论内容的可及性高低，可分为听话者对说话者立场的有意识的趋同、听话者对说话者立场的无条件的趋同这两种类型。下面例（190）属于前者，例（191）属于后者。例（190）中，即使 W、X 二人对跑步的观点是截然相反的，但是在当前谈话中，W 在第 1—3 行直接表达自己不喜欢跑步及其理由后，作为跑步爱好者的 X 在第 4—6 行、第 8—9 行以及第 15 行都始终站在 W 的角度思考跑步的不同体验和影响，从而表达对 W 不喜欢跑步的理解，并给出合理建议。例（191）中，B 在第 1—3 行向 W 表达现阶段自己难以决定买房的事实，在第 6 行 W 推断出其中的原因是无法确定以后在哪个城市生活，并寻求 B 的确认，第 7 行 B 回应"我不知道"时与第 6 行话轮最后的"也不知道"发生了部分话语重叠，印证了 W 的推论是正确的，在第 8 行 W 回应肯定应答语"哦"结束了对话。其中，W 与 B 二人的立场趋同是通过谈话中不断出现的现实客观条件、隐藏于话语背后的社会常理共同推动来完成的。

(190) #对跑步的看法#
01. W：诶呀我我…可是我提起跑步我老有点儿紧张，
02. 　　因为我觉得‥无聊，
03. 　　然后…趋同
04. X：对＝
05. 　　我一个师姐就说‥她不喜欢跑步，
06. 　　她‥觉得没意思，
07. W：哦＝
08. X：它一直在重复嘛…
09. 　　绕圈儿。
10. W：对＝
11. 　　（（咂嘴））
12. 　　就感觉我跑着跑着好绝望的那种感觉，
13. →　<u>我不知道</u>‥
14. 　　好严重。
15. X：你可以‥趁那个时间安静下来。
16. W：嗯嗯＝
17. 　　我也是这么想的。

(191) #未来的计划#
01. B：要么就是…买‥买的话什么时候买，
02. 　　要么就是不买，
03. 　　不买的话原因[是什么]，
04. W：　　　　　　　[嗯＝]
05. B：就觉得不买的话每次都被她念。…（1秒）
06. W：那你们是真的会以后不会留在北京吗也不[知道]。
07. →B：　　　　　　　　　　　　　　　　　[<u>我不知道</u>＝]
08. W：唉，哦＝

4. "我 +（其他成分）+ 说"结构

"我 +（其他成分）+ 说"结构具体指"我说""我跟你说""我就说"这三个固定表达式，它们最常用于趋同立场的表达，但实现趋同立场的路径不同。"我说"主要通过展示明显的个人情感态度来获取听话者的关注和情感回应,这种立场趋同结果一般是暂时性的情感共鸣;"我跟你说"主要通过展示说话者的[K+]认识状态向听话者宣告实现趋同立场的必要性;"我就说"主要通过位于回应话轮的总结式的补充内容来表明说话者对达成趋同立场的需要。在这三种表达式所在的序列中,都传达出说话者明显的立场取向,听话者也都能识别出这种由强烈的情感需要、认识上的绝对权威构成的立场标记,从而遵循会话合作原则中的礼貌原则,采用语言资源(如肯定应答语)或非语言资源(如笑声、咂嘴、停顿)来与说话者共同实现寻求一致立场的交际意图。相关示例参见第七章,此处不再赘述。

8.1.1.2 立场相异序列

立场相异的结果体现为问题的搁置、话题的分散、谈话者的妥协。会话序列最终的相异立场主要通过会话参与者对不同语言形式、话语内容的否定得以实现:"我以为"是说话者通过展示自己之前的预期来求取听话者对当前信息不一致的确认,同时继续坚持自己之前的立场取向,听话者则通过引述事实表达不一致立场。"我觉得"要么是说话者对自己状况的否定,听话者表示不理解而继续追问;要么是说话者发起一个跟前面话语内容相对立的观点或事实,听话者作出否定回应,常用的有"没有""不是""但是";也可能是说话者表述完整的立场之后,听话者没有作出针对性的回应,而是重新发起一个话题展开对关于自己所经历事情的叙述,这其实是一种转移策略,即为了避免直接否定上一说话者的立场,而将自己升级为主要讲述者来转移双方的立场焦点。"我不知道"表面是说话者对自己知晓度的否定,实则是一种回避策略,即对于前一说话者的观点存疑、不理解、不赞同,但出于礼貌原则说话者选择将质疑的问题归算到自己的低知晓度上,为听话者提供进一步解释当前所谈论话题的机会,但是会话参与者之间属于竞争式的观点交换,最终没有达成一致立场,且以一方的观点为主要导向,另一方负责接受事实并妥协。"我说""我跟你说""我就说"在表达相异立场时,在序列上的特征是,会话参与者虽然谈论的是同一个话题,但由于各自都有较高的可及性,谈话目的只是为了平行地推进当前谈话,交换各自的不同观点,因此最终不会达成一致的认识。下面举"我不知道"的一例加以说明:

（192）#行李箱有多大#

01. S：我有一个小的红色行李箱，
02. W：嗯＝
03. S：如果你现在挑不下的话可以先拿着我那个用。
04. W：你那个多大？
05. 　　多少寸？
06. …（2秒）
07. S：你等下要不要去我们宿舍看一下。
08. …（1秒）
09. W：你＝你大概多少寸你说一下嘛。
10. →S：我不知道＝…
11. 　　大概这么大，
12. 　　两个sh‥两个盘子。
13. W：哦＝
14. 　　就是特别小的是吧？
15. 　　就拉上来到你哪儿？
16. 　　到你小腿肚那儿？
17. …（1秒）
18. S：嗯。

例（192）的谈话背景是，W告知S自己需要尽快网购一只行李箱，以便出差时使用。第1行、第3行S告诉W自己有一个可能满足W需要的行李箱并且愿意借给W；第4—5行W想要确认行李箱具体有多大以便做出决定，在思考了两秒后S以建议言语行为答复W，想要W去自己宿舍直观地评估一下，但是W由于个人原因并不想去S的宿舍，因此继续追问行李箱的确切尺寸，在第10行S给出了"我不知道"的否定回应，这也是S在第6行提出建议的原因所在，即她自己对行李箱的尺寸没有概念；接着在第11—12行用饭桌上的盘子进行比对，使W得到了基本满意的回应，在第14—16行W就此作出推论和分析，形成对S行李箱尺寸大小的基本认识；S在第18行回应的"嗯"只是对W分析的应答语，但对于S来说并没有改变自己的立场，仍然想邀请W去自己宿舍实地查看行李箱的尺寸。实际上该段对话以S的立场获胜，W最终同意并采纳了S

的建议。

前文表 37 显示,"我"做主语时,认证义动词及其典型结构倾向于表达趋同立场。除上述对序列中的立场趋同、相异结果的分析之外,我们发现,第一人称代词"我"在立场表达及其结果的达成中具有重要的元语言话语功能:"我"与"以为"的结合是将反事实的情况限制在说话者的自我认识范围内,这就为听话者提供了否定说话者先前认识或肯定说话者当前经历、认识的机会;"我"与"觉得"的结合是将体验、观点通过第一手的信息来源方式展示出来,使得听话者开始联想、反思自己的相关体验或观点,以此为参照点来理解说话者的立场;"我"与"知道"的结合是说话者诚实地向听话者展露信息知晓程度或对谈话内容的态度,听话者更容易根据信息差和言者态度推断言者立场,从而及时予以解释、建议、附和等;"我"与"说"的结合是说话者将自己对所谈论内容的理解和观点公开地宣告出来,显示自己对话题的监视与跟进,这样能够给听话者传递出"需要重视我的立场"的互动目的,以便得到即时的、较高参与度的立场反馈。

8.1.2 第二人称代词"你"的邀请性

第二人称代词"你"在口语体会话中与认证义动词的常见固定搭配为"你知道""你知道吗""你觉得呢""你以为""你以为(呢)""你说""你就说",但在语料中各自的分布差异很大,"你知道"在语料中出现了 37 次,"你知道吗"出现 52 次,"你觉得呢"仅出现 2 次,"你说"出现了 25 次,"你就说"出现了 4 次,"你以为(呢)"没有出现,因此我们补充了影视作品、文学作品中的口语对话作为分析材料。其中"你知道""你说""你就说"是陈述语气的主谓结构,而"你知道吗""你觉得呢""你以为呢"结构都是问句的形式,"你知道吗"在口语会话中不需要听者回答,是言者提醒听者注意话语信息的一种话语标记;"你以为呢"既有疑问语气也有反问语气,后者是本研究考察的重点。语料中的 2 例"你觉得呢"的重音在"你"上,句末呈下降语调,表达言者反问语气。如例(193)第 3 行,F 用"你觉得呢"并不是对 W 在第 1 行所提问题的正面回答,而是用反问的语气一方面邀请 W 自己去思考揣摩。"上班后的花销到底比在学校少还是多"这一问题,另一方面是对 W

所提问题必要性的质疑,即 F 认为 W 不应该提这个问题,略带指责意味。X 在第 2 行、第 4 行已经替 F 回答了 W,因此 W 也在第 5 行输出了语音延长的"嗯",表明自己已经得到了确切的答案,并在第 6 行从与 F、X 一致的立场上推导出"上班后花钱多"的原因,最终得到了当事人 F 与 X 的肯定和解释(第 7 行、第 9—11 行)。

(193) #上班后的开销#

01. W:那‥所以你觉得‥上班以后你们的花销‥比在学校少还是多?
02. X:多呀。
03. →F:<u>你觉得呢?</u>
04. X:肯定多。
05. W:嗯 =
06. 　　因为挣得多了。
07. F:对。
08. W:首先这是一个很重要的原因。
09. X:对,
10. 　　就‥就会总觉得挣多钱了我现在可以‥放开花,
11. 　　但‥就是一不小心会花很多。

在实际谈话中,听话者会根据说话者输出的句法结构、话语韵律特征、话题内容等语言资源来预测话轮的可能结束点,从而着手承接话轮。当说话者输出第二人称代词"你"搭配认证义动词时,无论是疑问语气、反问语气还是陈述语气,都是一种对听话者作出邀请的信号。具体而言,陈述语气的"你知道"是说话者邀请听话者对其所述内容投入高度的注意力,并提醒听话者接收相关信息作为展开会话的共有背景知识;疑问语气的"你知道吗"是说话者邀请听话者对当前所述话题尽快作出自己的立场站位,并参与到后续讨论中来;反问语气的"你以为呢"是说话者邀请听话者反思自己的先前认识,以求对反事实的内容达成在情理上应有的立场站位;"你觉得呢"是说话者邀请听话者重新思考所提问题的必要性,并由此为出发点反驳说话者的立场;陈述语气的"你说""你就说"是说话者在叙述中插入第二人称的视角来邀请听话者与自己一起思考当前所谈内容,并且期待在立场上得到对方的支持。

有不少学者都讨论了人称代词"你"的移指现象与互动、立场的相关性。（张磊，2014；史金生、王璐菲，2021；张佳玲，2022）其中，张佳玲（2022）区分了第二人称代词"你"发生移指的类型，包括移指第一人称"我""我们""咱们"、移指第三人称"他/她""她们"、移指话题对象以外的人以及移指任何人这四种类型；并指出"你"的移指用法是说话人在表达非中性立场时诱使听话人主动认同的一种互动手段，像"觉得""说"等都是表达认识立场的词汇手段，它们"既帮助表达了说话人的立场，同时也营造了一个诱发语境，当用'你'移指时，可以诱使说话人主动认同说话人的立场"。张文的分析与我们上文提到的"你"的邀请性特点是一致的，虽然我们的语料中"你知道""你知道吗""你觉得呢""你说""你就说""你以为（呢）"中的"你"基本上都指向听话者，但这些话语都发展出元语言的功能，"你知道""你说""你就说"后引导的话语实际上是听话者并不知道、未表达的内容，"你知道吗""你觉得呢""你以为（呢）"实际上也不需要听话者回答，因此"你"的指称功能已经虚化，或者理解为移指，即由指称听话者转变为指称包括说话者在内的会话参与双方，整个认识结构是会话合作共建的一种手段。

8.2　认证义动词的立场标记化

本研究考察的"以为""知道""觉得""说"这四类认证义动词本身就表达言者的认识、知识、评价或感觉、观点等，这些内容都带有鲜明的个人印记，表达一定立场，在与人称代词结合后，在立场表达的过程中浮现出更多的话语功能。这种形式与功能的结合在口语对话中得到高频使用并固化下来，成为汉语立场表达系统中的重要组成部分，那么这种逐渐稳固的立场标记语是如何形成的？下面从语境吸收、句法环境两方面作进一步探究。

8.2.1　认证义动词的语境吸收

口语谈话语境的动态发展变化对认证义动词的立场表达功能起到强有力的塑造作用。就立场结果（谈话结论）来说，立场趋同体现为双方认识地位趋向平等、产生同等的评价以及情感上的强烈赞同，立场相异体现为双方观点的对立、对新信息的质疑以及情感上的回避等。无论是立场趋同还是立场相异，在结果浮现出来之前，会话参与者都会使用各种语言或非语言资源并加之以语用策略来协同地实现立场表达，这就要求我们对收集到的语料进行语境敏感的分析（Context-sensitive Analysis），具体指对认证义动词所在话轮、序列与言语行为之间互动关系的考察。通过对谈话内容的分析和归纳发现，评价（Assessments）、提议（Offers）、告知（Informings）、提问（Questions）是谈话者设计话轮、推进序列所完成的四种主要行为类别。

具体而言，根据评价与参与者之间的关系以及评价是积极的还是消极的，可将评价行为分为不同的子类别，例如，当可评价对象是一个外部对象、情境或属于接收者领域的第三方，那么说话者的积极评价行为将被视为一种赞美，（Golato，2005）相反地，如果可评价的内容属于说话者的领域，那么说话者的消极评价行为将被视为自我贬低。（Pomerantz，1984）提议属于一系列被称为"控制动作"的动作类型，即说话者试图影响说话者活动的会话行为，（Ervin-Tripp，1981：196）在提议中，说话者提议的目的是指向接收人的利益的。（Couper-Kuhlen，2014）大多数话语被认为至少包含一些"新的"信息，这些信息不是在情境中或先前的话语中可以得到的，在传递这一信息时，消息发布者或告知者传达了一种信念，即对方不知道但应该知道。（Heritage，1984）提问（Questions）是一种社会行为的标签，对话者（提问者）要求接收者（被提问者）向他/她提供有关被提问者认为对某些事物有更多了解的信息，提问实际上是请求信息的行为。提问者的"不知道"程度可以从完全不知道问题（在这种情况下，说话者完全［K-］），到对答案有或多或少的明确预期（在这种情况下，说话者部分地［K+］）。对信息和确认的请求都将被称为提问。（Couper-Kuhlen 和 Selting，2018）笔者对"以为""知道""觉得""说"所在话轮表达的行为类型进行了划分、统计，结果如表38所示：

表38　认证义动词谓语句所在话轮的行为类型统计

行为＼动词	以为	知道	觉得	说	总计（例）
评价	—	26	145	27	198
告知	25	219	162	33	439
提议	—	7	31	7	45
提问	1	19	17	26	63
总计（例）	26	271	355	93	745

表38中，第3、4、5列"知道""觉得""说"的总计分别是271例、355例、93例，都分别多于我们在语料中的考察总量254例、342例、86例，这是由于其所在话轮和序列有可能同时表达两种言语行为。从言语行为类型来看，"提议"言语行为较多通过"觉得"句实现，"提问"言语行为主要通过"知道"句、"觉得"句、"说"句实现。"告知"言语行为是认证义动词所在话轮最主要的表达方式，其次是评价言语行为。在实现这些言语行为时，四类认证义动词有不同的分工和偏好，下面结合具体示例加以说明。

"以为"所在话轮的行为类型较为单一，主要是说话者向听话者告知自己、他人的先前预期，以表明说话者对当前所谈论对象的认识不足。说话者将先前预期从背景信息提升到前景信息，是为了在与当前事实的对比中凸显个人的情感态度。这种告知言语行为避免了直接表达主观情感态度而造成的面子冲突，将说话者的前后信息差客观地呈现出来，邀请听话者自行比对和揣摩，然后作出相应反馈。例如：

(194) #衣服上的图案#
01.　　D：这一半是花儿。
02.　　W：哦＝我看下后面，
03.　　　　我刚看‥我刚还看了一下你后面是‥
04.→　　　我以为是个蛇杖你知道吗，
05.　　　　原来是个 <@ 老虎@ >
06.　　D：这个很经典呀。

例（194）中，D 向 W 展示自己的一件上衣，第 1 行话语输出的同时 D 也做出向 W 展示其衣服的动作。第 2 行 W 提出了观看衣服背后的要求，第 3 行表明这件衣服对于 W 来说，背后的图案更具吸引力，第 4 行是 W 关注背后图案的原因，即通过对衣服的大致一瞥形成了对图案的预期，话轮尾部又用"你知道吗"对"蛇杖"进行强调，这是 W 对图案的第一印象，而第 5 行 W 通过视觉确认后立马否定了先前预期。听话者 D 领会到了 W 先前预期被否认后的认识落差，在第 6 行对衣服上的"老虎"图案作出积极评价，将 W 的关注点从对图案的识别引到对整件衣服的设计与美感的讨论上。

(195) #未来的离京计划#
01. W：那如果你们要在北京买房的话是不是走的话就不太容易了。
02. B：对，
03. 　　就是‥就是这个，
04. 　　但是我们又…（2 秒）不是很…能跟她讲清楚我们要走，
05. → 　以为我们要走，
06. 　　但是我们也没…
07. W：[还不确定]。
08. B：[不知道要去哪儿]，
09. W：哦=。
10. B：以及不知道要什么时候走。
11. W：是。

例（195）的谈话背景是 B 向 W 倾诉自己的母亲建议她和丈夫在北京赶快买房的事情，由于未来有计划离开北京，因此不能决定什么时候买房。在第 4 行 B 向 W 讲明没办法跟母亲沟通清楚未来的计划，第 5 行 B 用"以为"句告知 W 自己母亲的预期，第 6 行输出了与预期不符的转折语句，W 显然领悟到了事实的反预期义，因此在捕捉到第 6 行 B 的话语暂停后，在第 7 行帮助 B 说出她的现状，因此与第 8 行 B 的自我修复话语发生重叠。这样，作为听话者 W 更能够站在主要讲述者 B 的立场上考虑其真实的处境。

"知道"所在话轮在语料中表达了最多的告知言语行为，其肯定形式是说话者告知听话者不知道但是需要知道的信息，包括客观事物的特征、事件的发展进程、第三方关于某事的知晓程度,此时多为第二人称代词做主语的"你知道""你知道吗""你知道⋯吗"形式,无主语的"知道""就知道"以及第一人称代词做主语的"我知道"是说话者告知听话者自己当前的认识状态和具体的观点、感受。否定形式是说话者告知听话者自己处于[K-]认识地位,是一种认识示弱的行为,话轮构成结构简单,多为"不知道""我不知道"或"不知道为什么"等。另外,"知道"也可具备双重言语行为类型,既属于告知,又属于评价,是说话者通过告知信息的语言形式将自己对所谈论人或事的评价表达出来。"知道"表达提问行为时表明说话者就前边话轮的内容进行质疑,或者是说话者就自己对事物的疑问点向听话者寻求信息。否定形式的"不知道"所在话轮也可单纯地执行评价言语行为,此时去掉"不知道"不仅命题意义不变,而且评价意义更为明显。从告知行为向评价行为的转变是"你知道吗""不知道"转变为话语标记的条件,特别是单独构成一个话轮的"你知道吗"已经完全失去了说话者要向听话者传递信息的话语功能,而是表达说话者对所谈人、事的消极评价。例如:

(196) #烦琐的班级事务#
01. X:一个人生气是说⋯老师他打小报告,
02. 　　他告诉老师我带奥利奥了,
03. 　　把我的奥利奥给⋯老师收过去了,
04. 　　这个就记住了,
05. W:嗯。
06. X:然后=
07. 　　被打小报告的这个人下午体育课跳绳的时候就拿脚绊那个绳让他跳不过去⋯
08. W:妈呀!
09. X:就这个积了一天,
10. 　　晚上在食堂那儿吵。
11. F:他们的世界里边儿其实这些就是很大的事情呀。
12. →X:<u>你知道吗</u>,
13. 　　超=级烦。

例(196)中,第1—4行、第6—7行 X 叙述了自己平时要处理的班级事务，听话者 W 在第 5 行作出了应答反馈，在第 8 行作出了感叹反馈。第 9—10 行是 X 对事件发展结果的补充说明；F 与 X 同为小学老师，因此在第 11 行能够作出站在学生立场的反馈和评价；X 在前边话轮叙述班级琐事的主要目的是倾诉工作压力，因此在第 12—13 行最终表达出自己面对工作压力时的厌烦情绪，其中，"你知道吗"独占一个话轮，在第 10 行 X 完成信息传递之后提醒听话者注意即将表达的消极情绪，第 12 行的"你知道吗"在序列位置上紧接第 13 行的直接评价语，因此在连贯的话语意义的表达中吸收了评价义而逐渐失去了告知行为义。

另外，疑问代词"谁"做主语的"谁知道呢""谁知道……"也用于表达说话者对所谈事物的不满、不关心态度，是一种否定评价行为。表达提议行为的"知道"前边有"要""让"等使役动词修饰，是说话者向听话者提出的有关所谈内容的具体实施办法。

"觉得"所在话轮主要用来执行评价行为和告知行为。"觉得"所在话轮表达告知行为时，更多的是说话者用转述的方式传达第三方的观点，此时"觉得"的主语是第三人称代词、社会称谓；有时是说话者向听话者告知事件的原因、自我状况、社会常理、规则规范、计划、方法、经验、体验等，这是"觉得"经历了从表体验到表评价的转变后进一步虚化的语境条件，此时省去"觉得"后句子命题意义不受影响，"觉得"主要起到标示言者主观经历、感受的作用。如例（197）中，第 1 行的"我就觉得"后并没有直接跟宾语，只是说话者 B 用以引出自我经历，告知 W 自己在临近毕业前的状态。而第 4 行的"就觉得"与后面的宾语在语义上并无必要联系，若将其去掉句意反而更通顺，这只是 B 在告知行为中凸显其个人经历的一种话语策略，第 6 行的"就觉得"后的宾语"我受够了"才是 B 要表达的主观情感态度，对应于评价行为。

（197）#毕业季的心境#

01. →B：<u>我就觉得</u>‥
02. 　　　因为我＝研二就出来实习嘛，
03. 　　W：嗯＝
04. 　　B：所以<u>就觉得</u>我在＝最后两年差不多都是边工作边学习，
05. 　　W：嗯＝
06. 　　B：就真的在＝写论文的那个时候<u>就觉得</u>我受够了，

07.　　　　快点让我［结束，］

08.　W:　　　　　　［<@受够了@>］

评价行为一般发生在会话双方已经对所谈论对象有共同了解的前提下，知晓程度较高的一方在共有背景的基础上进一步发表自己的观点和评价。当"觉得"用于实现告知言语行为时并不是必须出现在话轮当中，因此它主要起到构建话轮、为说话者顺利输出信息争取时间的作用。表达评价行为具体指言者对人物、事件、行为的强烈感受和体验，常用"最""太""挺""真""超""好""越来越""还行"等副词与形容词构成的评价语结构或比较句式体现。当"觉得"后不跟宾语时，可以用句末语气词或叹气等非语言资源突出言者的评价倾向。"觉得"所在话轮也可表达提议言语行为，主要是说话者对自我行为的纠正、对听话者未来行动的建议，当会话参与者表达对他人的建议行为时，实际上是想要影响或改变他人的活动方式，前边加上"我觉得"会显得更委婉。"觉得"所在话轮表达疑问行为时，是说话者想要从听话者那里求取信息，以便对言谈对象、对听话者的主观情态有更多的了解，此时典型的结构是"你觉得……吗？"。

结合表 37 对立场表达结果的统计可知，告知言语行为所述内容主要是对客观事物、事情发展进程、社会常理等的描述，对听话者来说接收的内容要么是新信息，要么涉及会话参与者共同的背景知识，因此更容易对说话者作出肯定回应，也就更容易达成趋同立场。例（198）就涉及会话参与者的共同求学经历：谈话背景是会话双方在谈论毕业后找工作的事情，X 回忆硕士毕业后"师妹"找工作和自己"考博"的两种不同经历，W 与 X 都属于一直上学读书且没有找过工作的一类人，因此在第 3 行、第 5 行输出了重复三次的肯定应答语，在第 7 行也及时回以十分确定的一致立场。这里，如果去掉"你知道"，X 要表达的话语意思不改变，但 X 在说话前是熟知 W 的求学经历的，用"你知道"就是为了邀请听话者 W 调动自己在这方面的经验，从而顺利地加入当前话题的讨论当中。

（198）#毕业后的打算#

01.→X：你知道我…我那个师妹，

02.　　　　因为咱们‥我‥我是基本上没找过工作哈，

03. W：嗯嗯嗯，
04. X：硕士毕业就知道［要考博］
05. W：　　　　　　　　　［对对对］
06. X：然后考上博之后就没关心过工作的事儿，
07. W：我也是。

当所述内容是对某种事物的主观经历和个人评价时，更容易引发会话参与者的争辩，认证义动词在谈话过程中标记说话者的相异观点或感受。例（199）是谈话二人就如何获取行李箱的相关信息展开讨论。说话者W向S提议给她拍照片就可以，但S作为行李箱的拥有者建议W去自己宿舍察看，第8行W输出的语气词和应答语体现其勉为其难的态度，第9行随即表达自己对"进别人宿舍"这件事的消极评价，这一评价是由W的个人生活经验决定的，而S在第11行直接对W的消极评价作出否定的二次评价，这是S从自身的生活经验出发所得的结论，二者都具有强烈的主观性，因此在谈话结束时并没有达成一致立场。

（199）#如何获取行李箱#
01. W：那你回去帮我拍一下照就可以了…
02. 　　你帮我拍一下照，
03. 　　你不用吗‥最近。
04. S：你进去看＝一下‥不是比拍照更好吗？
05. 　　而且又不远，
06. 　　一小时？
07. …（1秒）
08. W：哎呀＝好吧，
09. → 主要是<u>我觉得</u>麻烦进你宿舍‥
10. 　　还要在－－
11. S：一点儿都不麻烦。

"说"类认证义结构所在话轮表达的言语行为类型在语料中的分布较为均衡，最主要的还是表达"告知"言语行为，这与"说"的本义有关，同时与具体的结构式有关。"我跟你说"是宣告行为的一种典型表达方式，如例（200）的对话中，D在第一行发起对某种食物（汉堡包）的宣告行为，客观陈述自己有较长的时间没有吃过汉堡包了，这引发了X、W

对该食物热量的讨论。

（200）#食物的热量#

01. →D：<u>我跟你说</u>我吃这个至少有…大半年了，
02. 　　　没吃了，
03. 　X：<@ @>
04. 　W：这个是不是能吃胖？…
05. 　　　[这个特别能吃胖]
06. 　X：[你偶尔吃这一次嘛]
07. 　D：对。

"说"类认证义结构所在话轮表示评价、提问言语行为时，主要取决于其后引导的语句性质。比如"我跟你说"虽然一般表达告知言语行为，但其后若是主观性较强的语句，那就表达评价言语行为，如例（201）中，第3行"我跟你说"后边接续的是副词短语"真的"，F通过强烈的肯定表达来支持X第1—2行所描述的现象，但此处F并不是赞同X的花钱方式，而是对"钱花得快"这种客观现象具有和X一样的感知与评价。

（201）#花钱非常快#

01. 　X：我‥我微信里的钱又用完了，
02. 　　　微信这钱真是＝如流水呀。
03. →F：哎呀<u>我跟你说</u>＝‥真的…（1秒）
04. 　X：没了，
05. 　　　之前还[六百块钱现在快一百块钱了。]
06. 　F：　　　[我整天说要省但是现在花钱我都不看它。]

"我跟你说"还可以表达提议言语行为，言外之意是听话者不仅需要接收说话者所宣告的信息，还需要将其作为一种建议予以考虑甚至采纳。如例（202），该段对话由D发起，直接用提议的方式向W、X二人推荐一款身体乳，并在后边的话轮（由于篇幅原因此处省略）中逐一从外观、功效等方面进行详细介绍。"我跟你说"用在发起序列的话轮首位置，显明了D作为主要讲述者的谈话意图，W、X的回应（第3行、第4行，第6行）表达接受且认可的态度，说明这种提议行为具有较强的立场互动效果。

（202）#推荐身体乳#

01. →D：我跟你说你们一定要买这个身体乳，
02. 　　　它有这种你知道吗，
03. 　W：［＜@@＞］
04. 　X：［＜@@＞］
05. 　D：这种盒儿的。
06. 　X：＜@ 好@＞

此外，"你说"后常跟疑问句，其所在话轮表达说话者有意就谈论对象向听话者发出疑问，以期待得到对方回应的言语意图。如例（203），W就D前边所讲述的一件医疗事故提出自己的疑问，"你说"并非是W要让D给出一个确切的回复，而是知道事故责任已然无法落实，将故事讲述的矛盾呈现在对话中，来引发会话参与者的共同思考。根据D在第2—3行的回应可知，"你说+问句"这种提问言语行为引起了D的重视，不仅解决了表层的疑问，在本质上双方就该话题达成了立场的一致。

（203）#谁应该承担责任#

01. →W：那你说这责任谁担啊？…（1秒）
02. 　D：因为是农村的你知道吗，
03. 　　　哪有那个意识说去找谁的责任呀？…
04. 　　　就发现这个人不对劲儿。

8.2.2　认证义动词的句法环境

曹秀玲（2010）认为"我/你V"话语标记功能的产生源于主谓结构和宾语小句之间的隐显置换，即主谓结构降级为背景（background）成分，宾语小句上升为前景（foreground）成分；隐显置换得以实现的根本原因是谓宾动词都可带小句宾语。另外，作者以沈家煊（2003）的"行、知、言"三个概念域为视角进行分析，认为"知道"从知域发展出言域用法，体现出结构式自身语义逐渐弱化、主观性和元语言功能逐渐增强的过程。由此看来，认证义动词和小句宾语的关系十分特殊，即使在口语语料中，语句并不一定严格遵循"主—谓—宾"的格式编码，仍需要从句法环境的角度来考察认证义动词在语义、功能上的扩展。我们统计了语料中"以为""知道""觉得""说"后是否带宾语的情况，结果如

表 39 所示：

表 39　　各类认证义动词后有无宾语统计

动词 宾语	以为		知道		觉得		说		总计	
带宾语 （例/%）	23	88.46	152	59.84	298	87.13	62	72.09	535	75.56
不带宾语 （例/%）	3	11.54	102	40.16	44	12.87	24	27.91	173	24.44
总计 （例/%）	26	100	254	100	342	100	86	100	708	100

表 39 统计结果显示，口语会话中认证义动词"以为""知道""觉得""说"后带宾语的情况占绝大多数，特别是在语料中出现频率最高的"觉得"，带宾语的用例占比近 90%；出现频率较高的"知道"后带宾语和不带宾语的数量最为接近；"以为"虽然在自然口语谈话语料中出现频率最低，但其后带宾语的用例占比也将近 90%；"说"后带宾语的频率也仅次于"觉得""以为"带宾语的频率。

本研究考察的认证义动词固化结构"我以为""你以为……（吗）""你知道""我知道""我不知道""我觉得""我说/你说"后面通常带有宾语，这说明认证义动词可以带小句宾语的确是其意义虚化的一个重要条件，根据隐显置换机制，说话者使用认证义动词谓语句引导宾语使得自我立场能够在会话结构中作为前景信息即时浮现出来。

口语谈话的对话性、即时性影响了认证义动词后宾语的类型，可将其分为两类：一类是句法、语义完整的词、短语、句子；另一类是由于停顿形成的不完整的语言片段，为统计便利，本书也将其归为短语。当认证义动词后面不带宾语时也可分为两种情况：一种情况是认证义动词主谓结构置于话轮末尾，宾语在前边已经出现；另一种情况是认证义动词结构单独构成话轮，句末常有语气词。下面重点讨论"以为""知道""觉得""说"后带宾语的分布、使用情况，见表 40：

表40　　　　　　　　各类认证义动词带宾语类型统计

宾语＼动词	以为		知道		觉得		说		总计	
词（例/%）	0	0	12	7.89	16	5.37	3	4.84	28	5.92
短语（例/%）	3	13.04	48	31.58	98	32.89	9	14.52	150	31.71
句子（例/%）	20	86.96	92	60.53	184	61.74	50	80.64	295	62.37
总计（例/%）	23	100	152	100	298	100	62	100	473	100

"以为"后带句子做宾语时，句子意义和认证义动词主谓结构之间的关系紧密度不一，有的句子去掉"主语＋以为"后虽然合乎语法，但会话语义逻辑不明，这一类宾语与主要谓语之间关系紧密，且在语料中占绝大多数。还有一种情况是"以为"的宾语跟谓语没有必然联系，即去掉"主语＋以为"后合乎语法且语义自足。"以为"后带短语的只有3例，有1例是名词化结构"她以为的那个女主"，有1例是说话者输出困难造成的话语片段，还有1例是发生话轮重叠后说话者放弃输出完整的句子。"知道"后带词做宾语时，有名词（4例）、代词（4例）、人名（3例）、形容词（1例）；"知道"后带短语做宾语时，有数量短语、"程度副词＋形容词"的评价类短语、名词性短语、介词短语、疑问短语；"知道"后带句子做宾语时有疑问句、主谓陈述句、感叹句、存在句，其中以选择疑问句居多，前文已有论述，此处不再赘述。"觉得"后带词做宾语时，有动词（1例）、名词（2例）、副词（1例）、代词（5例）、形容词（7例）；"觉得"后带短语做宾语时常见的形式是"副词＋形容词"评价式结构和比较式短语，另外还有名词性短语、介词短语、动词短语；"觉得"后带句子做宾语时情况较为复杂：从句子语气上看多为陈述句和祈使句；从句义来看多表示比较、评价，小句中常包含"最""太""超"

"挺""越""很""好""稍稍""非常""一直"等程度副词、时间副词来修饰形容词，用以突出言者对所谈对象鲜明的观点和强烈的态度。"觉得"后句子也可以是言者对所谈话题的揣测、推断和建议，句中有"应该""可能""肯定""可以"等能愿动词成分。"说"后带词做宾语具体指人称代词"你""我"；"说"后带短语做宾语时，常见名词性短语，与"主语＋说"构成引述话题结构；"说"后带句子做宾语时，句子语气类型丰富，其中以疑问句的句法形式最多。

从动词后带宾语的情况可以看出"以为""知道""觉得""说"在口语谈话中都倾向于带句子做宾语，"知道""觉得""说"的宾语句类型极为丰富，"以为"的宾语较受限制。这些认证义动词都发生了一定程度的去范畴化，其中"觉得"的宾语句主观性最为明显，这种主观性意义在使用过程中更多凸显的是说话者的主观态度，因此"觉得"的虚化程度最高。

赵元任（1968/2018：294—295）列举了动词的 12 个分类特征，与本书研究对象最相关的是前 4 个特征，包括动词前的副词搭配，具体使用情况见表 41：

表 41　　　　　各类认证义动词前副词使用情况统计

副词＼动词	以为	知道	觉得	说	总计
还（例）	4	3	2	—	9
就（例）	1	9	77	27	114
也（例）	—	19	8	—	27
都（例）	—	9	4	—	13
只（例）	—	3	—	—	3
才（例）	—	2	1	—	3
早（例）	—	1	—	—	1

续表

副词＼动词	以为	知道	觉得	说	总计
可（例）	—	2	—	—	2
要（例）	—	1	1	—	2
老（例）	—	—	5	—	5
总（例）	—	—	2	—	2
又（例）	—	—	1	—	1
没（例）	—	—	2	—	2
不（例）	—	104	3	—	107
越（例）	—	—	1	—	1
真（例）	—	—	1	—	1
是（例）	—	—	1	—	1
真的（例）	—	2	8	—	10
其实（例）	—	1	2	—	3
还是（例）	—	1	2	—	3
只是（例）	—	—	1	—	1
不是（例）	—	—	—	12	12
当然（例）	—	1	—	—	1
忽然（例）	—	—	1	—	1
一直（例）	—	1	1	1	3
终于（例）	—	1	—	—	1
本来（例）	—	1	—	1	2
就是（例）	—	1	13	11	25
倒是（例）	—	—	1	—	1
确实（例）	—	—	1	—	1
总计（例）	5	162	139	52	358

赵元任先生划分的动词的第一个特征是，所有的动词都可以用一般否定副词"不"来修饰，"有"字除外。表41统计结果显示，前面受副词修饰的162例"知道"中有104例都受到"不"的修饰，构成否定表达式；而"以为"不能受"不"的修饰；"觉得"受"不"修饰仅有3例，且2例是疑问句"不觉得…吗？"，1例不带宾语，后加语气词构成"…不觉得哦"否定句；"说"表达认证义时不能直接受否定副词"不"修饰。

动词的第二个特征是受"没"的修饰，表41统计结果显示，只有2例"觉得"前出现了"没"，且在谈话话轮中连续出现，而"以为""知道""说"并未出现前加否定副词"没"的用例。

动词的第三个特征是受程度副词"很""最"等修饰，表动作的动词和分类动词除外。表41统计结果显示，"以为""知道""觉得""说"都不能受程度副词的修饰，但其前边可以加其他类别的副词。

张谊生（1999/2014：21—23）划分了现代汉语副词的类别，表41涉及的有评注性副词"真""可""也""还""才""总""是""当然""确实""其实""终于""还是""倒是""就是""只是""真的""本来"，时间副词"要""一直"，程度副词"越""只是"，限制性副词"忽然"等。评注性副词的基本功用是对相关命题或述题进行主观性评注，是表示汉语传信范畴和情态范畴的重要手段，其中"是""还是"等副词具有标示、突出、强化句中信息焦点的作用。

表41第1列统计数据表明，认证义动词"以为"几乎已经失去了作为动词的所有显性特征；[①] 第2列统计数据表明，"知道"仍具备动词的基本特征，即可以受否定副词"不"的修饰，其否定式"不知道"前通常会有"也""都"表明言者主观情态和立场；第3列统计数据表明，"觉得"前常出现"就""就是"来加强言者的肯定观点；第4列统计数据表明，"说"前常出现"就"来突出说话者的先前想法，前边出现"就是""不是"分别形成固化结构"就是说""不是说"，前者具有元话

[①] 在表41中未出现的搭配只限于本研究所收集到的语料，其频率的高低具有一定的统计学意义。但这并不能说明在语法上某些搭配是不合法的，例如"以为"前可以用副词"真""真的""本""本来""一直""总""老"等加以修饰。

语的解释功能,后者用于重提旧话题。

总体而言,"以为""知道""觉得""说"与副词的共现在分布上体现出较为显著的差异。"以为"前几乎不加副词,"知道"偏爱否定副词"不","觉得"偏爱评注性副词,表认证义动词的"说"前边可出现的副词类型极少,容易形成某种固化结构。副词的类型和性质反映出动词的虚化程度,即"说""以为"虚化程度最高,其次是"觉得","知道"的虚化程度最低。除了副词之外,语料中的"知道""觉得"之前还可以受"应该""可能""会"等能愿动词修饰,而"以为""说"未出现此种用法,这说明除了动词控制度以外,后续研究还可从认证义动词前的修饰成分来考察其虚化程度。

8.3 位置敏感特征

姚双云(2018)强调位置敏感语法是以会话分析学派描写框架为工具,看语言单位在会话序列中的位置分布与话语功能。郑贵友(2020)指出,话语分布位置对于话语标记功能表达有直接的影响。本研究重在挖掘认证义动词的立场表达功能,那么就需要讨论立场表达与各动词(及典型结构)所在话轮位置之间的对应关系。前面章节已经考察了"以为""知道""觉得""说"各自的序列环境,下面将对这四类认证义动词在话轮内部位置的不同分布及其对应的功能进行横向的对比、分析。

"以为""知道""觉得""说"表达认识和见证义时,都发生了不同程度的虚化,其在话轮内部的位置变换对其元话语意义的塑造具有重要作用,这四类认证义动词用于立场表达的典型结构可以分布在话轮首、话轮中、话轮尾位置以及单独充当话轮,不同位置的不同话语意义直接影响到各自的话语功能。表42整合了认证义动词的话轮内位置分布数据。

表42统计结果显示,我们考察的用于立场表达的认证义动词的典型结构仍偏好出现于话轮首位置,用于引出后边的宾语;次偏爱位置是出现于话轮中,话轮尾和独立充当话轮属于非典型用法。整体而言,这四类认证义动词及其典型结构的话轮内部位置十分灵活,说话者根据不同的言语意图选择将它们放置于不同的位置上来构建话轮,虽然在话语意

义上它们分别属于"认识""知识""评价/体验""言说"意义类别，但在话轮组织中都起到了共同的话轮构建功能，下面具体探讨这四种不同话轮内部位置对应的立场建构功能。

表42　各类认证义动词立场表达典型结构的话轮内部位置分布情况统计

动词 \ 位置	话轮首（例）		话轮中（例）		话轮尾（例）		独立话轮（例）		总计（例）	
以为	14	56%	9	36%	1	4%	1	4%	25	100%
知道	63	44.68%	24	17.02%	30	21.28%	24	17.02%	141	100%
觉得	162	47.37%	160	46.78%	15	4.39%	5	1.46%	342	100%
说	48	65.75%	14	19.18%	8	10.96%	3	4.11%	73	100%
总计	287	49.40%	207	35.63%	54	9.29%	33	5.68%	581	100%

8.3.1　话轮首的起势功能

当认证义动词及其典型结构位于话轮之首时，动词的宾语紧跟其后，宾语类型可以是词、短语、句子，句子宾语较长时，也可跨多话轮组织宾语内容。在实际的言谈互动中，说话者想要开启一个新话题或发起一个主观评价，需要考量自己与听话者的关系，主要指权势关系和认识地位的高低，这样才能保证会话参与者在信息交流中的良性互动，位于句首的认证义动词及其典型结构凸显了说话者对听话者身份的观照，即标明一种引出、介绍的讲话姿态，来自动构建"听—说"双方的立场关系。另外，当说话者想要对前边谈话作出回应时，话轮首的认证义动词及其典型结构帮助说话者适时地提出个人反馈，减轻了不同话语内容之间的对立程度。例如：

（204）#天伦之乐#

01. →X：我一直觉得…（2秒）我很幸福的就是=
02. 　　我…爷爷奶奶姥姥姥爷…
03. 　W：嗯，
04. 　X：一直都陪着我，
05. 　W：嗯=

06. X：到现在。

07. W：是嘛。

例（204）中，X 在谈及与家人关系的大话题中重新发起一个子话题，将谈论内容聚焦于"爷爷奶奶姥姥姥爷的陪伴"，第 1 行表达的享受这种天伦之乐的幸福感作为话题出现，第 2 行、第 4 行、第 6 行都是对话题的陈述说明。这种心理的体验具有排他性，只属于说话者 X 的亲身经历，因此位于话轮首的"我一直觉得"既引入了新的可供谈论的话题，同时，F 也展示出一种立场态势，即自己拥有并认同某种幸福生活的方式。W 在第 3 行、第 5 行的回应是对"我一直觉得"所引介内容的及时接收，第 7 行的"是嘛"在接收话题之外又加入了赞许的情感态度。在整段对话中，"我一直觉得"在话轮开头起到引入话题并发起立场态势的功能。

8.3.2 话轮中的修复功能

按照汉语的句法结构，会话参与者输出的话轮结构应该符合"主语 + 谓语 + 宾语"的语序，但是自然口语是转瞬即逝的，迫于时间的压力，说话者需要思考如何借助当前所谈内容更完整地表达自我立场，而忽略了句法结构的严整性，那么，位于话轮中位置的认证义动词及其典型结构就作为说话者有意识或无意识产出的插入成分，表明说话者对当前话轮所承载话语内容的实时监控，是说话者自动发起的对话语内容和言语意图的修复。例如：

（205）#对待学生家长的态度#

01. W：只要他孩子在学校［健康成长就可以。］
02. →F：　　　　　　　　　［我来我就说＝］他这样的，
03. 　　　就是…就是‥对，
04. 　　　后来想‥我也想了，
05. 　　　这种人让我很生气，
06. 　　　后来我就想，
07. 　　　我跟这种人较劲‥较什么劲，
08. W：对啊，
09. 　　　你跟他较什么劲啊！

例 (205) 中，F 向 W 讲述自己在工作中遇到的人际关系问题。第 1 行是 W 针对前边话轮所作的建议性回应，1—2 行的话语重叠表明，F 并未真正听取 W 提出的建议，没有等待 W 输出完整话轮就抢先输出自己的想法。第 2 行的话轮由话轮首位置的口误语言单位"我来"、话轮中位置的"我就说"以及话轮尾位置的"他这样的"构成，整个话轮并未表达出说话者 F 明确的观点，而是在后续第 5 行、第 7 行的话轮才分别输出了对某位家长的消极评价和对自己的反省。因此，第 2 行的"我就说"是说话者为了避免被 W 在第 1 行的建议打扰，而采取了有标记的会话修复行为，用来确保自己的立场在接下来的序列进程中得到表达。

8.3.3 话轮尾的锁定功能

认证义动词位于话轮尾位置相较于话轮首、话轮中两种位置而言，是最反常的位置分布特征，这意味着说话者对动词作为主句谓语的句法地位作出了重新考量，有意地使其在话轮结构中滞后出现，目的是在实时开展的言语互动中，将前边已经输出的话语信息锁定在当前话轮中，提醒听话者注意前边宾语的不可替代性以及说话者对宾语所述内容的态度。因此，话轮尾的认证义动词典型结构基本上都是"你/我 + 认证义动词"。在语料中常见的有"我觉得""我也觉得""我说""你说"等。例如：

(206) #医生的身体状态#

01.　D：而且一个礼拜他要做好几台手术呢。

02.　X：哦 =

03.　　　所以呀，

04.　　　［他们也是－－］

05.　W：［所以医生的身］…

06.　　　对，

07. →　　所以医生的身体也不是铁打的呀<u>你说</u>。

08.　X：嗯呐。

例 (206) 中，X、W 二人就 D 所描述的去医院看病的经历发表对医生工作的看法。在第 1 行 D 用事实说明医生每周的工作量很大，由此引发了 X 在第 2 行的接收回应，第 3 行的"所以呀"表达一种"不言自明"

的立场态度，W 在第 5 行抢先接续了这种立场而与第 4 行 X 的评价语重叠，在经历了暂停与修复后，最终在第 7 行输出了完整的观点，获得了 X 的赞同。其中，位于话轮尾位置的"你说"在命题意义上可有可无，但在话轮构建和实现立场的互动上具有重要功能，即它提醒听话者注意前边的宾语是立场表达过程中的核心信息，同时突出了说话者对这一立场的坚定态度。

8.3.4 独立话轮的回应功能

表 42 统计结果显示，"以为""觉得""说"及其典型结构都极少作为独立话轮出现在会话进程当中，① 而"知道"及其典型结构作为独立话轮占到一定比重，这主要体现为"（我）不知道"结构在回应话轮中的高频使用。说话者使用这种无宾语结构仅为了回应前一说话者提供的信息、发出的问题，表明自己在实际命题内容上不愿意或没有能力继续展示自我立场，不具备立场互动的主客观条件。例如：

（207）#对于耽美的认识#

01.　　X：为啥叫耽美？

02. →W：我不知道。

03. →Q：不知道<@@>

04.　　W：就叫耽美的剧，

05.　　　　［就像陈情令］

06.　　X：［这个名录＝］有点儿低呀。

07.　　Q：<@@>

例（207）中，X 对代表男同性恋关系的"耽美"这一名词产生了疑惑，在第 1 行询问 W、Q 该词汇的来源；W、Q 在第 2—3 行先后输出了"我不知道""不知道"，且各自成为一个话轮，这说明，W、Q 二人对"耽美"这一词汇缺乏认识，但又觉得 X 的问题值得思考，于是选择及时地作出回应；第 3 行 Q 话语完结后的笑声加强了对这一问题的认可。第

---

① "以为""觉得""说"的典型结构作为独立话轮时，主要是为了占据话轮，为说话者输出后续话语内容争取时间，这是由自然口语谈话的本质特征造成的，并不是说话者为了实现一定的交际意图精心设计的，因此不将其放入话轮构建功能中来考虑。

4—5行是W用具有代表性的影视作品尝试对"耽美"作出解释,而第6行X对"耽美"从语言学的词汇角度作出的评价以及第5—6行产生的话语重叠表明,W的回应并不具备足够的解释力,谈话对象并未得到进一步的明确,三人各自所持的立场也未发生变化。"(我)不知道"仅表达立场交换过程中的回应功能。

8.4 本章小结

本章在第4、5、6、7章的研究基础上,尝试从理论建设方面探讨汉语认证义动词与立场表达的互动关系。首先,具体关注到了各类认证义动词典型结构带主语、不带主语的差别,朱德熙(1982/2016:95)在区分主语和谓语的关系时提出,主语和谓语的联系较其他句法结构更为松散,主语和谓语之间往往可以有停顿,主语后可以加上"啊、呢、吧"等语气词;其次,只要不引起误解,主语往往可以省去不说。经过分析发现,第一人称代词"我"的约束性、第二人称代词"你"的邀请性在实现趋同或相异立场中具有重要的元话语功能,这也为它们与各类认证义动词的高频搭配提供了可能性。此外,表"认识""知识""评价/体验""言说"的四类认证义动词正在逐渐发展成为识别性很强的立场标记语。本研究中,认证义动词的典型结构都带有主语,主语与谓语之间关系紧密,中间不可插入其他成分,并且可作为整体结构投入使用,在不同的话轮位置上起到重要的话轮构建作用。

第 9 章

结　　语

9.1　主要研究结论

互动语言学家认为，语言是人类社会交往中固有的互动活动，语言是一种社会行为，它存在于使用者的头脑中，又在使用中被具体化，与其他资源（视觉的、触觉的）一起构建起符号系统，以实现交流的目的。因此，互动语言学研究包括两个方面：一是互动如何通过语言资源得以开展，二是语言资源如何在互动中被部署。互动语言学的语言观正在更新人们对语言的认识，Couper-Kuhlen、Elizabeth 和 Margret Selting（2018：543－545）归纳出互动视角下语言具有的十个特征：

（1）语言是一个动态的过程。在互动中，不同类型的语言形式都可以作为互动实践的资源，这些资源形成了语言使用的惯例（practice），例如举例（referring）、引用（listing）、重复（repeating）等，这些资源与惯例共同构成了语言。

（2）语言被具体地体现出来。语言主要通过人体的发声装置来呈现，属于一种声音—听觉的现象，所以语言包括单一的声音和韵律。除此之外，手势、凝视方向、面部表情、身体位置和移动在交流过程中也至关重要。

（3）语言被公开地呈现。通常情况下，所有共同出席的参与者都需要理解发生于社会互动中的语言。语言的公众可及性有助于其问责性，(Heritage, 1984)，也即参与者需要为他们在互动的口头记录中说出来的话和未说出来的话负责。

（4）语言传达行为。语言作为社会交流的工具，它不断地传递着行为，这些行为在话轮和序列组织中轮流进行，与此同时，语言具有了特定的话轮、序列位置，正如 Schegloff（1996b：108）所说，语言是"位置敏感的"（positionally sensitive）。

（5）语言是一套有组织、有范式的资源。语言资源是为完成社会行为而组合地、有范式地被组织起来的，这体现在话轮构建、序列组织的语言使用中。正是在这些序列的位置或槽中，在话轮和序列的组合中，特定形式的语言被调动起来，即被产生和被理解。

（6）语言是实时展开的。社会互动中的语言是暂时的、实时开展的，也即在线的（online），（Auer，2009）这体现为音节的长度、时间、谈话中的暂停，还体现为话轮的位置、从句的延伸性等。

（7）语言是允许投射的。语言的暂时性的结果之一是它必须允许投射，正如 Auer（2005）提到的，人类的互动关键取决于投射的可能性：参与者必须知道行为和行为的组成部分是如何按时间顺序排列的，以便能够预测和协商他们的发展轨迹和解决方案。所以，随着时间的推移，语言预示着接下来组织的结构和模式会发生什么。

（8）语言是允许扩展的。参与者必须能够根据其他人的行为修改或添加自己的单位，语言的可扩展性体现在从句、短语甚至词汇上。

（9）语言是允许修复的。由于时间的前延性和不可逆性，在时间中出现的语言必然是可修复的，（Fox 等，1996）使用者必须能够修正语言，通过建立编码空间和操作空间，促使语言编码得以实现并且得到承认。

（10）语言需要共同参与。正因为语言是可投射、可扩展的，并且产生于公开的互动中，所以它提供了共同构建的机会。（Lerner，1996）互动中的每一刻都属于共同参与的、暂时展开的机会。

以上这十个特征融合了功能语言学家、社会语言学家、人类语言学家研究语言的不同侧重点，既在广泛的社会互动中观察、定位语言，又深刻探讨了社会行为与语言之间的互动关系。简言之，人们在使用语言进行互动的过程中一直在有意、无意地表达社会行为。

本研究在第 2 章已经提到，互动中的行为分为社会行为和言语行为两种，而会话分析者所描述的社会行为（social actions）是基于情景对话中序列语境（sequential context）的经验观察归纳确定的（Schegloff，1988），指的是在自然发生于对话中的、有参与者取向作为标记的行为。

而言语行为（speech acts）是根据说话者的意图来描述的，这些意图是不能直接观察到的。所以，社会行为比言语行为更有迹可循，通常会有初步行动（如预先宣告、预先要求、预先邀请等）或修复、发起修复行为等。

说话者通过谈话话轮来执行行为（包括社会行为、言语行为），而序列则是行为的路线。在互动者们共同参与的、实时开展的、公开表达的语言所承载的社会行为中，总能反映出各人对某事、某人、某一情况的站位，即立场和立场的表达。说话者与听话者的立场可能一致，也可能不一致，这与会话参与者的身份、价值取向密切相关。立场表达及其实现是一个动态的过程，其间，不同类型的语言单位和非语言资源被调动起来用以构建话轮、形成序列，说话者根据听话者的反馈选择不同的语言惯例来及时调整立场表达的进程。从说话者的角度来看，立场可以通过评价言语行为直接地呈现出来，也可以通过告知、提议、提问言语行为间接地反映出来；从听话者的角度来看，对立场的识解至少需要经过两个层面，首先是识别立场引发语，其次是识别话轮中的关键句法成分及其意义。

在现代汉语口语谈话中，说话者可以使用各级语法单位体现评价、告知、提议、疑问言语行为，这些言语行为对立场及立场表达这一社会行为有不同的偏好与贡献，在长期的历时发展和共时使用中，已然形成了不少的语言惯例，只是学界尚未对其作出系统的研究。本书以现代汉语中4个常见的表认识和见证义的动词"以为""知道""觉得""说"及其在口语对话中的典型结构为研究对象，基于互动语言学理论框架，运用会话分析方法，深入探讨了立场表达推动下的认证义动词的句法、语义、功能的塑造，主要得到以下几方面的结论：

首先，认证义动词是现代汉语立场表达的重要资源。评价是一个涵盖广泛的术语，用于表达说话者或作者对他或她所谈论的实体或命题的态度或立场、观点或感受。会话中的评价有三个功能：表达言者或作者的观点，它反映了那个人及其社区的价值体系；它构建和维持说话者、作者和听者、读者之间的关系；它组织会话。人们认识评价行为涉及三个概念：主观的、比较的、价值观的影响。（Conrad等，2000：5）评价行为本身就能直接表达言者立场，但根据我们对语料的统计结果可知，认证义动词"以为""知道""觉得""说"所在话轮主要表达告知言语行为，其次才表达评价言语行为。认识类动词"以为"及其典型结构主要用于展示会话参与者的认识地位，"以为""我以为"传达说话者的立场坚持或立场改变，"你以为…吗"传达说话者的压倒性立场，"你以为呢"传达说话者的强势认识立场和对言谈所指对象的否定评价。知识类认证义动词"知道"所在话轮主要表达告知言语行为，重在展示会话参与者的信息知晓程度，并以此为基本义扩展出不同主语类型的典型结构："（我）不知道"传达说话者的不确定态度，"你知道"起到提供立场的作用，"你知道吗"是对当前立场的强调，倾向于表达说话者对言谈对象的否定评价立场。评价/体验类认证义动词"觉得"主要表达评价言语行为，展示会话参与者的主观感受和观点，其典型固化结构"我觉得"具有立场缓和、认识标新的话语功能，该结构本身的强承诺性通过说话者、话语内容、听话者三方面实现立场的表达。"说"是言说类动词的典型代表，"说"在会话语境中高度虚化，形成了多种典型的口语表达式，在本研究中具体指"我说""我跟你说""我就说""你说""你就说"。"我说"及其变式主要传达告知言语行为，其立场表达功能在说话者自身的立场构建中得以体现，"立场发现""立场劝说""立场修补"功能都是为了实现说话者渴望立场趋同的目的。"你说"及其变式主要传达提问言语行为，在立场表达过程中表达说话者对听话者互动身份的观照，起到"立场提供""立场聚焦"的话语功能。

　　其次，各类认证义动词在言谈会话的组织中是位置敏感的。这主要体现在话轮内部位置和序列位置两方面：一方面，位于话轮首位置的认证义动词数量最多，主要有"我以为""你知道""我觉得""我说""你说"这5种结构；另一方面，它们在序列进程中多见于发起话轮，用于故事讲述的会话模式中，且形成了各自不同的讲述方式。"（我）不知道""你以为呢"更倾向分布于话轮尾位置或独立充当话轮，投射当前话轮的结束和说话者角色的转换，因此也较多分布于回应话轮。可以肯定的是，这四类认证义动词形成的典型结构具有话语标记的性质，线性位置十分灵活，在话轮首、话轮中、话轮尾位置分别承担引题造势、修复话语、锁定提醒的话语功能，独立充当话轮的用法在自然发生的口语谈话中尚不成熟，个别典型结构（如"（我）不知道"）具有显著的话轮回应功能。

最后，认证义动词对人称是有选择的。第一人称代词"我"的约束性具有重大的交际意义，它将说话者所表达的主观认知、评价内容限制在主语的认识范围之内，对于听话者来说立场的输出并不具备强加性，因此更容易站在说话者的立场上去思考并作出回应。第二人称代词"你"的邀请性是会话合作原则的实践表现，它能够使听话者快速进入说话者要讲述的话题当中，说话者也更容易在话题开始阶段就表现出鲜明的个人立场。在口语会话的高频使用过程中，以上人称代词与认证义动词的搭配规律得到强化，整个结构的意义更加虚化，形式更加固定，立场表达的功能更加突出，因此成为一类很容易识别的立场标记语。

9.2 本研究的创新点

第一个创新点是研究语料的真实性。本研究得以顺利进行的条件之一就是转写出10余万字的自然口语谈话语料。语料库可以有效地用于量化立场标记、识别立场标记，（Hunston，2007）通过对相当数量语料中四类认证义动词及其典型结构的主语类型、话轮内部位置、序列位置、句法环境、言语行为、立场表达结果的统计，从形式、语义、功能三大语言研究侧面描写、分析了"以为""知道""觉得""说"及其典型结构在口语会话中的使用情况。除此之外，还从BCC语料库、当代影视作品、当代小说等非自然语体口语会话中选取一定数量的例句进行扩展性的研究，考虑了认证义动词表达立场时的语体特征，特别是"以为"在自然口语会话和补充语料中出现的频率都较低，但基于不同语体的统计所得出的结果表明，"我以为"偏爱日常口语谈话，"你以为呢"偏爱影视、小说等非自然言谈会话语境，这受到礼貌原则、会话合作原则等语用原则的影响，也是创作者利用冲突性话语的立场对立来强化读者、观众注意力的一种语用策略。

第二个创新点是研究对象的特殊性。本研究采用方梅（2018）提出的表"认识和见证"义的"认证义动词"的概念，从各自的基本义出发，将其放在话语的自然栖息地——社会互动中来考察：一方面，会话参与者的社会属性促使其在表情达意时不自觉地带有自身价值观、社会文化、受教育水平等生活背景因素，不断地在言语互动中展开立场表达，现代汉语认证义动词作为一种优势资源被使用者调动；另一方面，"以为""知道""觉得""说"是口语会话中使用频率较高的动词，具有极强的代表性，立场表达的言谈交际是其形成各自典型固化结构的根本动因，它们在会话中逐渐浮现出独特的元话语意义。可以说，认证义动词与立场表达是互相塑造、互相成就的关系。

第三个创新点是研究方法的科学性。本研究追随会话分析的研究方法，并遵循互动语言学重视自然口语的原则，自行录制了近 20 小时的日常口语谈话语料，严格按照会话分析的转写体例对收集到的语料进行了转写，在分析时并不预先假设结论，而是尽量忠实于语言材料的本来面貌，关注下一话轮证明程序，考虑话轮转换过程中说话者与听话者的身份互换。另外，本研究的描写、分析都是基于统计的，重视研究对象在口语会话中的频率，这使语言现象得到量化的归纳，由此得出的研究结论也更加可靠。

刘锋、张京鱼（2020）指出，互动语言学视角下的语法研究范式是对功能学派基于用法的研究理念和动态语法观的继承和进一步发展，即以功能语言学理论为基础，以基于真实会话语料的研究为前提，旨在探索语法规则作为一种互动资源是如何被用来行使互动中的社会行为，同时又被互动所塑造。因此，本书的研究创新点正是基于互动语言学的研究范式所做的努力，并为探求各类认证义动词及其典型结构在语义、语法、功能之间的互动关系和互动机制提供了有价值的结论。

9.3 不足与展望

本研究限于时间、技术水平以及学科知识的欠缺，还存在以下方面的不足：

首先，由于科学技术条件落后和时间的紧迫，自行录制、转写的自然口语谈话语料字数不够充足，特别是"以为"在 10 万字的语料中仅出现 25 次，若有 20 万字的语料库，相信可以收集到更多样、更具代表性的真实用例。

其次，对实例的分析还不够透彻，主要体现为句法描写过程没有对相关成分及其搭配规律展开更细致的讨论，今后还有待于在这方面继续探索。此外，没有对研究对象的韵律特征作出科学、系统的分析，也没有关注到多模态资源与认证义动词及其典型结构在立场表达中的相互配合，限于单一的外语能力，也没能进行跨语言角度的立场表达对比分析。

因此，后续研究需要继续对收集到的自然谈话录音进行转写，建立足够大的语料库，以便循环利用。另外，还要熟练使用 praat、ELan 等软件对研究对象的韵律特征进行全面考察。最后，还要关注除了本书研究对象之外的其他认证义动词，对汉语中相关语言现象进行句法、语义方面的分析，继续扩充现代汉语立场表达资源，以便建立更完备的现代汉语立场表达体系。

参考文献

曹秀玲:《从主谓结构到话语标记——"我/你 V"的语法化及相关问题》,《汉语学习》2010 年第 5 期。

柴闯、刘玉屏:《语用标记"V 起来"的话语立场研究》,《语文学刊》2019 年第 5 期。

陈丽君:《话语标记"我给你说"的演变过程》,《浙江师范大学学报(社会科学版)》2010 年第 6 期。

陈曦:《"以为"和"以为"句多角度考察》,硕士学位论文,上海师范大学,2011 年。

陈颖:《现代汉语传信范畴研究》,中国社会科学出版社 2009 年版。

陈振宇:《"知道""明白"类动词与疑问形式》,《汉语学报》2009 年第 4 期。

代元东:《从三个平面看"认为""以为"的差异》,《贵州师范大学学报(社会科学版)》2009 年第 5 期。

单谊:《自然话语中话语标记语"你知道"的韵律特征》,《语言教学与研究》2015 年第 3 期。

董秀芳:《"X 说"的词汇化》,《语言科学》2003 年第 2 期。

董秀芳:《词汇化与话语标记的形成》,《世界汉语教学》2007 年第 1 期。

范晓:《动词的"价"分类》,《语法研究和探索》(五),语文出版社 1991 年版。

方迪:《北京话中"还是的"的立场重申功能及其产生机制》,《当代修辞学》2020 年第 2 期。

方梅、曹秀玲主编:《互动语言学与汉语研究》(第二辑),社会科学文献出版社 2018 年版。

方梅：《从引述到负面立场表达》，《当代修辞学》2021 年第 5 期。

方梅：《浮现语法：基于汉语口语和书面语的研究》，商务印书馆 2018 年版。

方梅：《负面表达的规约化》，《中国语文》2017 年第 2 期。

方梅：《会话结构与连词的浮现义》，《中国语文》2012 年第 6 期。

方梅、乐耀：《规约化与立场表达》，北京大学出版社 2017 年版。

方梅、李先银、谢心阳：《互动语言学与互动视角的汉语研究》，《语言教学与研究》2018 年第 3 期。

方梅、李先银主编：《互动语言学与汉语研究》（第三辑），北京语言大学出版社 2020 年版。

方梅：《认证义谓宾动词的虚化——从谓宾动词到语用标记》，《中国语文》2005 年第 6 期。

方梅主编：《互动语言学与汉语研究》（第一辑），世界图书出版公司 2016 年版。

干敏：《作为话语标记的"我跟你说"》，《文学教育》2012 年第 3 期。

高名凯：《汉语语法论》，科学出版社 1957 年版。

龚双萍：《冲突性网评中情感立场的语用分析》，《现代外语》2014 年第 2 期。

管志斌：《表征询的话语标记"你说"》，《阜阳师范学院学报（社会科学版）》2011 年第 3 期。

郭锡良：《介词"以"的起源和发展》，《古汉语研究》1998 年第 1 期。

郭昭军：《现代汉语中的弱断言谓词"我想"》，《语言研究》2004 年第 2 期。

郝玲：《交互式语境中"就是"的肯定立场标定功能研究》，《现代语文》2017 年第 2 期。

何汝贤：《恍悟义构式"我就说 X"研究》，《北方文学》2017 年第 5 期。

何自然：《模糊限制语与言语交际》，《外国语》1985 年第 5 期。

黄轶明：《话语标记"就说"与"你就说"研究》，硕士学位论文，华中师范大学，2016 年。

匡林垚：《动词"想""以为""认为"的差异及其对外汉语教学》，硕士学位论文，湖南师范大学，2015 年。

乐耀：《从互动交际的视角看让步类同语式评价立场的表达》，《中国语文》2016 年第 1 期。

乐耀：《功能语言学视野下的现代汉语传信范畴研究》，北京大学出版社 2020 年版。

乐耀：《互动语言学研究的重要课题——会话交际的基本单位》，《当代语言学》2017 年第 2 期。

乐耀：《现代汉语传信范畴的性质和概貌》，《语文研究》2014 年第 2 期。

李水：《认识立场标记"我认为""我觉得"比较研究初探——基于现代汉语语料库的研究》，《沈阳工程学院学报（社会科学版）》2017 年第 1 期。

李先银：《互动语言学理论映照下对外汉语教学语法系统新构想》，《语言教学与研究》2020 年第 2 期。

李先银：《情理驱动的话语表达：互动交际的视角》，中国社会科学院语言研究所博士后研究工作报告，2020 年。

李宇凤：《从"你是说"引述回应看元语解释的否定功能》，《语言教学与研究》2021 年第 1 期。

李郁瑜：《"想"与"考虑""认为""觉得"的辨析及教学——基于语料库调查的易混淆词语辨析》，硕士学位论文，陕西师范大学，2013 年。

梁凤娟：《国内外立场表述研究前沿》，《外国语言文学》2019 年第 3 期。

廖红艳：《浅谈话语标记"你就说"》，《文学教育》2012 年第 3 期。

刘锋、张京鱼：《汉语语法研究的互动语言学方法论启示》，《山东外语教学》2020 年第 4 期。

刘丽静：《心理动词构建"主谓—宾语（主谓短语）"句型的实证研究》，博士学位论文，华中师范大学，2013 年。

刘丽艳：《话语标记"你知道"》，《中国语文》2006 年第 5 期。

刘鹏昱：《"以为"的词汇化及其与"认为"的区别》，《文化纵横》2020 年，总第 300 期。

刘亚琼、陶红印：《汉语谈话中否定反问句的事理立场功能及类型》，《中国语文》2011 年第 2 期。

柳淑芬：《话语中的立场：研究现状及发展路径》，《当代修辞学》2017

年第 5 期。

柳淑芬：《中英新闻标题中的话语立场标记语特征探析》，《湖南工程学院学报》2017 年第 4 期。

陆俭明：《汉语口语句法里的易位现象》，《中国语文》1980 年第 1 期。

陆镜光：《句子成分的后置与话轮交替机制中的话轮后续手段》，《中国语文》2000 年第 4 期。

陆镜光：《延伸句的跨语言对比》，《语言教学与研究》2004 年第 6 期。

吕叔湘：《语文常谈》，生活·读书·新知三联书店 2008 年版。

吕叔湘：《中国文法要略》，商务印书馆 2018 年版。

吕叔湘主编：《现代汉语八百词》（增订本），商务印书馆 2016 年版。

吕为光：《现代汉语中由"说"构成的插入语研究》，博士学位论文，南开大学，2012 年。

罗桂花：《法庭互动中的立场研究》，博士学位论文，华中师范大学，2013 年。

罗桂花：《立场概念及其研究模式的发展》，《当代修辞学》2014 年第 1 期。

罗婷婷：《意愿类心理动词"希望""愿意""想"的偏误分析》，硕士学位论文，湖南师范大学，2019 年。

孟建安：《"觉得"句的语义分析》，《赣南师范学院学报》1997 年第 5 期。

孟祥明：《"认为"与"觉得"的辨析》，《艺术科技》2014 年第 4 期。

聂丹：《言语进程中问语的选择》，《中国社会科学》2005 年第 4 期。

聂小丽：《认识立场标记"不是"及其来源》，《绥化学院学报》2019 年第 12 期。

沈家煊：《复句三域"行、知、言"》，《中国语文》2003 年第 3 期。

沈家煊：《跟副词"还"有关的两个句式》，《中国语文》2001 年第 6 期。

石飞：《句末"就是了"的话语立场与话语功能》，《汉语学习》2019 年第 6 期。

石飞：《言者事理立场表达："再怎么说"的信据性》，《世界汉语教学》2019 年第 2 期。

史金生、王璐菲：《虚拟对话与立场建构——"你"在对话互动中的移指用法》,第四届互动语言学与汉语研究国际学术讨论会(线上,2021年4月17—18日)论文。

谭世勋:《试论"以A为B"结构的发展》,《华南师范大学学报(社会科学版)》1985年第4期。

唐筠雯:《话语视角标记"我认为"和"我觉得"的对比研究》,硕士学位论文,暨南大学,2018年。

陶红印:《从语音、语法和话语特征看"知道"格式在谈话中的演化》,《中国语文》2003年第4期。

田婷:《自然会话中"其实"的话语标记功能及言者知识立场》,《汉语学习》2017年第4期。

王爽:《"认为"和"以为"的辨析》,《辽宁教育行政学院学报》2010年第3期。

王天佑:《话语标记"说实话""老实说"的语用功能和形成机制——附论"说真的""实话说"等话语标记》,《语文研究》2019年第1期。

王晓燕、吴琼:《大学生互动话语中立场表述特征研究》,《湖南工业大学学报(社会科学版)》2017年第2期。

王悦:《互动视角下负面态度立场标记"还说呢"研究》,《广州广播电视大学学报》2019年第2期。

吴格奇、潘春雷:《汉语学术论文中作者立场标记语研究》,《语言教学与研究》2010年第3期。

吴格奇:《英汉研究论文中作者身份之构建对比分析》,博士学位论文,上海外国语大学,2010年。

徐晶凝:《认识立场标记"我觉得"初探》,《世界汉语教学》2012年第2期。

徐坤:《话语标记"我跟你说"的功能分析》,《绥化学院学报》2018年第3期。

许光灿:《"你认为呢"与"你以为呢"辨析》,《阜阳师范学院学报(社会科学版)》2014年第1期。

许光灿:《也谈"以为"和"认为"》,《汉语学习》2014年第1期。

许剑宇:《"认为是""以为是"是"重言"形式吗?》,《杭州师范学院学报》1997年第5期。

闫亚平：《人称代词的立场建构功能及其"立场化"走向》，《世界汉语教学》2018年第4期。

杨丽娜：《动词"感到、觉得、感觉"的差异及其对外汉语教学》，硕士学位论文，湖南师范大学，2015年。

姚双云：《〈话语中的立场表达：主观性、评价与互动〉评介》，《外语教学与研究（外国语文双月刊）》2011年第1期。

姚双云：《口语中的连词居尾与非完整复句》，《汉语学报》2018年第2期。

殷树林：《"你以为（当）X？"问句及相关句类》，《汉语学习》2007年第3期。

尹海良：《自然会话中"我说"的语用标记功能》，《修辞学习》2009年第1期。

于礼萍：《心理动词"打算""觉得""懂""想"在初级对外汉语教材中的编写对比研究——以〈博雅汉语〉〈发展汉语〉〈体验汉语〉为例》，硕士学位论文，安阳师范学院，2019年。

喻薇、姚双云：《言说动词"说"的语法化考察》，《湖北师范大学学报（哲学社会科学版）》2018年第2期。

张继东、夏梦茹：《性别语言立场标记语的使用特征———一项基于英国国家口语语料库的研究》，《外语研究》2015年第6期。

张佳玲：《人称代词"你"的移指分析》，《语言教学与研究》2022年第6期。

张金圈、唐雪凝：《汉语中的认识立场标记"要我说"及相关格式》，《世界汉语教学》2013年第2期。

张晶：《汉语中的话语标记"我跟你说"》，《语言研究》2014年第9期。

张磊：《口语中"你"的移指用法及其话语功能的浮现》，《世界汉语教学》2014年第1期。

张莉莉：《反弹话语中的立场表达研究》，硕士学位论文，华中师范大学，2019年。

张龙：《现代汉语习用语法构式句法分析及演变研究》，博士学位论文，浙江大学，2011年。

张邱林：《动词"以为"的考察》，《语言研究》1999年第1期。

张旺熹：《汉语口语成分的话语分析》，北京语言大学出版社2012年版。

张谊生：《现代汉语副词研究》（修订本），商务印书馆2014年版。

赵元任著：《汉语口语语法》，吕叔湘译，商务印书馆1968年版。

甄珍：《现代汉语口语主观评议构式"那叫一个A"研究》，《语言教学与研究》2016年第3期。

郑贵友：《影响汉语话语标记功能表达的三个形式因素》，《汉语学习》2020年第2期。

郑娟曼：《所言预期与所含预期——"我说呢、我说嘛、我说吧"的用法分析》，《中国语文》2018年第5期。

郑友阶、罗耀华：《自然口语中"这/那"的话语立场表达研究》，《语言教学与研究》2013年第1期。

中国社会科学院语言研究所词典编辑室编：《现代汉语词典》（第7版），商务印书馆2016年版。

钟兰凤、郭晨璐：《学术话语中的立场研究述评》，《考试与评价（大学英语教研版）》2017年第6期。

朱德熙：《语法讲义》，商务印书馆2016年版。

朱军：《反问格式"X什么X"的立场表达功能考察》，《汉语学习》2014年第3期。

朱军、卢芸蓉：《认同评价构式"你说A不A"的话语特点及规约化》，《汉语学习》2019年第4期。

邹身坊：《"以为"和"认为"》，《咬文嚼字》1996年第10期。

Auer, Peter 1996 On the prosody and syntax of turn-continuations. In Elizabeth Couper-Kuhlen & Margret Selting (eds.) *Prosody in conversation: interactional studies.* Cambridge: Cambridge University Press.

Auer, Peter 2005 Projection in interaction and projection in grammar. *Text* 25.

Auer, Peter 2009 Projection and minimalistic syntax in interaction. *Discourse Processes* 46.

Bergmann, Jörg R. 1992 Veiled morality: Notes on discretion in psychiatry. In Drew, Paul & John Heritage (eds.) *Talk at Work: interaction in Institutional Settings.* Cambridge: Cambridge University Press.

Berman, Ruth A, Hrafnhildur Ragnarsdóttir & Sven Strömqvist 2002 Discourse stance: Written and spoken language. *Written Language and Literacy* 5 (2): 255–289.

Berman, Ruth A. 2005 Introduction: Developing discourse stance in different text types and languages. *Journal of Pragmatics* 37: 105–124.

Biber, Douglas & Edward Finegan 1988 Adverbial stance types in English. *Discourse Processes* 11 (1): 1–34.

Biber, Douglas & Edward Finegan 1989 Styles of stance in English: Lexical and grammatical marking of evidentiality and affect. *Text* 9 (1): 93–124.

Bybee, Joan & Paul Hopper (eds.) 2001 *Frequency and the emergence of linguistic structure*. Amsterdam: John Benjamins.

Channell, Joanna 2000 Corpus-based analysis of evaluative lexis. In Susan, Huston & Geoff Thompson (eds.) *Evaluation in Text: Authorial Stance and the Construction of discourse*, 38–55. Oxford: Oxford University Press.

Conrad, Susan & Douglas Biber 2000 Adverbial marking of stance in speech and writing. In Susan, Huston and Geoff Thompson (eds.), *Evaluation in Text: Authorial Stance and the Construction of discourse*. 56–73. Oxford: Oxford University Press.

Cook-Gumperz, Jenny & John Gumperz 1976 Context in children's speech, *Papers on language and context*. Working Paper No. 46. Berkeley, CA: Language Behavior Research Laboratory.

Couper-Kuhlen, Elizabeth & Margret Selting (eds.) 1996 *Prosody in Conversation*. Cambridge: Cambridge University Press.

Couper-Kuhlen, Elizabeth & Margret Selting (eds.) 2001 *Studies in Interactional Linguistics*. Amsterdam: John Benjamins.

Couper-Kuhlen, Elizabeth & Cecilia E. Ford (eds.) 2004 *Sound Patterns in Conversation*. Amsterdam: John Benjamins.

Couper-Kuhlen, Elizabeth & Tsuyoshi Ono 2007 "Incrementing" in Conversation: A comparison of practices in English, German and Japanese. *Pragmatics* 17 (4): 513–552.

Couper-Kuhlen, Elizabeth 2014 What does grammar tell us about action? *Pragmatics* 24 (3): 623–647.

Couper-Kuhlen, Elizabeth & Margret Selting 2018 *Interactional Linguistics: Studying language in Social Interaction*. Cambridge: Cambridge University Press.

Drew, Paul & John Heritage (eds.) 1992 *Talk at work: interaction in institutional settings*. Cambridge: Cambridge University Press.

Du bois, John W. 2007 The stance triangle. In Robert Englebretson (eds.) *Stancetaking in discourse: Subjectivity, evaluation, interaction*, 139 – 182. Amsterdam: Benjamins.

Du bois, John W. &Elise Kärkkäinen 2012 Taking a stance on emotion: affect, sequence, and intersubjectivity in dialogic interaction. *Text & Talk* 32 (4): 433 – 451.

Du bois, John W. 2014 Towards a dialogic syntax. *Cognitive Linguistics* 25 (3): 359 – 410.

Englebretson, Robert (ed.) 2007 *Stancetaking in Discourse: Subjectivity, evaluation, interaction*. Amsterdam/Philadelphia: John Benjamins.

Ervin-Tripp, Susan M. 1981 How to make and understand a request. In Herman Parret, Marina Sbisa & Jef Verschueren (eds.) *Possibilities and limitations of pragmatics*, 195 – 210. Amsterdam: Benjamins.

Ford, Cecilia E., Barbara A. Fox & Sandra A. Thompson 2002 Constituency and the grammar of turn increments. In Cecilia Ford, Barbara A. Fox & Sandra A. Thompson (eds.) *the Language of Turn and Sequence*, 14 – 38. Oxford: Oxford University Press.

Ford, Cecilia E., Sandra A. Thompson & Veronika Drake 2012 Bodily-visual practices and turn continuation. *Discourse Process* 49 (3 – 4): 192 – 212.

Fox, Barbara A., Makoto Hay, ashi & Robert Jasperson 1996 Resources and repair: a cross-linguistic study of syntax and repair. In Elinor Ochs, Emanuel A. Schegloff & Sandra A. Thompson (eds.) *Interaction and grammar*, 185 – 237. Cambridge: Cambridge University Press.

Fox, Barbara A. 2001. An exploration of prosody and turn projection in English conversation. In Margret Selting & Elizabeth Couper-Kuhlen (eds.) *Studies in interactional linguistics*, 287 – 215. Amsterdam: John Benjamins.

Fraser, Bruce 1996 Pragmatic markers. *Pragmatics* 6 (2): 167–190.

Fraser, Bruce 1999 What are discourse markers. *Journal of Pragmatics* 31: 931–952.

Golato, Andrea (ed.) 2005 *Compliments and compliment responses: grammatical structure and sequential organization.* Amsterdam: Benjamins.

Goodwin, Charles 1979 The Interactive Construction of a Sentence in Natural Conversation. In Psathas George (ed.) *Everyday Language: Studies in Ethnomethodology*, 97–121. New York: Irvington Publishers.

Goodwin, Marjorie Harness 1980 Process of mutual monitoring implicated in the production of description sequences. *Sociological Inquiry* 50: 303–317.

Goodwin, Marjorie Harness 1990 *He-said-she-said: talk as social organization among black children.* Bloomington, IN: Indiana University Press.

Gumperz, John J. 1982 *Discourse strategies.* Cambridge: Cambridge University Press.

Haddington, Pentii 2005 The intersubjectivity of stance taking in talk-in-interaction. Ph. D. dissertation, University of Oulu, Finland.

Haddington, Pentii 2006 The organization of gaze and assessments as resources for stance taking. *Text & Talk* 26 (3): 281–328.

Heritage, John 1984 A change-of-state token and aspects of its sequential placement. In J. Maxwell Atkinson & John Heritage (eds.) *Structures of social action: studies in conversation analysis*, 299–345. Cambridge: Cambridge University Press.

Heritage, John 2012a Epistemics in action: action formation and territories of knowledge. *Research on Language and Social Interaction* 45 (1): 1–29.

Heritage, John 2012b The Epistemic Engine: Sequence Organization and Territories of Knowledge. *Research on Language and Social Interaction.* 45 (1): 30–52.

Heritage, John 2015 Well-prefaced turns in English conversation: A conversation analytic perspective. *Journal of Pragmatics* 88: 88–104.

Hopper, Paul J. 1979 Aspect and foregrounding in discourse. In Talmy Givón (ed.) *Syntax and Semantics*, Vol. 12: *Discourse and Syntax.* New York:

Academic Press.

Hopper, Paul J. 2002 Emergent grammar and temporality in interactional linguistics. In Peter Auer & Stefan Pfander (eds.) *Construction*: *Emerging and Emergent*, 22 – 44. Berlin: Walter de Gruyter.

Hunston, Susan 2007 Using a corpus to investigate stance quantitatively and qualitatively, in Englebretson, Robert (ed.) *Stancetaking in Discourse*: *Subjectivity, evaluation, interaction*, 27 – 48. Amsterdam/Philadelphia: John Benjamins.

Hyland, Ken 2005a Stance and engagement: a model of interaction in academic discourse. *Discourse Studies* 7 (2): 173 – 192.

Hyland, Ken (ed.) 2005b *Metadiscourse*: *Exploring Interaction in Writing*. London and New York: Continuum Press.

Iwasaki, Shoichi & Foong Ha Yap 2015 Stance-marking and stance-taking in Asian Languages. *Journal of Pragmatics* 83: 1 – 9.

Jaffe, Alexadra 2009 The sociolinguistics of stance. In Jaffe, Alexadra (ed.) *Stance*: *Sociolinguistics Perspectives*, 1 – 28. Oxford: Oxford University Press.

Jefferson, Gail 1988 On the sequential organization of troubles-talk in ordinary conversation. *Social Problems* 35: 418 – 441.

Kärkkäinen, Elise 2009 The role of I guess in conversational stancetaking. In Robert Englebretson (ed.) *Stancetaking in Discourse*: *Subjectivity, Evaluation, Interaction*, 182 – 219. Amsterdam: John Benjamin Publishing Company.

Kärkkäinen, Elise 2012 On digressing with a stance and not seeking a recipient response, *Text & Talk* 32 (4): 477 – 502.

Konig, Katharina 2019 Stance taking with "laugh" particles and emojis: Sequential and functional patterns of "laughter" in a corpus of German WhatsApp chats. *Journal of Pragmatics* 142: 156 – 170.

Labov, William & David Fanshel 1977 *Therapeutic Discourse*: *Psychotherapy as Conversation*. New York: Academic Press.

Laury, Ritva 2012 Taking a stance and getting on with it: the form and function of the Finnish finite clausal extraposition construction, *Text & Talk* 32 (4):503–524.

Laury, Ritva, Marja Etelamaki & Elizabeth Couper-Kuhlen (eds.). 2014. Approaches to grammar for interactional linguistics. *Pragmatics* 24: (3) (Special issue).

Lerner, Gene H. 1991 On the syntax of sentences-in-progress, *Language in Society* 20 (3): 441–458.

Lerner, Gene H. 1996 On the "semi-permeable" character of grammatical units in conversation: conditional entry into the turn space of another speaker. In Elinor Ochs, Emanuel A. Schegloff & Sandra A. Thompson (eds.) *Interaction and grammar*, 238–276. Cambridge: Cambridge University Press.

Lerner, Gene H. 2004 On the Place of Linguistic Resources in the Organization of Talk-in-Interaction: Grammar as Action in Prompting a Speaker to Elaborate. *Research on Language and Social Interaction* 37: 151–184.

Lindström, Anna & Lorenza Mondada 2009 Assessments in Social Interaction: Introduction to the Special Issue. *Research on Language and Social Interaction* 42 (4): 299–308.

Linell, Per (ed.) 1998 *Approaching Dialogue: Talk, Interaction and Contexts in Dialogical Perspectives*. Amsterdam: John Benjamins.

Luke, Kang-Kwong, Tsuyoshi Ono & Sandra A. Thompson 2012 Turns and increments: A comparative perspective. Special issue, *Discourse Processes* 49 (3–4): 155–162.

Lyons, John (ed.) 1977 Semantics. Vol. 2. Cambridge: Cambridge University Press.

Maarit, Siromaa 2012 Resonance in conversational second stories: A dialogic resource for stance taking, *Text & Talk* (32) 4: 525–545.

Martin, James R. & David Rose (ed.) 2003 *Working with Discourse*. London and New York: Continuum.

Melisa, Stevanovic & Perakyla Anssi 2012 Deontic authority in interaction: the right to announce, propose, and decide. *Research on Language and Social In-*

teraction 45 (3): 297-321.

Mondada, Lorenza 2006 Participants online analysis and multimodal practices: projecting the end of the turn and the closing of the sequence. *Discourse Studies* 8: (1): 117-129.

Ochs, Elinor & Bambi Schieffelin 1989 Language has a heart. *Text and Talk* (9): 7-25.

Ochs, Elinor 1996 Linguistic resources for socializing humanity. In John J. Gumperz & Stephen C.

Levinson (eds.) *Rethinking Linguistic Relativity*, 407-438. Cambridge: Cambridge University Press.

Ochs, Elinor, Emanuel A. Schegloff & Sandra A. Thompson (eds.) 1996 *Interaction and grammar*. Cambridge: Cambridge University Press.

Ogden, Richard A. 2006 Phonetics and social action in agreements and disagreements. *Journal of Pragmatics* 38 (10): 1752-1775.

Ogden, Richard A. 2013 Clicks and percussives in English conversation. *Journal of the International Phonetic Association* 43 (3): 299-320.

Ono, Tsuyoshi, Sandra A. Thompson & Ryoko Suzuki 2000 The pragmatic nature of so-called subject marker ga in Japanese: Evidence from conversation. *Discourse Studies* 2 (1): 55-84.

Ono, Tsuyoshi & Sandra A. Thompson 2017 Negative scope, temporality, fixedness, and right-and left-branching: Implications for typology and cognitive processing. *Studies in Language* 41 (3): 543-576.

Palmer, Rrank R. (ed.) 2001 *Mood and Modality (second edition)*. Cambridge: Cambridge University Press.

Perakyla, Anssi & Marja-Leena Sorjonen (eds.) 2012 *Emotion in Interaction*. Oxford: Oxford University Press.

Petöfi, János Sándor 1973 Towards an empirically motivated grammar theory of verbal texts. In János Sándor Petöfi & Hannes Rieser (eds.) *Studies in Text Grammar*, 205-275. Dordrecht: Reidel.

Pomerantz, Anita 1984 Agreeing and disagreeing with assessments: some features of preferred/dispreferred turn shapes. In J. Maxwell Atkinson & John

Heritage (eds.) *Structures of social action: studies in conversation analysis*, 57–101. Cambridge: Cambridge University Press.

Ruth, Berman, Ragnarsdóttir Hrafnhildur & Strömqvist Sven 2002 Discourse stance: written and spoken language. *Written Language & Literacy* 5 (2): 253–287.

Sacks, Harvey 1974 An analysis of the course of a joke's telling in conversation. In Baumann, Richard & Joel Sherzer (eds.) *Explorations in the ethnography of speaking*, 337–353. Cambridge: Cambridge University Press.

Sacks, Harvey 1992 *Lectures on conversation*, Vol. 2, ed. Gail Jefferson. Oxford: Blackwell.

Schegloff, Emanuel A. 1996a Confirming allusions: towards an empirical account of actions. *American Journal of Sociology* 102: 161–216.

Schegloff, Emanuel A. 1996b Turn organization: one intersection of grammar and interaction. In Ochs, Elinor, Emanuel A. Schegloff & Sandra A. Thompson (eds.) *Interaction and grammar*, 52–133. Cambridge: Cambridge University Press.

Schegloff, Emanuel A. 1988 Presequences and indirection: applying speech act theory to ordinary conversation. *Journal of Pragmatics* 12: 55–62.

Schegloff, Emanuel A. 2007 *Sequence Organization in Interaction: Volume 1*. Cambridge University Press, 1 edition.

Schegloff, Emanuel A. 2013 Ten operations in self-initiated, same-turn repair. In Hayashi, Makoto, Geoffrey Raymond & Jack Sidnell (eds.) *Conversational repair and human understanding*, 41–70. Cambridge: Cambridge University Press.

Schiffrin, Deborah (ed.) 1987 *Discourse Markers*. Cambridge: Cambridge University Press.

Sidnell, Jack (ed.) 2010 *Conversation analysis: an introduction*. Oxford: Wiley-Blackwell.

Sorjonen, Marja-Leena 2001 Simple answers to polar questions: The case of Finnish. In Margret Selting & Elizabeth Couper-Kuhlen (eds.) *Studies in Interactional Linguistics*. Amsterdam: John Benjamins, 405–432.

Sorjonen, Marja-Leena (ed.) 2002 *Responding in Conversation: A Study of Response Particles in Finnish*. Amsterdam: John Benjamins.

Sperber, Dan & Deirdre Wilson (ed.) 1995 *Relevance: Communication and Cognition* (2nd edition). Oxford: Blackwell Publishers.

Stivers, Tanya 2008 Stance, Alignment, and Affiliation During Storytelling: When Nodding Is a Token of Affiliation. *Research on Language and Social Interaction* 41 (1): 31 – 57.

Tanaka, Hiroko (ed.) 1999 *Turn-taking in Japanese conversation: a study in grammar and interaction*. Amsterdam: Benjamins.

Tanaka, Hiroko 2000 Turn-projection in Japanese talk-in-interaction. *Research on Language and Social Interaction* 33: 1 – 38.

Tanya, Stivers 2008 Stance, Alignment, and Affiliation During Storytelling: When Nodding is a Token of Affiliation. *Research on Language and Social Interaction* 41 (1): 31 – 57.

Tao, Hongyin (ed.) 1996 *Units in Mandarin Conversation: Prosody, Discourse and Grammar*. Amsterdam: John Benjamins Company.

Thompson, Sandra A. & Elizabeth Couper-Kuhlen 2005 The clause as a locus of grammar and interaction. *Discourse Studies* 7 (4 – 5): 481 – 505.

Thompson, Sandra A., Barbara A. Fox & Elizabeth Couper-Kuhlen (eds.) 2015 *Grammar in everyday talk: building responsive actions*. Cambridge: Cambridge University Press.

Tomlin, Russells 1995 Foreground-background information and the syntax of surbordination. *Text* 5 (1 – 2): 85 – 122.

Traugott, Closs Elizabeth & RichardB. Dasher (eds.) 2002 *Regularity in Semantic Change*. Cambridge: Cambridge University Press.

Verhagen, Arie 2008 Intersubjectivity and the architecture of the language system. In Jordan Zlatev, Timothy P. Racine, Chris Sinha & Esa Itkonen (eds.) *The Shared Mind: Perspectives on Intersubjectivity*, 307 – 332. Amsterdam/Philadelphia: John Benjamins Publishing Company.

Walker, Gareth 2012 Coordination and interpretation of vocal and visible resources: "trailoff" conjunctions. *Language and Speech* 55: 141 – 163.

Whalen, Marilyn R. & Don H. Zimmerman 1990 Describing trouble: Practical epistemology in citizen calls to the police. *Language in Society* 19: 465 – 492.

Wu, Ruey-Jiuan Regina (ed.) 2004 *Stance in Talk: A Conversation Analysis of Mandarin Final Particles*. Amsterdam/Philadelphia: John Benjamins.

Xiaoting Li 2014 Leaning and recipient intervening questions in Mandarin conversation. *Journal of Pragmatics* 67: 34 – 60.

附　录

1. 语料转写体例

本研究对自然口语谈话语料转写方法综合参照 Du Bois 等（1993），Du Bois（2004），陶红印（2004），陆萍、李知沅、陶红印（2014），具体规则如下：

（1）按语调单位（Intonation Unit，IU）分行转写，一个语调单位一行。

（2）当前说话者话语的结束：IU 后用"。"标注；话语未完：IU 后用"，"标注；IU 若是疑问语调，其后用"？"标注。

（3）长停顿标记成"…（）"，一般是长于或等于 0.7 秒，这类停顿需要在"（）"内标明时长；中停顿标记成"…"，是在 0.3—0.6 秒，包括 0.3 秒和 0.6 秒，这类停顿不用标明时长；短停顿标记成"‥"，是小于等于 0.2 秒，不注明时长。

（4）将话语重叠部分置于"［］"内。

（5）用"－－"表示在完成一个完整的语调曲拱之前，该语调单位被截断。

（6）听不清楚的部分放在"＜XX＞"中，完全听不出来的直接标注"＜XXX＞"。

（7）笑声用"＜@@＞"表示，带有笑声的话语放在两个笑声符号 @ 之间。

（8）语音延长用"＝"标明。

（9）标注者或研究者的主观评论置于"（（））"内。

（10）将背景噪声很大、听不很清楚，但可以识别出的话语内容放入

"（ ）"内。

2. 部分语料展示

（一）宿舍谈话
2 分 32 秒
W：唉我真的觉得剪得真好！
X：是吗？
W：很 fashion
　　今天老师有没有‥[同门有没有说]？
X：　　　　　　　　　[没竟然没有一个人说我]。
W：哦，
　　大家－－
　　你们都太学术了。
X：我觉得她们可能对我都没啥印象<@@>。
W：不不不，太<XXX>。
　　哎呀，
　　我觉得好看=，
　　他剪得好看。
X：是吗。
W：嗯。
X：最起码我…我的感觉是好轻松 [啊]！
W：　　　　　　　　　　　　　[对吧]！
　　<@比你那个掉那么长，
　　掉到WB [快屁股那儿@>]
X：[<@@>]
　　…（2 秒）
　　你知道才=30 块钱，
　　我以为七八十呢得。
　　…（1 秒）
W：啥 30 啊？

X：剪头发呀。
W：对呀！
   我就给你说用这个卡非常便宜，
   我［上次剪了才20］。
X：［对，
   我以为］
   我以为用完也得--
   额‥我以为得七八十呢。
W：没＝有＝
X：然后他说--
   他本来那个…那个卡嘛，
   我说多少钱，
   他说35，
   我说哦，
   他‥他‥他以为…（1秒）--
   他是笑了笑，
   然后他说…（1秒）那个…现在房租很贵，
W：［啊哈］。
X：［原来都是］30，
   我说哦，
   没事儿，
   35就35吧。
   然后‥那个‥等到＝
   我不是给他让他记账嘛，
W：［嗯＝］
X：［他可能］就名字在一个本儿里，
W：［对对对］
X：［他找不到＝］
   得让他店长来，
   我那时候我‥拿的桃儿，
   本来要去给师兄，

W：［嗯=］
X：［然后］我说，
　　给你们尝尝我们家的<@丑桃儿@>，
　　然后我给他放那桌上两个，
　　就是给他和他店长一人一个嘛，
W：哇，
　　［真棒］。
X：［结果］他店长最后记账的时候…（1秒）记了30=
W：啊。
X：我说‥唉‥不是35吗？
W：哦=
X：他说桃不是白给的。
W：哇=
　　［店长］，
X：［<XXX>］
W：店长人[很好]。
X：　　［但那］店长没说话，
　　　就那个‥那个小伙儿，
W：哦=
X：那店长他就…他弄完我签的名儿，
W：哦=
X：上边叫WJWJ，
　　我Sh那我写谁呀，
　　他说就写你的名儿，
　　我就写了我的，
W：嗯。
X：然后我唉？
　　不是35吗？
　　这怎么30？
　　他说…（1秒）桃不是白给的，
W：啊<@@>

X：他小小声说。
　　…（1秒）
W：他们家真的挺好的，
　　是我见过…（1秒）让人觉得最舒＝服…然后感觉最好的。
X：他一开始他写错了，
　　他应该是按照…没有卡的那个价格写的好像是，
W：哦哦。
X：他就扣了50一下…
　　他忘了打折了还是怎么着…（2秒）
　　他说不好意思写错了，
　　划掉重新来。

（二）餐馆谈话

朋友之间的闲聊：19分15秒
W：是我耳鸣了还是它在 Zh，
B：（（用手指了指上方））
W：我说我耳鸣怎么能这么大声。［＜@＠＞］
B：　　　　　　　　　　　　［对，］
　　不知道响了个啥。
　　…（2秒）
B：我觉得你可以有时间…去体验一下。
W：嗯＝。
　　我觉得对我的提醒就是一个比较 open 的心吧。
B：嗯…（1秒）
W：然后我觉得…
　　江浙一带…
　　嗯＝
　　也算是人家－－
　　肯定是一个比较富庶的地方哦，
　　在全国来说，
　　他们说杭州最近几年就发展得特别［好］，

B：   [超快]。
W：阿里也在那儿。
B：对呀。
W：嗯。
B：网易也在那儿。
W：哦。
　　…（6秒）
B：会考虑西北吗？
W：…（1秒）不，（（清嗓子））
　　暂时就不了。
B：好吧，
W：[<@@>]
B：[刚刚还说]open的心，<@@>。
W：…（1秒）好的…（1秒）
　　<@因为@>我，
　　因为之前那个是我一心想要回去的地方，
B：嗯。
W：但是现在我就不知道了。
B：为啥想回去，
　　因为很喜欢宁大？
W：嗯=…（1秒）
　　但是…我当时就是因为一心想要回NX，
　　所以我来北京的时候，
　　我并没有…（1秒）说要在北京…就是要…（1秒），
　　就是我只注重结果，
　　但是我并没有想到我在北京其实这个生活的过程也很重要，
　　所以就经历了刚来北京那一段…哦（（叹气））生不如死的感觉
　　…（1秒）
B：好像YJ也有一段儿…（1秒）
W：YJ？…
　　哦=

B：就是刚读研究生觉得很不适应的阶段，
你觉得跟…（1秒）大学的环境差很多？
W：对对对对，
是，
而且北京这个城市很奇特…（2秒）
啊我现在在北语待了这么几年我觉得北语真的是一个很温暖的学校，
就跟其他不太一样，
…（2秒）
B：语言学校…
是不是因为语言学校的原因，
会接触［一些留学生］。
W：　　　［不知道］，
可能是因为有留学生吧。
B：［哦＝］
W：［就是比如说］像一些很名牌儿的大学，
他们标语都是很有冲劲儿的，
B：［嗯］
W：［特别］有干劲儿那种，
那我们学校就很温暖的标语，
B：叫啥？
W：就‥你是说校训吗？
B：嗯。
W：校训是‥德行言语－－
额＝
B：你刚刚不是说标语，
我以为你说的就是校训，
不是么？
W：额＝…（1秒）
就是我今天看到那个…广告栏贴了一句话，
就给毕业生的寄语，

B：啊。
W：他说愿你们什么‥眼里有光＝什么的那种，
　　就是感觉，
　　嗯＝
B：<@@>（2秒）
W：然后意思就是保持心里的那份纯正，
　　然后怎么样…（2秒）
B：我们今年不是去…支教，
　　然后［最后］，
W：　　　［嗯］。
B：给孩子们写了一首歌嘛，
　　［Ze］
W：［你写］
B：ZY写的‥词，
W：［哦＝！（（惊叹））］
B：［就是…（2秒）］
　　忘记叫什么了，
　　但就类似这样子…
　　就是眼里有光啊<@什么的@>。
W：嗯＝。
B：然后小西哥就…作了一首曲子，
　　最后我们就录给他们‥留给他们了。
W：嗯＝。
　　…（（16秒后，开启新话题））
B：不知道我们会不会留在北京。
W：你们？
　　你们还有别的打算吗？
B：ZJ一直想走啊。
　　…（1秒）
W：嗯＝离开北京？
B：对啊。

W：就类似于--

哦。

去成都？

…（1秒）

B：他以前就‥云南有…兴趣，

W：[嗯]。

B：[后来]对成都有兴趣，

现在…他也不知道。

W：嗯=。

B：嗯。

…（2秒）

W：嗯？

那上周你不是说他分享你们要买房子这件事情。

B：就是…我妈比较想让我们赶快买房=，

所以…因为她也一直不知道我们要走，

W：[嗯=]。

B：[我们]没有跟她讲，

W：嗯=。

B：而且我们之前就算跟她讲的话也讲的是…我们要打算去二X城市，

她‥她其实蛮赞同我们去二线城市，

但是她就是…觉得你们如果有这个你们就快打算‥快走，

W：[嗯=]。

B：[因为]她会觉得…过了三十=多岁可能就…不太适合再变动了嘛，

W：对[对对]。

B：　[而且]有了孩子之后。

W：嗯。

　　…

B：然后呢=可能看这一年我们没有什么走的打算…（1秒）

她就‥又把买房的事情提上了日议程，

W：嗯。

B：就很想让我们快点--

　　　　就是山东人…（1秒）

W：嗯。

B：跟河南人应该很像吧，

W：懂。

B：因为想快点安定下来这样子，

W：［就因为你们都结婚了嘛］。

B：［可能更］

　　对啊，

　　山东可能更‥［怎么样］。

W：　　　　　　　［嗯］。

B：然后现在加上‥我们家很多人在北京嘛，

　　其实＝，

W：你亲戚啊？

B：嗯＝…（2秒）

　　我们老家…就是‥我爸妈可能认识［的他们朋友］，

W：　　　　　　　　　　　　　　　［对一些‥哦］。

　　…（1秒）

B：就觉得…在北京…我们认识的人的常态…

　　就大家接触的常态就不买房租房嘛，

　　因为谁买得起北京的房，

W：是＝

B：但是我们家的…大部分在这儿的人‥

　　大家的常态就是…（1秒）买＜@房@＞。

W：哦＝，

　　他们都买了噢？

B：嗯，

　　因为大家就是想要…（1秒）长久地在北京生活，

W：嗯＝。

B：基本上都是，

　　因为这‥li离我们家又很近…（1秒）

　　对，

所以我妈就会觉得＝很多＝…（1秒）她认识的人…的孩子其实都是这么过的，

W：嗯，

B：为什么我‥不跟他们一样。

W：[嗯＝]。

B：[对对]

然后＝她就会比较想让我们买。

W：哦…（1秒）

但是北京现在房价真的是…

B：昂，

对，

然后＝…（2秒）

W：那如果你们要在北京买房的话是不是走的话就不太容易了。

B：对，

就是‥就是这个，

但是我们又…（2秒（（咂摸嘴））不是很…能跟她讲清楚我们要走，

以为我们要走，

但是我们也没Y…

W：[还不确定]。

B：[不知道要去哪儿]，

W：哦＝

B：以及不知道要什么时候走。

W：是。

B：像这种你就没办法跟她讲，

但她可能就会想要你快点…，

W：[安定下来]。

B：[做决定]，

W：嗯＝

B：要走就快走，

快点告诉我去哪儿，

W：［嗯＝］

B：［什么］什么的，

所以…

因为我们其实…（1秒）快一年没回家嘛，

W：嗯＝

B：我一直没有直面这个问题，

W：嗯＝

B：哎呀所以相当于这次回家好不容易被她逮着了，

就－－

W：［嗯＝］

B：［拼命］地跟我们讲这个…（2秒）

对，

然后我们也很怕…（2秒）

嗯‥它成为将来的一种考虑吧，

W：［嗯＝］

B：［因为你毕竟］这边还没有还完房贷或者什么的，

你－－

W：然后再去那边，

B：对，

他［可能］ －－

W：　［唉那你］没有还完你可以卖吗？

B：我也‥还没了解这个市场，

W：［哦＝］

B：［然后］但是…（1秒）

可能可以卖？

W：嗯。

B：然后但是‥就是…它可能会不自觉地成为一个影响我们做选择的，

W：嗯，

那肯定，

毕竟是很大的一部分。

B：对，

所以，

W：嗯＝

B：不知道，…

包括也可能需要爸妈资助吧，

W：嗯＝

B：那其实对ZJ爸妈也是一个（（咂舌））挑战吧。

W：<@他是男方@>

B：额＝

到还好，

因为我妈＝其实＝本来就打算[要买房] 在北京

W：　　　　　　　　　　　[哦＝]

B：所以没有说他家一定要拿很多，

W：嗯。

B：但是因为…他们家跟我们家的思想不一样嘛，

W：对，

就是‥他们‥不是很注重这个，

B：对，

然后本来可能就没有给孩子预备＝[买房]

W：　　　　　　　　　　　　　　[嗯＝]

B：所以相当于他们要强行地接受我们家的观点‥[这样子]。

W：　　　　　　　　　　　　　　　　　　　　[嗯＝]

B：所以就觉得也蛮不好意思的，

因为他们都‥六十岁了，

然后还要…忽然‥考虑这些，

W：[嗯＝]

B：[可能] 我们俩也不是很需要，

但就是我妈＝<@需要@>

W：[对哦]。

B：[但是] 我妈也是为我们好，

但你就觉得有很…多张力，

W：嗯＝…（2秒）

好像是可以卖的,
记得我看了一个房屋中介的电视,

B：嗯＝
但我们在考虑要不要买,

W：嗯＝…（1秒）
那你们打算什么时候做决定啊？
…（2秒）

B：我妈可能下个月＝来‥北京看病,

W：［嗯＝］

B：［就是］检CH复查身体,

W：嗯＝

B：她一定会到时候再问我们,

W：［嗯］。

B：［可能］会在＝下个月她来之前有一套…说辞‥［应对她］,

W：　　　　　　　　　　　　　　　　　　　　［嗯＝］
　嗯＝

B：要么就是…买‥买的话什么时候买,
要么就是不买,
不买的话原因［是什么］,

W：　　　　　　　［嗯＝］

B：就觉得不买的话每次都被她念…（1秒）

W：那你们是真的会以后不会留在北京吗也不［知道］。

B：　　　　　　　　　　　　　　　　　　［我不知道＝］唉,

W：哦＝…（2秒）

B：但是…（1秒）

W：他一定会…我觉得一定会有那个…最恰当的时间和［地点给我们］。

B：　　　　　　　　　　　　　　　　　　　　　　　［对是］,
　　　　　　　　　　　　　　　　　　　　　　　　［是］。

W：嗯。
…（1秒）

B：就像ZJ之前一直想去成都嘛,

W：嗯嗯＝

B：公司就＝＜@没有要放他走@＞，

W：哦＝

B：因为公司也需［要］，

W：　　　　　　［需要］。

B：然后这边也需要，

　　所以…他也就…就－－

W：那如果真的是他要是＜@走的话现在公司有谁啊‥没人了@＞。

B：哦‥对。

W：＜@就垮掉了@＞。

　　［但是我真的觉得他们公司很棒］，

B：［但可能就是＝］

W：对＝

B：但可能就是‥比如说 Z 有想法‥或同事一起有想法要在，

　　之前有准备要在深圳开分家嘛，

W：嗯嗯＝

B：如果要在青岛或者［要‥要］在

W：　　　　　　　　［嗯＝］

B：成‥成都没有，

　　就类似这种，

　　然后可能再派过去呀＝

W：嗯＝

B：或者是－－

W：所以你们是在青岛也有？

B：没有啊。

W：哦＝

B：之前 Z 有说要在深圳嘛，

　　［现在］就在跟 S 讨论，

W：［嗯＝］

B：但 S 就回不来。

W：所以现在就有上海和成都…（1 秒）

嗯。

B：好像是，

我不知道还有没有其他地方。

W：［我也只听说这三个］。

B：［其他就越南什么］。

W：哦＝

B：境外的。

W：嗯＝

（（中间停了18秒，吃东西））

B：但我觉得我最近跟ZJ的关系‥不是很＝亲近。

…（3秒）

W：怎么说？

…（3秒）

B：就我觉得我…（1秒）没有很大的热＝情。

…（1秒）

W：你要‥很大的热情做什么<@@>。

…（2秒）

B：就是如果是工作的话你比如说做［工作室］，

W：　　　　　　　　　　　　　　　　［嗯＝］

B：然后要＝‥有个固定的时间＝培养新员工然后或者是我们

要＝…（1秒）开始＝开会啦，

然后有固定的工作就‥就就很热情，

W：嗯。

B：因为我知道我要做什么，

但平时跟他建立关系的部分就觉得＝…（2秒）懒懒的。

W：嗯＝

B：觉得有一种冬天的怠惰感，

当然不可能完全怪到冬天上我就觉得…（2秒）对…我就懒懒的。

W：嗯＝

B：嗯，

可能就懒懒地说话，

懒懒地读书,
然后=…（1秒）最近我都不起来锻炼了,
我也没有不起来锻炼,
［我＝］

W:［嗯］。
B:就是自己起来［＜@锻炼@＞］,
W:　　　　　　［嗯＝］
B:但是没有六点半起来。
W:嗯＝
B:然后就＝嗯…（5秒）就觉得没有很大的…（3秒）热忱,
不知道为什么。
…（3秒）
W:是因为买房吗？
B:不是。
W:哦。
B:因为我觉得这事没有怎么困扰我,
W:［哦＝］
B:［比较困扰］＜@ZJ@＞,
W:哦＝
B:对…（3秒）
因为我觉得＝…（2秒）我是那种＝就是我觉得哈,
W:［哦］。
B:［我也不知道］后来会怎么样,
但是我觉得…即使有个房子在这儿＝…（1秒）要处理＝那就处理就好了,
W:［对对对对］。
B:［不会‥］不会觉得虽然麻烦［但是＝］
W:　　　　　　　　　　　　　［嗯］。
B:它不会影响我太多＝
W:嗯＝
B:最后的‥决定,

W：嗯=

B：但ZJ是会…被影响的那种，

W：嗯=

B：对。

   他自己觉得他=可能…有这个东西会比较影响他之后的=打算，

   可能会畏手畏脚一点啊［什么的这种］，

W：　　　　　　　　　　　　　　［哦=］

   …（2秒）

B：但我觉得就‥对我还好，

   除了麻烦也没啥影响…（1秒）

   我觉得吧=…（1秒）很大的问题就来源于…（2秒）懒…（2秒）

W：我觉得你们上班的人应该非=常的勤劳最起码<@比我们学生勤劳@>。…（1秒）

B：对，

   我觉得就是…上班时间［勤劳］。

W：　　　　　　　　　　　［@@］

B：下班就…（1秒）懒…（1秒）

   但是我觉得…（1秒）

W：那你们团建怎么样啊？

   团建有没有感觉很放松？

   …（2秒）

B：因为我团建之前=就是过得=…（2秒）惨惨的，

   因为团建前就要把家搬出来嘛，

W：嗯=

B：然后就一直在=赶东西，

   所以团建…［前一天晚上］，

W：　　　　　［嗯=］

B：在加上我团建好像来例假了，

   然后团建前一天晚上我在家大哭了一场…（1秒）

   <@然后@>

   …（1秒）

W：压力太大了吗？
B：觉得太累了，
W：哦＝
B：我在赶东西。
W：好委屈＝[＜@@＞]
B：　　　　[又要去团建]，
W：哦＝
B：肯定没有休息到，
　　我在家大哭了一场说不想去[团建了]，
W：　　　　　　　　　　　　[＜@@＞]
B：然后 ZJ 就很崩溃，
W：＜@@＞
B：他就感觉他要自己组织，
W：＜@@＞
B：他就觉得‥连‥连你都不支持我，
W：发现他的妻子怎么＜@@＞了。
B：是，
　　然后问题是‥我还说我不要去团建，
W：＜@@＞
B：然后就觉得…（1秒）
W：＜@哇塞@＞
B：对，
　　＜@怎么这样@＞
W：＜@好搞笑@＞
B：然后我就被他教育了一顿。
W：啊？＜@@＞
B：对。
　　然后…当我去团建的时候也整个人懒懒的，
W：[嗯＝]
B：[因为‥] 我要负责…也是做吃的东西，
W：[嗯＝]

B：［就是负责…］大家的…饮食跟住‥住宿,
　　所以相当于这种就沟通的东西,
W：嗯＝
B：然后…（1秒）然后就大家聚在一起第一天分享的期待跟你喜欢
　　做的事情,
W：嗯＝
B：然后我的回答一点都不积极我说我最近喜欢做的事情就是
　　　　［睡觉］,
W：<@［睡觉］@>
B：然后我的期待是＝休息,
　　然后但我觉得团建就…有一天的那个分＝享＝就…
W：嗯＝
B：我觉得…其实给我了我很大的解决,
　　我知道我现在懒懒的其实也是这个问题,
　　就是…
W：嗯＝
B：就是有一个庞大的自我,
W：嗯＝
B：在吸引我来追求这个自我,
W：嗯＝
B：因为我盘算了一下‥
　　我就在分享里面不知道被哪个点戳动就在盘算‥到底在追求
　　什么,
　　我发觉＝就是…
　　心里极度想取悦的不是我的丈夫不是我的家庭不是我的…工作,
W：嗯＝
B：就是我自己,
W：［嗯＝］
B：［就很顾念］我自己的需求…（1秒）
　　就感觉这个点好像…我一直在挣扎,
　　就是‥ZJ也指出来了就是…很顾自我,

W：嗯＝
B：然后…他觉得我在家就是个＜@公主@＞，
　　不是在这个家，
　　是在［回到山东］，
W：　　　　　　　［哦＝］
B：我爸妈都‥让着我［宠着我］，
W：　　　　　　　　［哦＝］
B：然后我就是为所欲为，
　　＜@@＞
W：哦＝＜@好羡慕呀@＞
B：因为我是独生嘛，
　　也没有弟弟妹妹…
　　然后我又很‥很‥很久不回来，
　　所以他们就…全家宠着我，
W：［嗯＝］
B：［然后就］为所欲为，
　　想怎样就怎样，
　　恨不得一个牙膏都要让我妈挤上去，
W：＜@@＞
B：当然我也没有这么干，
　　对但是就…（1秒）我就觉得…（2秒）所以我也很－－
　　他他他说回来之后他说…（2秒）
　　因为我可能会有一些习惯性的从家庭里面带出来的…状态会带
　　［到＝］
W：［嗯＝］
B：小家庭里面嘛，
W：嗯＝
B：他说我终于知道你为什么‥有一个需求就很期待我马上解决了，
　　因为‥我妈都是这样满足我的，
W：哦＝
B：如果我有一个需求我妈一定会马上办到，

然后我妈也是这样的,
W：这个标准太高了。
B：我妈也是这样的,
　　她有一个想做的事情我爸跟我‥她想让我爸我们必须＝马上干完,
　　不然会一直[说说说说说],
W：　　　　　　[嗯＝]
B：然后‥我也是,
　　如果我有个需求 ZJ 不马上办到我就会生气,
　　然后他就觉得很…不可思议
　　但是他这次回家就发觉了,
W：<@@>
B：对,
　　然后…我们两个就讨论了一番＝
　　然后之前讨论过他就觉得…（1秒）我在某些方面就是很自我的人,
　　然后我承认并且同意人际关系里‥家庭关系里包括很多关系我都很自我,
　　不止在[家庭关系中很自我],
W：　　　[嗯＝]
B：在＝内心深处其实也很自我,
W：嗯＝
B：对,
　　就是相当于我以前唉不是以前,
　　就是‥团建前一阵…懒懒的就是我不知道为什么,
　　然后团建就得到了这种突破跟释放,
W：嗯＝
B：对,
　　但是…就还在[不该会有的‥状态之中],
W：　　　　　　[可能会有…反复],
　　对 battle,

　　　　　哦，
　　　　　battle 真的［很累］。
B：　　　　　　［battle］，
　　　　　跟自我 battle，
　　　　　但是…就很想［依着自我］，
W：　　　　　　　［唉＝］（（叹气））
　　　　　…（1 秒）
B：比如说我早上就会觉得我再睡一会儿吧，
W：嗯＝。